岩瀬の史蹟めぐり

高橋貞夫

歴史春秋社

目次

須賀川市（旧市内）

岩瀬郡鏡石町

岩瀬郡天栄村

須賀川市（旧市内）

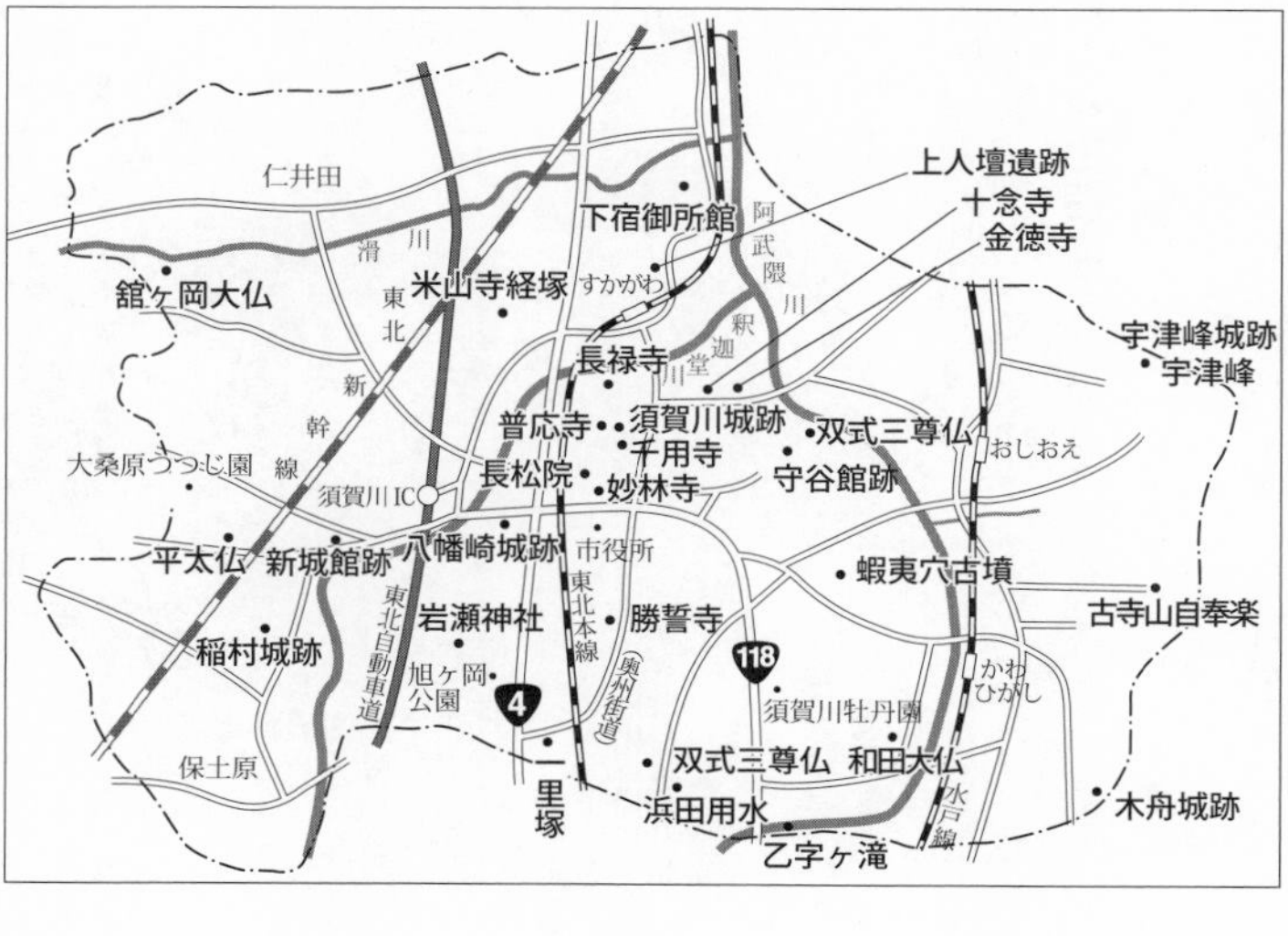
上人壇遺跡
十念寺
金徳寺
仁井田
下宿御所館
阿武隈川
滑川
舘ヶ岡大仏
米山寺経塚
すかがわ
東北新幹線
釈迦堂川
長禄寺
宇津峰城跡
宇津峰
普応寺
須賀川城跡
双式三尊仏
千用寺
おしおえ
大桑原つつじ園
須賀川IC
長松院
妙林寺
守谷館跡
平太仏
新城館跡
八幡崎城跡
市役所
蝦夷穴古墳
東北自動車道
東北本線
岩瀬神社
勝誓寺
古寺山自奉楽
稲村城跡
奥州街道
118
かわひがし
旭ヶ岡公園
4
須賀川牡丹園
双式三尊仏
和田大仏
保土原
一里塚
浜田用水
水戸線
木舟城跡
乙字ヶ滝

須賀川の旧石器時代の遺跡
——乙字《おつじ》ヶ《が》滝《たき》遺跡

日本列島に初めて人類が登場したのは、氷河時代最後の氷期の六万年前頃といわれるが、実際にその居住の痕跡を確認できるのは、三万年前の旧石器時代後期以降である。

日本で発見されたこの時代の石器の大部分は、立川ローム層（一万年以上前の更新世に、火山爆発により吹き上げられた火山灰が地層に降り積もってできた地層）、もしくは同時期の地層からのもので実年代でみると三万年前から一万年前になる。

旧石器時代の石器の特徴を年代別にみると、二万五〇〇〇年前から一万五〇〇〇年前までは石刃形・ナイフ形・彫刻刀形石器が、一万五〇〇〇年前から一万二〇〇〇年前までは細石刃《さいせきば》が多く、一万二〇〇〇年前から一万年前になると有舌尖頭器《ゆうぜつせんとうき》や片刃石斧《せきふ》が加わってくる。

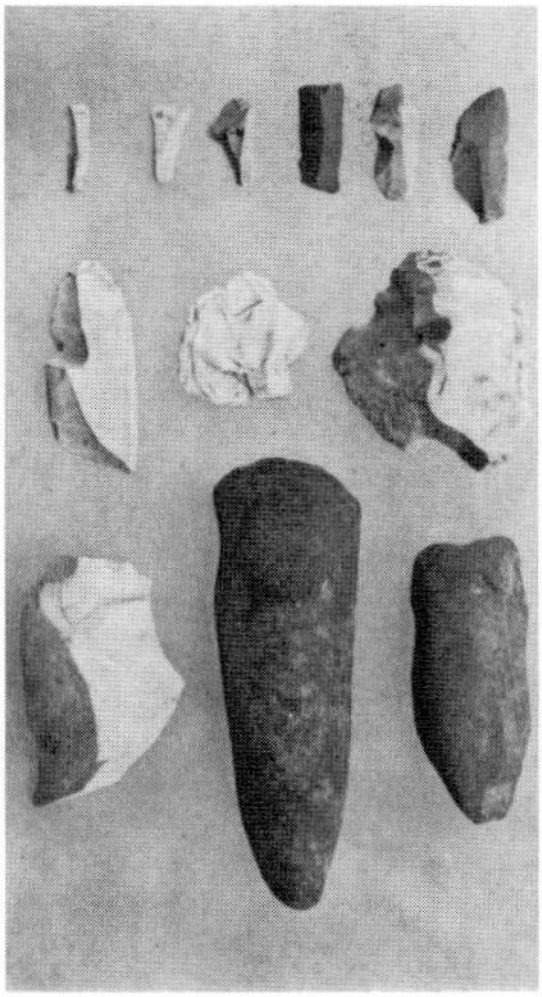

乙字ヶ滝遺跡出土旧石器
（須賀川市立博物館蔵
『目でみる 須賀川市の歴史と生活』）

乙字ヶ滝遺跡は、昭和四十一年に県立岩瀬農業高校の一生徒により発見された。

乙字ヶ滝は阿武隈川にかかる唯一の滝で、川幅いっぱいに乙字の形に水が落ちてくるためにこの名がついたもので、遺跡の発見された場所は乙字ヶ滝を見下ろす阿武隈川左岸の高さ一〇メートルほどの安山岩の石切場で、ほとんど垂直な崖の上にあった。この場所の地層は、第一層が黒褐土で約一〇センチメートル（以下センチメートルのメートルを省略）の厚さ、第二層が黄褐土で約五〇センチの厚さ、第三層が角礫《かくれき》含有白色粘土層で約一五〇センチの厚さがあり、その下層は安山岩盤となっていた。

遺跡からの出土遺物は、第三層最上部とそれにかぶさる第二層との境目から発見された。発見された遺物は、細石器のほか極部磨製の石斧二点、ナイフ形石器一点、握り槌、彫器《ちょうき》、石核《せっかく》（石器製作の原石となる石）であった。

乙字ヶ滝遺跡は、先に見た石器の年代傾向から旧石器時代後期の一万五〇〇〇年前から一万年前頃のものと考えられる。

岩瀬地方の旧石器時代の遺跡には鏡石町の成田・陣ヶ岡遺跡、天栄村の二木松《ふたきのまつ》遺跡、須賀川市岩瀬地区の向原遺跡がある。

須賀川の縄文時代の遺跡

須賀川市内には、他の時期との複合遺跡を含めて三一か所の縄文時代の遺跡がある。その分

高野遺跡出土尖底土器
（『郷土須賀川－原始古代より現代まで－』）

布は、阿武隈高地の西側斜面あるいは阿武隈高地や奥羽山脈から流れ出る河川の中・上流部の丘陵や河岸段丘の縁辺に多く見られる。これらの場所は、いずれも狩猟、漁撈、木の実採集などの食料の確保が容易にできる場所を選んだものと考えられる。

高野遺跡は阿武隈山地の西側、旧大森田村の蝦夷ヶ岳（標高六七一メートル）中腹斜面の標高約五六〇メートルの狸森《むじなもり》字高野にある。道路工事の際に縄文時代早期の尖底《せんてい》土器が見つかった。

この土器は円錐形に近く、胴体部には絡条体圧痕文《らくじょうたいあつこんもん》（撚糸《よりいと》を巻いた軸を押しつけて文様を施す）が全面に施され、口縁部近くは縄文を交差させて圧痕し、その下に縄文で二条の沈線を施している。

関平《せきひら》遺跡は、旧大森田村の麓山《はやま》（標高六八七メートル）中腹斜面の標高約五〇〇メートルの位置にある遺跡で、開畑の際切り崩した崖から尖底土器が出土した。この土器は尖底部に条痕文が見られるため、縄文早期の土器と推測されている。このほか、この遺跡から大型打製石斧《せきふ》、磨製石斧、石鏃《せきぞく》、石剣《せきけん》、石棒《せきぼう》、独鈷石《どっこいし》が出土したが、これらは縄文後期から晩期までの遺物と考えられる。

なお、この遺跡の南約四〇〇メートルの地点から、道路工事中に小型の壺一個が完形で出土した。

牡丹平《ぼたんだいら》遺跡は、旧小塩江村小倉地内の標高七六〇メートル前後の東山丘陵の北斜面、標高五二〇メートルに位置する遺跡で、ここから繊維土器と呼ばれる土器片が出土した。

繊維土器は、粘土のつなぎに繊維を混ぜ合わせて焼き上げた土器で縄文前期の土器である。

　このほか、縄文後期のものと思われる変形工字文《へんけいこうじもん》・撚糸《よりいと》文《もん》・爪形文《つめがたもん》で加飾された土器や弥生時代のものと思われる複合口縁を持つ土器片も出土しており、これらのことから牡丹平遺跡は、縄文前期から晩期、弥生時代までの重複した遺跡と考えられる。

　雨田《あめだ》・関向《せきむかい》遺跡は二つの遺跡となっているが、両遺跡は地続きで、地元で「テツコキ」と呼ばれる台地の約三ヘクタールにも及ぶ広い範囲の遺跡である。発掘調査の結果、縄文後期土器を一部含んだ縄文中期の土器が大量に出土した。中期

牡丹平遺跡出土晩期土器片
（須賀川市立博物館蔵『須賀川市史』）

雨田・関向遺跡出土中期土器片
（須賀川市立博物館蔵『須賀川市史』）

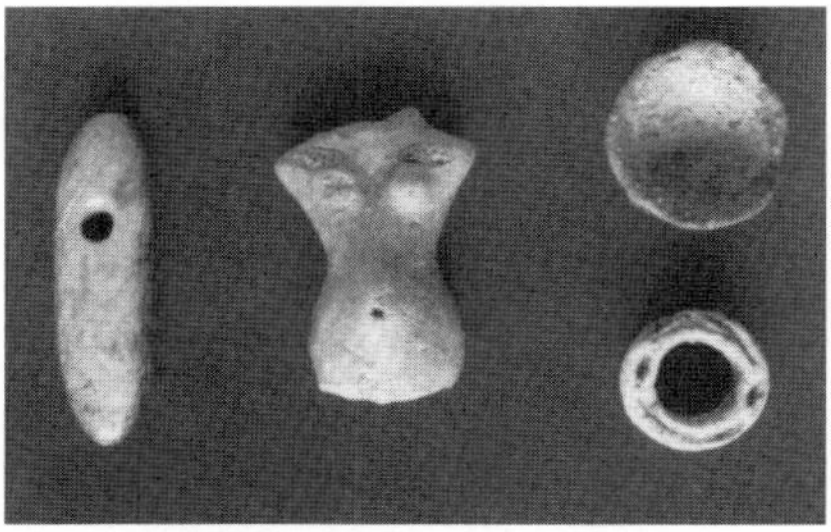

関向・富岡遺跡出土　左から石棒、土偶、硬玉製大珠、土製耳飾
（須賀川市立博物館蔵『図説須賀川・石川・岩瀬の歴史』）

初頭のものでは、櫛歯状工具で並行沈線を描き、連続突起文で加飾された土器片があった。中期後半のものでは、S字文、渦巻線文、磨消縄文で加飾された土器片があった。いずれも器形は大型で平底が多く、底面にアンペラ状の編み物による圧痕のある土器があった。

縄文後期のものでは、土偶、獣面把手《じゅうめんとって》付土器、土製耳飾、硬玉製大珠、独鈷石、石皿、石錘、石匙《いしさじ》、巨大な凹石《へこみいし》が出土した。

その後の試掘の結果、台地の上面に竪穴住居跡が点在していることが見つかり、全体的にみて二つの遺跡は県内屈指の大遺跡と考えられる。

一斗内《いっとうち》遺跡は、阿武隈川の支流小倉川の北岸の段丘上に立地する縄文後期の遺跡である。

昭和五十九年母畑地区国営農地開発事業の工事の際、遺跡の南東端付近が発掘調査され、その結果、埋甕《うめがめ》一二個、柱穴一二基のほか、遺物として縄文後期から晩期の土器群に加え、瘤付《こぶつき》土器、注口《ちゅうこう》土器、香炉形土器、土偶、土錘、石錘・石斧・磨石・石皿などの石製品が出土した。埋甕には粗製の深鉢が使われ、土器の大半は胴部下端から底部にかけ欠損していた。

柱穴は、小倉川に向かって張り出した台地の縁辺部に散在していた。六基ほどは柱痕を残していたが、配置に規則性がなく建物の柱穴とは認め難かった。

畑田《はただ》遺跡は、雨田・関向遺跡に近い下山田字畑田にある縄文後期の遺跡である。この遺跡から甕形土器、鉢形土器、注口土器、壺形土器、異形の土器が出土した。

畑田遺跡出土鉢形土器
（須賀川市立博物館蔵
『須賀川市史』）

一斗内遺跡出土注口土器
（福島県文化財センター蔵
『図説須賀川・石川・岩瀬の歴史』）

来迎寺遺跡出土壺
（『須賀川市史』）

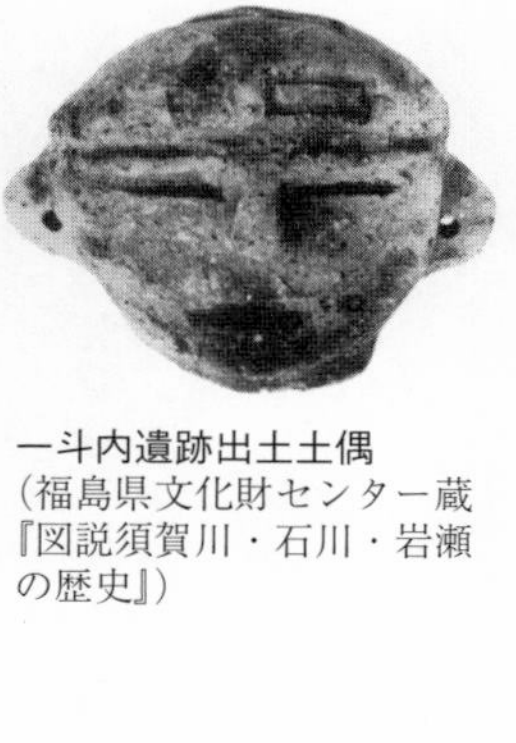
一斗内遺跡出土土偶
（福島県文化財センター蔵
『図説須賀川・石川・岩瀬の歴史』）

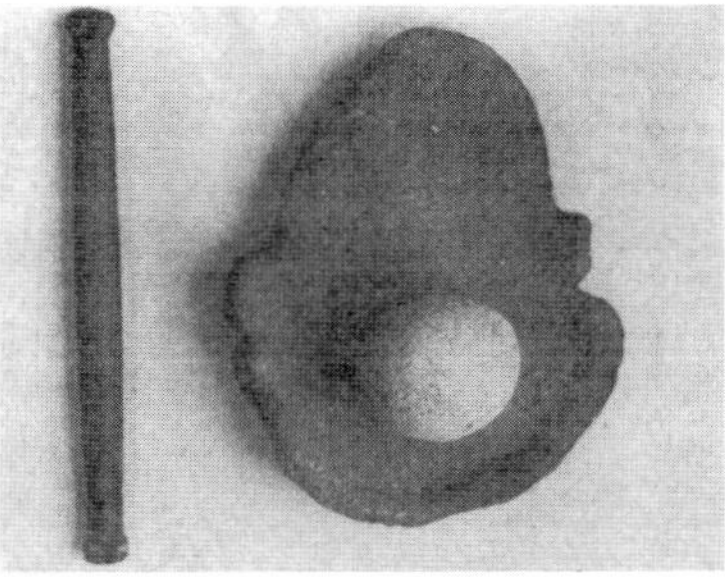

関向遺跡出土石皿、磨石
（須賀川市立博物館蔵『郷土須賀川－原始古代より現代まで－』）

来迎寺《らいぎょうじ》遺跡は、阿武隈川の支流滑川の流域に面する舘ヶ岡《たてがおか》字来迎寺にある縄文後期の遺跡で、ここからは胴体部にほぼ全面に細い縄文を施し、これを地文として太い沈線で区画し、区画外は磨消縄文を施した完形の壺と注口土器が出土した。

里浦遺跡は、舘ヶ岡字里浦の阿武隈川支流滑川の流域に面する河岸段丘面にある縄文晩期の遺跡で、ここから縄文中期の土器とともに、土偶二面、凹石、石斧が出土した。土偶は背と腹と一対になった不思議な土製品で、「亀形土製品」と呼ばれている。

須賀川の弥生時代の遺跡 —— 芦田塚《あしだづか》遺跡、弥六内《やろくじ》遺跡など

須賀川市内には一九か所の弥生時代の遺跡があるが、うち一一か所は阿武隈川の氾濫原を見下ろす丘陵上に位置している。市内からは稲作を行ったという直接の遺跡・遺物はまだ発見されていないが、弥生時代中頃にはこの地方にも稲作技術が伝わり、河川の氾濫原や谷口の低湿

地帯に水田を開き、近くの高台に集落を構えて稲作を行ったと推測される。

市内の主な遺跡は次のとおりである。

牡丹平遺跡は、狢森字小倉にある東山山地の北麓標高約五〇〇メートルにある遺跡で、第二次世界大戦後開拓入植者による開畑作業の際、発掘調査が行われた。その結果、住居跡らしい落ち込みと遺物包含層が確認され、その中から縄文晩期の土器片とともに弥生時代の土器片が多数発見された。弥生土器は、弥生時代前期の変形工字文を持つ大洞《おおぼら》式土器（岩手県大洞貝塚出土の土器様式で形や文様はさまざまだが洗練した文様美が特徴）が主体となっていた。

また、昭和五十二年には土坑墓（地面に穴を掘り墓としたもの）とみられるピット（土坑より小さな穴）から弥生土器の完形品が出土した。地文に刷毛目《はけめ》の条痕を持つ壺形土器で、中に頭骨・下顎骨・助骨・四肢骨・腰骨が入っており、歯には門歯の抜歯跡が見られた。

牡丹平遺跡出土壺形土器
（須賀川市立博物館蔵
『須賀川市史』）

芦田塚遺跡は、浜尾の保育所建設の際に中世の板碑を調査していたところ、偶然に弥生時代の住居跡二棟が発見された。

一号住居跡は、一辺三メートルほどの隅丸方形のもので、壁は垂直に近く、壁際に二〇センチほどの掘り込みがあったが周溝であるかどうかは分からない。柱穴は四本検出されたが、壁に

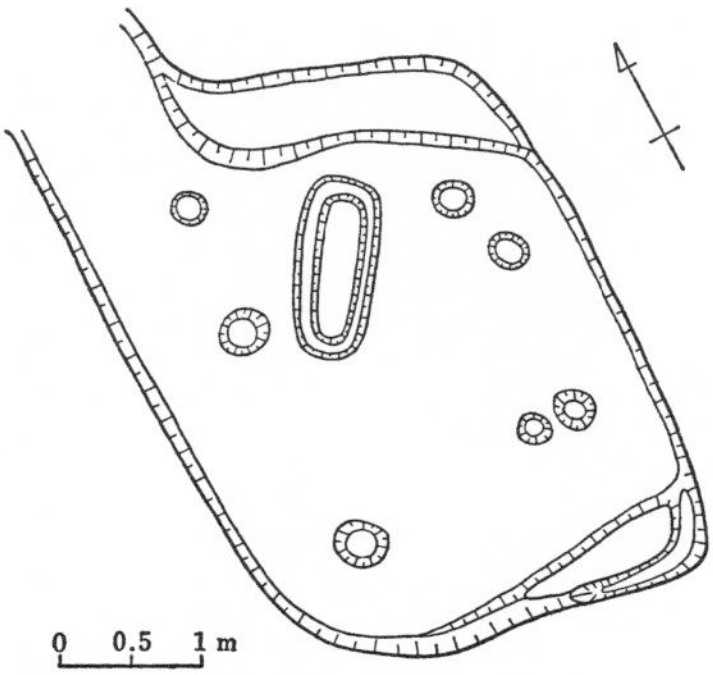

芦田塚遺跡２号住居跡（『須賀川市史』）

対して平行には並んでいない。炉には焼土が六〇センチ×四〇センチの範囲に固まっていたが、炉の形態は分からない。遺物は弥生時代の土器片のみで、器形の分かるものは発見されなかった。

二号住居跡は一号住居跡の東一〇メートルにあり、東斜面を利用して作られており、東側は床を盛り土で固めていた。住居跡は東西三・三メートル、南北四・五メートルの隅丸長方形で、壁は厚さ一五センチあり、斜めに傾いていた。柱穴は内部に四本あり、二〇センチ前後の深さをもっていた。この柱の補助用と考えられる柱穴が、東側の土盛部に二本、北側に一本検出された。炉は長さ一・三メートルの楕円形状を呈し、中から木炭が検出された。

弥六内遺跡は、上野地区の阿武隈川の氾濫原を見下ろす舌状台地の東南にある遺跡である。昭和四十二年に福島県住宅供給公社が宅地造成のため、弥六内古墳群の一号および五号古墳の調査を行った際、五号古墳の調査で掘り下げた土の中から一棟分の住居の床面が見つかった。住居跡は一辺が約五メートルの隅丸方形の竪穴住居跡で、高さ四〇センチの壁が垂直に立ち上がっていた。周溝は明瞭ではない。
柱穴は内部に三本、外部に三本あり、いずれも三〇センチ前後の深さがある。

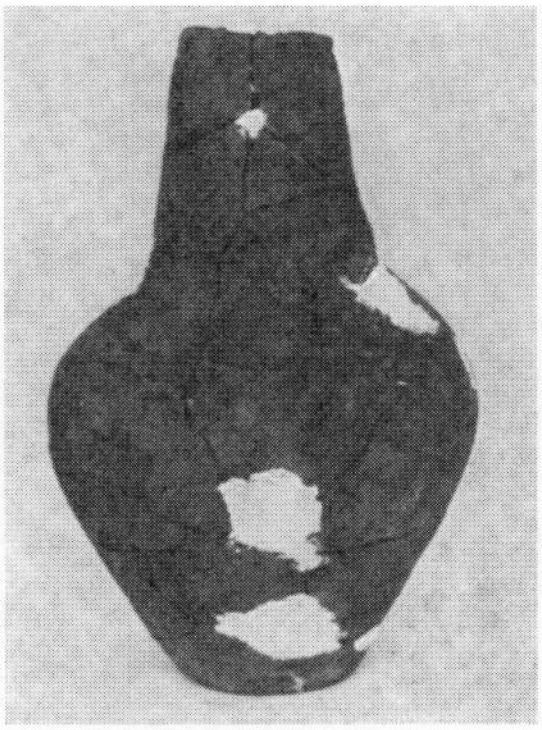

乙字ヶ滝遺跡
土坑墓より出土長頸壺
(須賀川市立博物館蔵
『須賀川市史』)

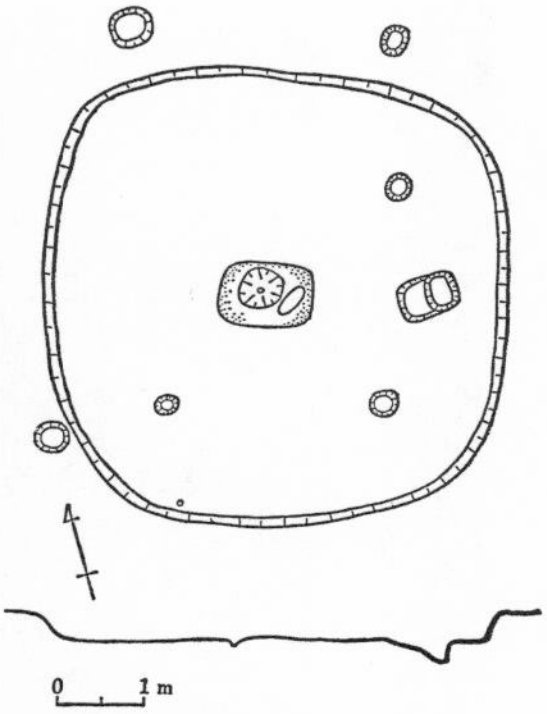

弥六内遺跡住居跡
(『須賀川市史』)

炉は住居の中央にあり、方形の焼土の下に径五〇センチほどのピットが検出された。この東側一・五メートルの所に、深さ三〇センチ、幅七〇センチのピットがあり、中に木炭と破砕された珪石が発見された。遺物はアメリカ式石鏃（石の側面を凹ませ、凸形の柄をつけた石鏃。アメリカインディアンが使用した鏃と似ているため、この名となった）、紡錘車、弥生時代後期の土器片であった。

乙字ヶ滝遺跡は、乙字ヶ滝に近い前田川字前山にある遺跡で、昭和四十三年開田工事の際、切り落とした崖面に黒土の落ち込みが発見されたため調査を行ったところ、径一メートル、深さ六〇センチの土坑（地面を掘り窪めた穴）が見つかり、中から土器片と碧玉《へきぎょく》製管玉が出土した。復元された土器片は長頸壺とみられ、

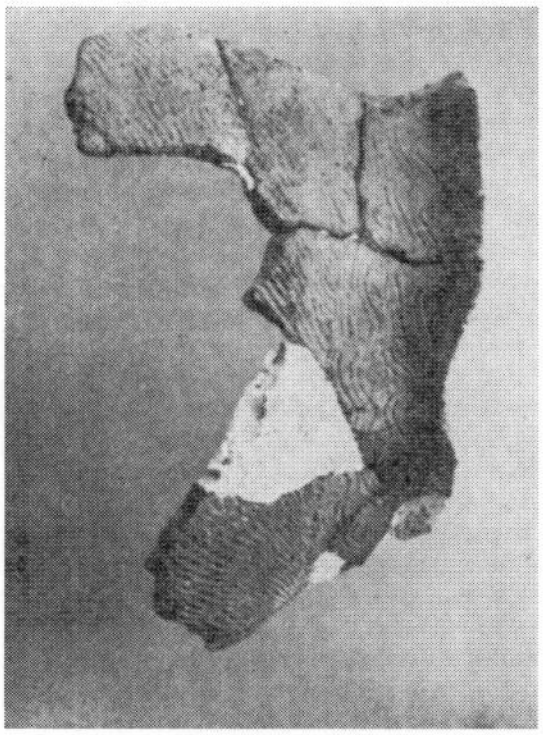

かつ坂遺跡出土弥生土器片
（『須賀川市史』）

胴体部に曲線的に磨消縄文が施されていた。この土坑は土坑墓と考えられる。

かつ坂遺跡は前田川字かつ坂にある。国道一一八号のバイパス工事に伴って、かつ坂古墳群のうち径一〇メートルの円墳の調査を行っている際にこの遺跡が発見されたもので、円墳の封土から周溝の中に落ち込んだ状態で五個体分の弥生時代の土器片が検出された。

復元された土器は、第一例が口径二〇センチ、胴部最大径二六センチの土器で、口縁部が外反する壺形土器とみられる。頸部に五条の波状文があり、胴体部には左傾する縄文が施されていた。

第二例は口径二六センチ、最大径も同じく二六センチの土器で甕形土器と考えられる。全体に左傾する縄文が施されていた。

第三例は口縁部が外反し、頸部がややくびれた壺形土器と考えられる。器体全体に左傾の縄文を施し、口唇部に刺突文《しとつもん》、口頸部付近に一から三条の結束文がある。

第四例と第五例は器形が判別できない。

須賀川の古墳(群) ―― 東北最大の石室を持つ蝦夷穴古墳など

弥生時代に始まった稲作は、鉄器の普及により飛躍的に発展し、やがて一部の者が富を蓄えて豪族となり、地域に君臨するようになった。そして死後その後継者が里人を使役してその人の墳墓を造らせる、これが古墳である。

古墳の築造は四世紀に畿内地方で始まり、七世紀末まで続く。この時代を考古学では古墳時代と呼び、古墳の特徴から前期(四世紀頃)、中期(五世紀頃)、後期(六～七世紀頃)に区分して考察される。

須賀川市内の古墳の総数は、古墳群だけでも八〇か所以上もあり、一つの古墳群で五基から二〇基の古墳を持っているので、全体では二五〇基以上もの膨大な数の古墳となる。これは岩瀬地方が早くから開け、一時期とはいえ陸奥国から分かれて信夫・安積・石背・白河・会津の五郡をもって「石背国《いわせのくに》」が成立し、岩瀬地方がその中心的役割を果たしてきたことをこれらの古墳が物語っている。

須賀川市内の古墳の分布を地域的に見ると、水田が大きく広がる阿武隈川流域が七割を占め、釈迦堂川流域が二割弱、滑川流域が一割強を占めている。

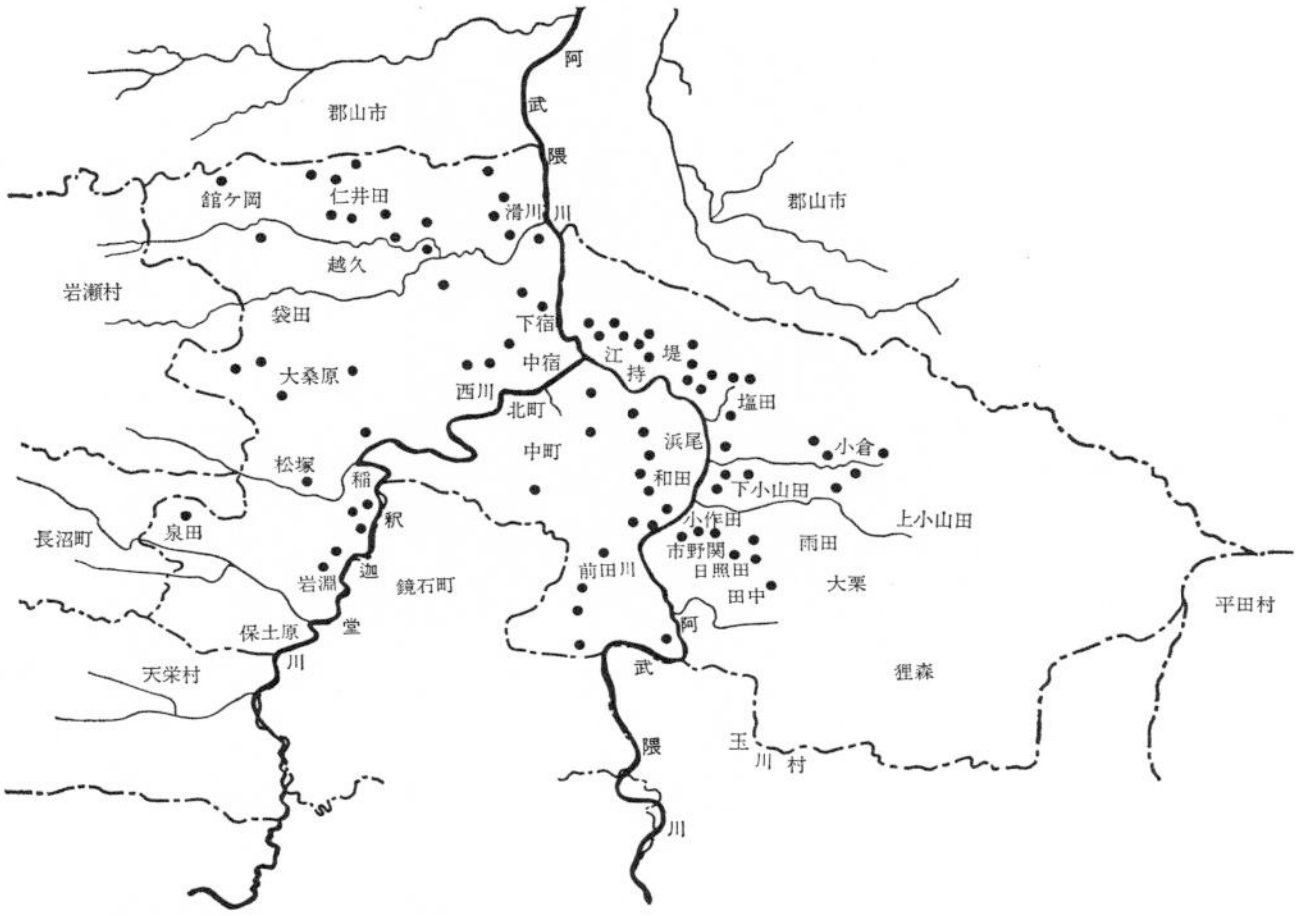

須賀川市内高塚古墳分布図（『須賀川市史』）

墳形では円墳が圧倒的に多く二四〇基以上、前方後円墳八基、方墳が二基となっている。

ここでは、すでに開口している古墳や発掘調査により明らかになった古墳を概説する。

岩瀬森古墳は須賀川市中宿にあり、古くは岩瀬森と呼ばれた山の頂部に鎌足神社（建久元年〈一一九〇〉、足利義家の次男小次郎義政が岩瀬森にあった四ツ清水城に遠祖藤原鎌足霊を奉斎して創建した）を祀った所が石背国《いわせくにの》造《みやっこ》の古墳であるとの伝説があった。

この山は水巻山と呼ばれ、古歌に「みちのくの磐瀬の渡しけふこえて水まき山に雲ぞかかれる詠み人知らず」（『白河風土記』第一二巻）とあり、「水まき」は古墳の周溝を指すと考えられている。

この岩瀬森が古墳であると明らかになった発端は、昭和五十二年に鎌足神社が火災となり、その再建工事中に地面から黒色土層の落ち込みが検出されたことにある。また、地積図から見て中軸線が約一五〇メートルの帆立貝式前方後円墳であると想定され、発掘調査が実施された。その結果、後円部の中心地点から南北に並列して幅一・三五メートル、長さ一・七メートルの墓穴とみられる土坑が検出された。石室や出土遺物がないため古墳であると断定することはできないが、その巨大さから古墳時代前期の古墳と考えられている。

鎌足神社本殿と周辺

いかづち古墳群は阿武隈川の氾濫原に突き出た和田字作之内にある標高約二七〇メートルの丘陵先端にある遺跡で、昭和五十四年に市営住宅建設に伴い発掘調査された。その結果、前方後円墳一基、円墳六基と方形周溝墓二基が検出された。これらの遺構は、これまで盗掘と農耕により破壊が激しく主体部の詳細は不明な点が多かった。

前方後円墳は長さ三五メートルの帆立貝式前方後円墳と推定されている。

二号墳は円墳で、墳丘を欠き、組合《くみあわせ》式石棺のみが発見された。

三号墳は径一六メートルの円墳で、主体部に南北方向の土坑二

大塚古墳近景

基が確認された。東棺は長さ三メートル、幅は下端で四〇センチあり、残存物はないが割竹形木棺があったと推定されている。周溝から土師器片が出土した。

　四号墳は径一三メートルの円墳で、南北方向の土坑二基が確認された。西棺は長さ一・九メートル、幅一メートルあった。周溝から三号墳と同じく土師器片が伴出した。

　方形周溝墓は、一号周溝墓が一辺八メートルの方形、二号周溝墓が東西八・五メートル、南北一〇メートルのやや長方形を呈する。二号周溝墓のほぼ中央に一×三・三メートルの土坑があり、中から長さ二四センチの鉄剣とガラス製小玉三点が出土した。この方形周溝墓は県内唯一の調査例である。古墳群の造立は四世紀末から五世紀前半と推定され、岩瀬地方最古のものと思われる。

　なお、古墳群と重複して弥生時代後期の竪穴住居跡一〇棟と弥生土器片が発見された。

　大塚古墳は乙字ヶ滝の下流前田川字上大塚にある古墳で、明治初期に盗掘に遭い副葬品に何があったかは不明だが、完形の壺形土師器一個が出土したと伝えられている。

現況は墳丘裾部が削り取られて方形に近い形になっているが、もとは大型の円墳であったといわれる。

明治初期から開口しているこの古墳は、羨道《せんどう》部を含めて奥行約八メートル、玄室に幅、高さとも約二メートルの大きな横穴式石室を持っている。奥壁と蓋石は大きな自然石を使い、側壁は面をそろえた小さな割石を積み上げている。

大仏《だいぶつ》古墳群は和田字大仏前の低地と「和田の大仏」裏手の丘陵に広がる古墳群で、三基の前方後円墳と一三基の小円墳から成り立っている。

古墳の多くは室町時代以来盗掘に遭ったり、開発などにより破壊されているため、俗称「小梅壇《こうめたん》」と呼ばれた一五号墳のみが発掘された。

この古墳は戦後、墳丘が野菜の苗床用の土取り場として切り崩され、高さ二・五メートルほどの封土《ほうど》が残り、石室の一部が露出していた。

昭和三十七年、四十八年の二度発掘調査が行われ、後円部

大仏古墳群分布図（和田）（『須賀川市史』）

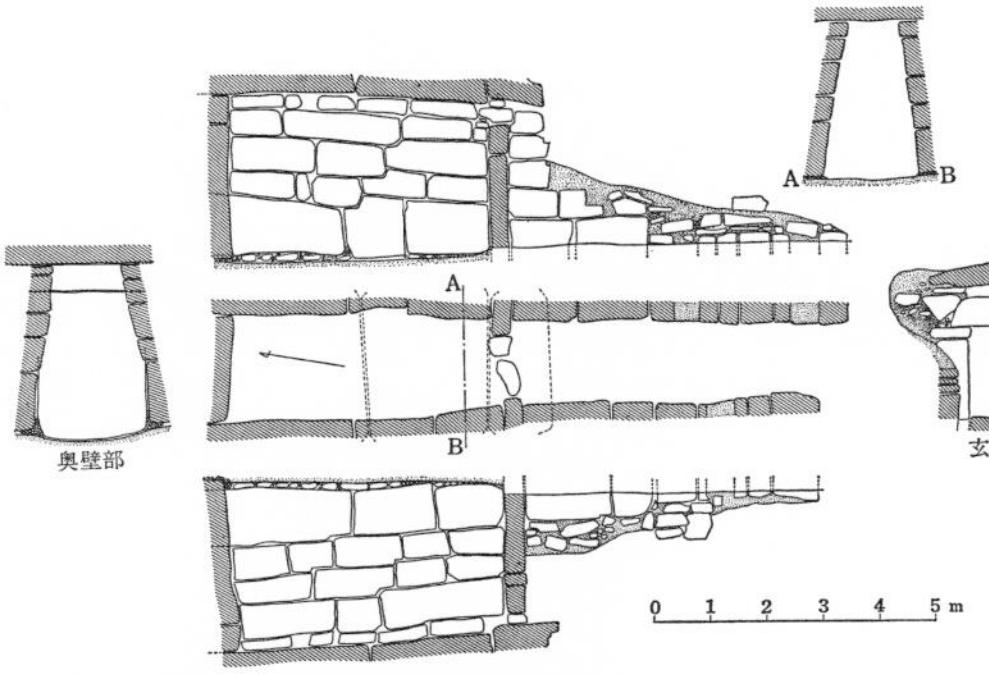

大仏古墳群15号墳石室模写図（『須賀川市史』）

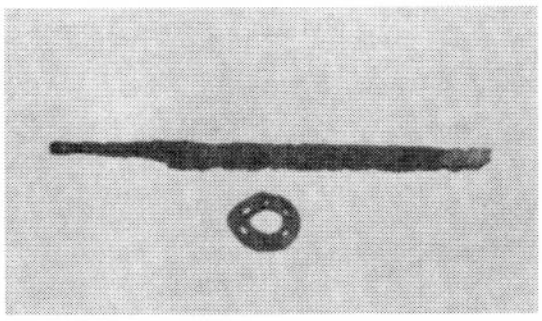
大仏古墳群15号墳出土直刀・倒卵形六窓鍔
（『須賀川市史』）

大仏古墳群15号墳出土土師器杯
（須賀川市立博物館蔵『須賀川市史』）

に横穴式石室を持つ前方後円墳であることが分かった。墳丘は中軸約三五メートル、後円部径・前方部幅ともに二五メートル、高さは不明で、裾部を縫うようにして幅約五メートル、深さ約一・二メートルの周濠が巡っていた。一種の帆立貝式古墳とみられる。

玄室は長さ三・七五メートル、幅一・九メートル、高さは破壊から残された部分が一・五五メートルあり、床の全面に玉石が敷かれ蓋石はなかった。

羨道部は幅一・八メートル、長さは先端部が破壊されていたが約一・六メートル残存し、玄室同様玉石が敷かれていた。玄室との境は梱石《こんせき》で仕切っている。

副葬品は鉄鏃・直刀《ちょくとう》・倒卵形六窓鍔《つば》・銀環・金銅製飾鋲・金箔・使途不明の金銅製品片・ガ

ラス製棗《なつめ》・同丸玉・滑石製平玉・土師器杯・須恵器片のほか、室町期の黒天目茶碗半欠と宋銭の紹聖元宝、円筒埴輪片などが雑然とした状態で出土した。

この古墳は出土品からみて、六世紀中葉の後期古墳と考えられる。なお、この古墳は発掘調査後水田となった。

塚畑古墳は大仏古墳群と近接しており、特に大仏古墳群の一五号墳とは中軸線が一線上に重なっていた。この二つの古墳は西側を向き、二基の前方後円墳が並存しているように見える。

明治初期から均《なら》して畑となっているが、昭和四十八年に圃場整備の際、発掘調査が行われ、全長約四〇メートル、後円部径約二五メートル、前方部幅二六・六メートル、高さ不明の前方後円墳であることが分かった。墳丘裾部を幅約五メートル、深さ約四〇センチの周濠が巡らされていた。石室の内部は完全に削平されており何も残存していな

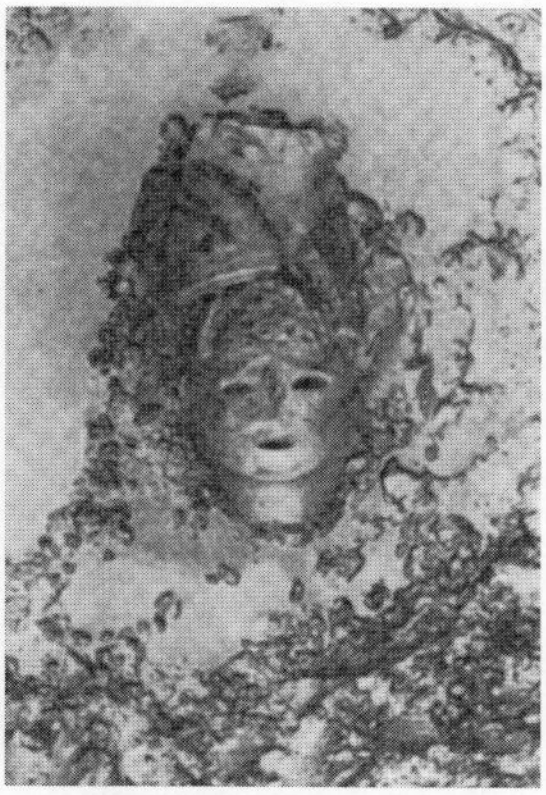
塚畑古墳出土埴輪片出土状況
（須賀川市立博物館蔵『郷土須賀川－原始古代より現代まで－』）

塚畑古墳出土天冠埴輪
（須賀川市立博物館蔵『郷土須賀川－原始古代より現代まで－』）

かったが、周濠の中から馬、靫《じん》（うつぼ、矢を入れる容器）、家形、冠をつけた貴人埴輪の頭部三点、子供の頭部一点、武人埴輪の冑部分・手甲をかけた手首部分などの形象埴輪が多数出土したほか、円筒埴輪片、土師器片、須恵器片が検出された。

　この古墳は墳丘の規模、様式や埴輪から見る限りでは、一五号墳とほぼ同時期の古墳時代後期の古墳と考えられる。

蝦夷穴古墳　県指定史跡
（『須賀川市史』）

　和田字蝦夷穴にある蝦夷穴古墳は、明治初期に発掘された古墳で、現状では墳丘裾部がかなり削り取られているが、径三七メートル、高さ六・五メートルに及ぶ大型の円墳である。

　横穴式石室が南南東に開口しており、玄室は入口の高さ二・四五メートル、奥行四・九メートル、最大幅二メートル、高さ最高五・一メートル。羨道は上半分が破壊されているが、長さ六・三五メートル以上と推定され、石室の総延長は一一メートルに及び、東北地方では最大の石室である。石材はすべて切石積みになっていて、奥壁と天井の石は特に巨大である。

　副葬品はすでに明治期に発掘されており、出土したものは金銅製頭椎大刀《きんどうせいかぶつちのたち》・倒卵形八窓鍔・青銅製鋺《わん》・青銅製輪・金銅製鈴・鉾身《ほこみ》・刀子・辻金具・尾錠・三輪玉・勾玉・管玉・切子玉・

馬歯など多種にわたり、ほとんどは東京国立博物館に収蔵されている。

団子山古墳は阿武隈川の東岸、日照田字入の久保の台地の裾野にある古墳で、これまで径四〇メートルの大型の円墳とみられ、墳丘から円筒埴輪が出土したことで知られていたが、令和元年八月須賀川市と福島大学考古学研究室が発掘調査を行った結果、全長六五メートルの前方後円墳であることが明らかになった。

また棺があったとみられる後円部の墳頂の北西部に、円筒状の埴輪が約一〇～一五センチ間隔に四体並んで置かれていた。そして埴輪の周囲には埴輪を置いた後に土を寄せて盛った低い土手があったことから、墳丘を取り囲むように埴輪が配置されていたことが推測されている。

この古墳は古墳時代前期の四世紀に築造されたものと考えられ、このような埴輪列が確認されたのは東北地方では初めてである。

前原古墳群と上川原古墳群は、堤字上川原の

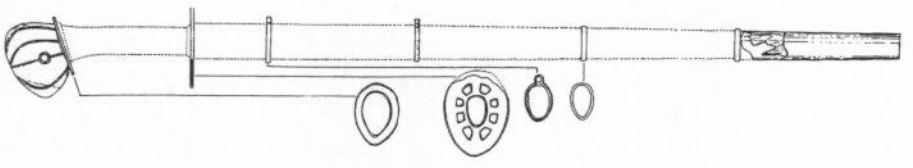

金銅製頭椎大刀推定復元図
(『福島考古第18号』)

団子山古墳（日照田地区）

阿武隈川東岸にある通称前原河原と呼ぶ低地に立地する古墳である。

前原古墳群は四基からなる円墳群で、昭和二十年にその一基の河原石を敷きつめた石室内から、頭蓋骨のそばに直立した状態で提瓶《ていへい》（水筒形をした須恵器）があり、胴体の近くには並行して直刀、倒卵形六窓鍔、金銅製方頭大刀《ほうとうのたち》、鉄鏃が置かれていた。方頭大刀の柄《つか》は金銅線で蛇腹巻きにされていた。

上川原古墳は昭和三十七年に開口調査が行われ、この横穴式石室から金色まばゆい金銅製単《たん》鳳環頭大刀《ほうかんとうのたち》が出土した。また奥壁裏の封土内から土師器杯と須恵器杯が出土した。

環頭は竜体を表す環の中に、単鳳を表現する鋳造環頭で、一部に唐草文を描き全面を金鍍金《ときん》している。柄は柄木を金銅薄板で包み、ワラビ手繋文と唐草文が打ち込まれている。鞘尻も金銅薄板で包み珠文を打ち出しており、他の外装金具もすべて金銅製である。

前原古墳群出土提瓶
（個人蔵『須賀川市史』）

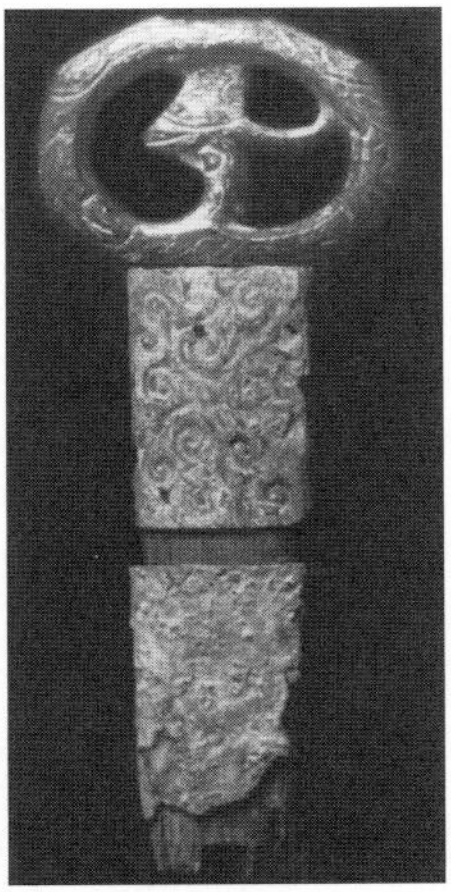

上川原古墳出土
単鳳環頭柄頭大刀柄部
（個人蔵『図説須賀川・石川・岩瀬の歴史』）

以上の二つの古墳は縄文時代後期の七世紀頃の造立と考えられる。

かつ坂古墳は前田川字畑作にある古墳で、昭和四十年に須賀川市教育委員会が発掘調査した結果、墳丘は径一〇メートル、高さ一・三メートルの山状の小円墳で、周溝が巡らされていることが分かった。

墳丘の中心部は、天文年間（一五三二〜一五五五）、前田川に中国院を開山した聖護院の修験南光法印を葬るためにこの場所を掘ったので、主体構造の大部分が破壊されていたが、二基の粘土槨《ねんどかく》（棺が粘土で作られているもの）が検出された。

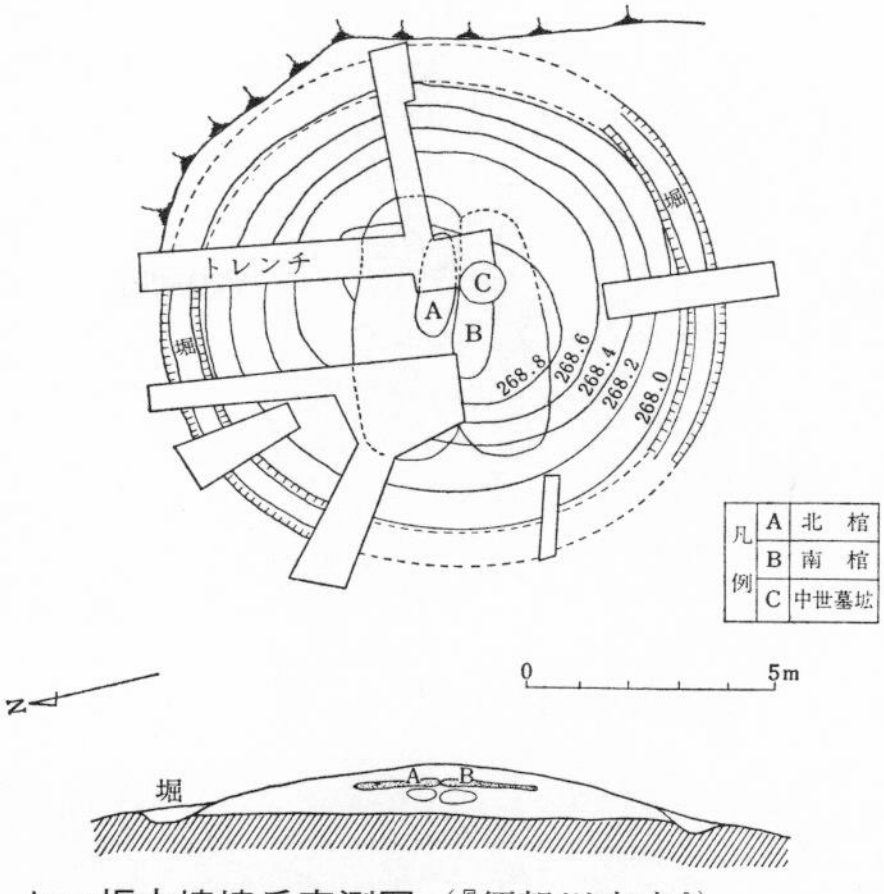

かつ坂古墳墳丘実測図（『須賀川市史』）

中心部の北側の粘土槨（北棺）は、外法《そとのり》が幅二・五メートル、長さ五・五メートルで、内法《うちのり》は幅八五センチ、深さ三五センチ、長さは一部破壊されているが二・三メートルと推定された。槨は粘土を敷きつめた上に置かれていた。

他の一基は北棺と併行して南側に一五センチ離れて築かれた粘土槨（南棺）で、外法は北棺よりも小さく、一〇センチほど深くにあり、内法は幅七〇センチ、深さ三〇センチで、長さは破壊されていて不明である。

両槨とも築造年代を推測させる副葬品は一点も発見できなかったが、この古墳はおよそ五世紀後半頃のものと考えられている。

一斗内古墳群は、越久《おっきゅう》字一斗内《いっとうち》の実取川の氾濫原を見下ろす台地の平坦部に位置する小円墳群で、東北自動車道路建設工事の際に発掘調査された。

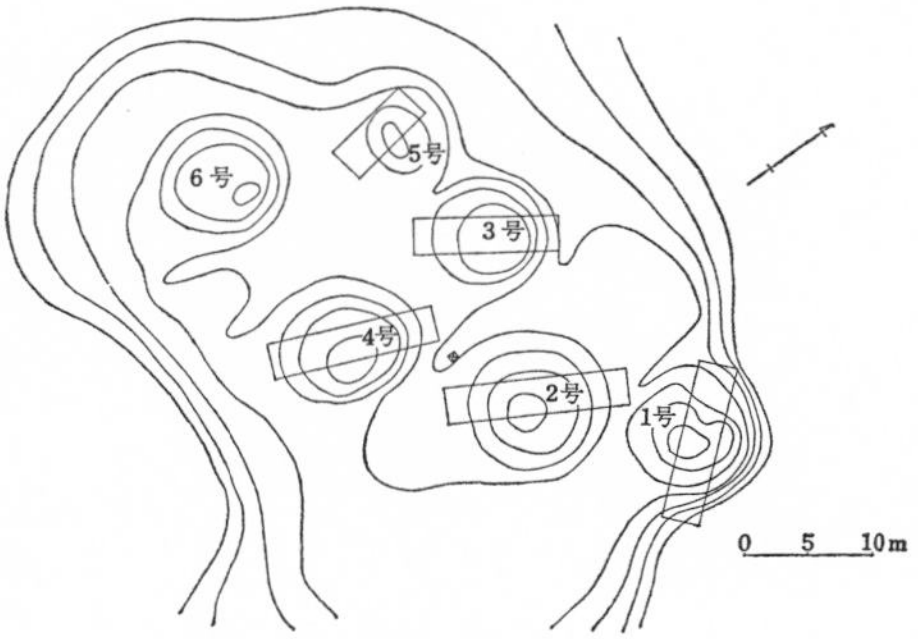

一斗内古墳群実測図（『須賀川市史』）

一斗内古墳群は六基の円墳からなり、うち五基が調査されたが、円墳の封土は大きいもので径一三メートル、小さいもので五メートルあり、高さは二メートルから小さいもので五〇センチに満たないものがあり、石室の上部が露出しているものもあった。

石室は意外なほど細長く、四号墳では径一一メートルに対し五メートルの細長い石室、五号墳では径五メートルに対し長さ四メートルと径に対し長大で細長い石室であった。

石室の造成は五基とも地山を掘り、下方に大きな石を置き、その上に割石を積み上げ、すき間を粘土で塞《ふさ》ぎ、床面は平たい石を敷きつめていた。

石室の側壁と奥壁は割石を小口積みし、側壁の上部は平たい石を並べていた。五基とも蓋石はなかった。玄室と羨道の境は板状の梱石で仕切っていた。

羨道は各墳とも、大小の割石を無秩序に投げ入れ故意に塞いでいることから、遺体は石室の上方から直接に、あるいは木棺に入れ安置し、その上に封土を盛り円墳状にしたものと考えられる。

副葬品は少なく、金銅製耳飾、直刀、刀子、扁平鉄鏃が見つかっている。

この古墳群は、これらの遺物と横穴式石室の使用方法から七世紀末から八世紀初頭のものとみられている。

オサン壇古墳群は大桑原字西の作にある遺跡で、大桑原集落の北側の台地の上に位置する。七基の小円墳が密接して築造されていたが、新安積疏水導水に伴う開田工事の際、発掘調査の上破壊された。

七基のうち六基が墳丘の径一一メートル前後、高さ一・四メートル前後の小型の円墳であった。このうち二、四、

一斗内古墳石室
(『須賀川市史』)

七号墳の三基から組合式石棺が発見され、その内壁に朱が付着していた。この朱は埋葬の際に遺体にかけられたものが内壁にも付着したものと考えられる。

これらの石棺はあまり加工しない板石を使い、長さ二・三メートル、幅八〇センチほどに組み立て、すき間を粘土で密閉していた。三棺とも底部に平たい割栗石が敷きつめられていたが、四号墳のみは割石の上に厚さ一〇センチほどの木炭が敷かれていた。

オサン壇古墳群出土土師器埦
（須賀川市立博物館蔵『須賀川市史』）

オサン壇古墳群出土４号墳組合式石棺
（『図説須賀川・石川・岩瀬の歴史』）

他の三墳は、一号墳が粘土槨で地山を削平して長さ二メートル、厚さ二〇センチの棺が粘土で作られていた。また三号墳は地山を削平して長さ二・三メートル、幅六五センチ、厚さ二三センチの粘土槨が作られていた。六号墳のみは石棺も粘土槨もないので、直接木棺で遺体を埋葬したものと考えられる。

副葬品は少なく、直刀・刀子・鉄鏃・土師器椀のみであったが、これらは祭祀のために埋葬されたと考えられる。

なお、泉田字作田に四基の円墳を持つ泉田作田古墳群があり、そのうちの一基から、開田工事中に長さ一・九メートル、幅四八センチの組合式石棺が掘り出され、棺内から朱が一面にふりかけられた頭蓋骨と鹿角装刀《しかづのつくりとう》子《す》が出土した。オサン壇古墳群と全く同じ組合式石棺であった。

イカヅチ古墳群は浜尾字イカヅチにある六基の小円墳群である。

昭和二十七年に開墾され畑地となっていたが、昭和三十年に県立須賀川高校の生徒たちがクラブ活動の一環として、三号・四号墳を発掘調査した。二つとも円墳で、主体部から礫槨《いしかく》(石を組み合わせて作った棺)が見つかった。両墳とも河原石による礫槨で、槨壁は三号墳が人頭大の河原石が積み込まれ、四号墳はこぶし大の河原石であった。

遺物に銅釧《どうくしろ》一個と滑石製模造勾玉六個があった。銅釧は太目の銅線のまわりを細い銅線でらせん状に巻いたものであった。

昭和四十二年にも一号・二号墳の発掘調査が行われたが、墳の規模は分からず、直刀一本のみが検出された。なお昭和三十一年に、一号墳の墳丘から農家の人が耕作中に二個の完形土師器甕を見つけている。

甲塚古墳は森宿字古館にある古館古墳群(九基の円墳からなっていたが明治初期の開墾により破壊された)のうちの一基で、鹿島神

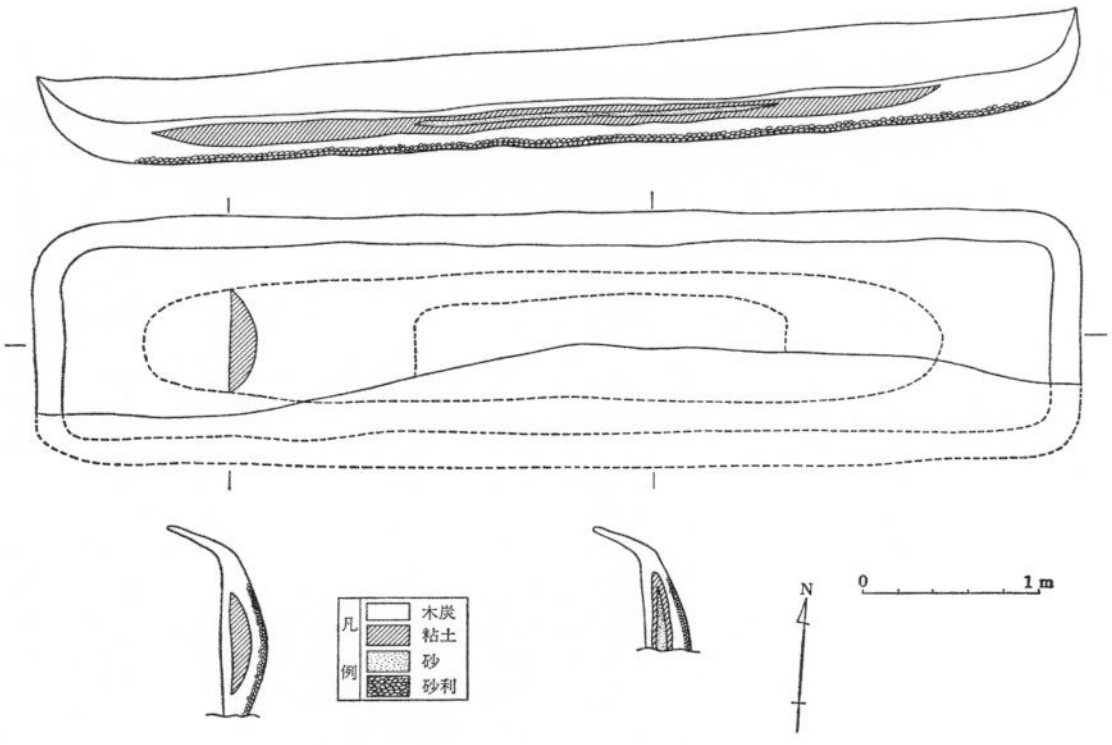

甲塚古墳木炭槨実測図（『須賀川市史』）

社の北側の道路際にあったが、これまで野菜苗床用の土取り場として使われ、ほとんどが切り崩されていた。昭和四十一年の調査時点には径二二メートル、高さ二・五メートルの円墳であった。

　主体部は地表から約一メートル下の所にあり、長さ五メートル、幅一メートルの墓坑を作り、底に小石と木炭を敷き、その上に長さ二メートルの棺を安置して粘土で覆い、更にその上を厚く木炭で覆ういわゆる木炭槨《もくたんかく》であった。木炭槨は五世紀後半頃関東地方で流行したといわれ、この古墳は東北では例を見ない貴重な遺跡である。

　遺跡は土取りのため破壊されており、副葬品は発見されなかった。

　早稲田古墳群は、須賀川市下山田の阿武隈川東岸の自然堤防上にある古墳時代後期の古墳群で、中・近世の墓地と入り混じって立地していた。

　昭和五十六年に母畑地区の遺跡発掘調査によって明らかにされたもので、一九基の古墳と三

○五基の土坑が検出された。
七号墳は前方後円墳で、全長二三メートル、後円部径一三〜一五メートルあり、幅二・六メートルの周溝が巡り、後円部東側に土橋跡があった。主体部は完全に失われ、周溝のみが残存する。過去に墳のくびれ部の最下層から五世紀頃の土師器片が出土したといわれ、また主体部から多量の木炭を伴って直刀が出土したといわれている。

七号墳以外はすべて直径一七〜一八メートルの規模の小さい円墳で、一〜四号墳・六号墳・一〇号墳・一二〜一六号墳・一八号墳には横穴式石室があったと推測されている。その他の墳は削平されているため全く不明である。

土坑はすべて土坑墓と考えられる。木棺直葬の土坑墓が一基確認されたほか、他の土坑から人骨や歯、北宋銭、明銭が出土した。これら土坑のほとんどは中・近世の墓跡と考えられる。

仏坊《ほとけぼう》古墳群は小作田字小枝の阿武隈川東岸の丘陵上にある遺跡で、これまで一七基の円墳が確認されている。

平成五年福島空港建設に当って、そのうち三基が発掘調査された。

その結果、一二号墳については墳丘内に埋葬施設が発見されず、代わって墳丘を巡る周溝の途切れた外側から組合式石棺が発見された。組合式石棺はオサン壇古墳群の組合式石棺と同じ

仏坊古墳群12号墳
(『ふくしまの遺跡』)

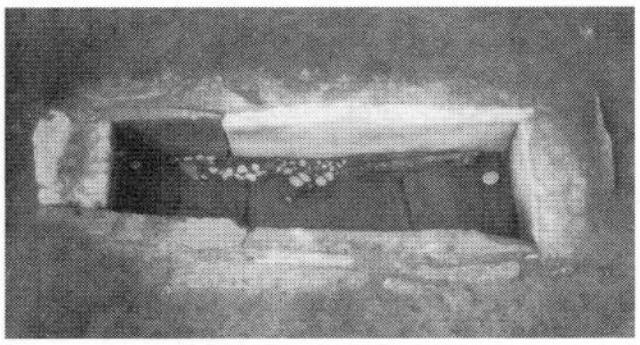

仏坊古墳周溝出土石棺
(『図説須賀川・石川・岩瀬の歴史』)

く遺体を板石で囲い埋納するもので、石棺内面はベンガラにより赤彩されていた。棺内からは鉄剣・鉄斧・鉄鏃などの鉄製品が検出されたが、人骨は発見できなかった。

上ノ台遺跡は仏坊古墳群に近い日照田字上ノ台にあり、福島空港建設に当って発掘調査が行われた。

その結果、古墳時代中期から平安時代にかけての竪穴住居跡とともに巨大な掘立柱建物跡の柱穴が見つかった。この遺構は古墳時代中頃に、須賀川東部地域を支配した首長の居館跡とみられ、仏坊古墳群の築造にはこの集落が大きくかかわっていたと考えられる。

横穴古墳は須賀川市内に一三か所あるが、発掘調査されたものは次の三か所である。

神成横穴古墳群は、仁井田地区の低地と北方の安積平野を画する丘陵の崖面にあり、昭和三十八年新安積疏水の水路開削工事の際発掘調査され、一四基の横穴古墳が確認された。

玄室は隅丸方形や長方形が多く、天井はドーム型が多かった。玄門は安山岩の割石で閉塞され、内部には須恵器長頸壺を副葬したものや直刀を突き立てておいたものがあった。また追葬がなされたようで、前葬者と思われる何体もの大腿骨を奥壁近くに置いていた。

副葬品には直刀・刀子・鉄鏃・土師器杯・須恵器長頸壺・水晶切子玉・ガラス製小玉があった。土師器杯は内外ともに黒く艶があり、市内上人壇廃寺《しょうにんだんはいじ》跡中門近くから出土した土師器と同質のものであり、このことから、この横穴古墳群は上人壇廃寺と同一時期に築造されたものと推定される。

その後昭和四十九年に県道木之崎・本宮線の拡張工事の際、丘陵南斜面の古墳の指定区域外を調査したところ、更に数十基を超す横穴古墳が確認された。横穴の構造は、玄室が不整な台形や長方形の平面形を持ち、天井部はアーチ型やドー

神成横穴古墳出土土師器杯
（『須賀川市史』）

神成横穴古墳出土須恵器長頸壺
（須賀川市立博物館蔵『須賀川市史』）

神成横穴古墳出土土器群
（『図説須賀川・石川・岩瀬の歴史』）

ム型をしていた。羨道は比較的短かった。出土品は鉄鏃・鉄釘・土師器杯・須恵器大甕であった。

入口を閉じるため中世の板碑が使用されていたが、板碑を横穴の閉塞石に使用したのは、これが県内唯一の例である。また、このことから神成横穴古墳群は、七世紀後半から十四世紀まで長い期間使用されていたことが推測できる。

梅田横穴古墳群は釈迦堂川の流域西川の辰の口丘陵の北端にある遺跡で、凝灰岩の露頭に築造されたものである。

昭和四十四年に東北自動車道建設の際発掘調査が行われ、丘陵の東側と西側から二群からなる一一基の横穴古墳が検出された。

各横穴の構造は崩落が甚だしく、また開口していたこともあり不明な点が多いが、玄室の長さは一・八〜二・八メートル、幅は一・四〜三・一メートル、高さは〇・九〜二・二メートルで、天井はドーム型とアーチ型があった。個別に見ると、一号墳では玄室内に径三〇センチ、深さ三〇センチのピットが二か所あり、八号墳には棺座（棺を据え付ける基底部）があった。

梅田横穴古墳出土須恵器大甕
（須賀川市立博物館蔵『郷土須賀川－原始古代より現代まで－』）

副葬品は八号墳から直刀、唐銭の開元通宝（唐の高祖時代に鋳造）、宋銭の元祐通宝（北宋の一〇八六〜一〇九三に鋳造）が出土した。また、九号墳から冠様金銅製品残片、青銅製釧、銅製縁頭《ふちがしら》、鉄製鞘・石突、三角形と刀身形の鉄鏃、刀子、元祐通宝、須恵器大甕が出土した。

須恵器大甕は径六二センチ、高さ七五センチの丸底で、口縁部に波状文が三段に施され、内部には青海波文の叩き文が全面にあり、表面は叩き板仕上げになっている。

大仏横穴古墳群近景

この横穴古墳群は、出土した副葬品から八世紀奈良時代に造営されたと考えられている。

大仏横穴古墳群は、和田磨崖大仏の周辺にあり、二群の古墳群となっている。

その一群は、鎌倉期に造営された和田大仏の左右にあり、二十数基が開口している。古くから開口していたようで、横穴の壁に仏像が彫られているものもある。また寄棟造りの家形構造の横穴が一基ある。遺物はすべて散逸して何も残されていない。

他の一群は和田大仏のある丘陵の東北にあり、現在二基が開口している。

上人壇廃寺跡《しょうにんだんはいじ》

須賀川市街の北方八〇〇メートルの釈迦堂川に面する丘陵地に上人壇廃寺跡がある。昭和四十三年に国の史跡に指定された。この辺りはかつて岩瀬森と呼ばれたところで、今は史跡一帯は緑地帯として保護されている。

この遺跡は、昭和三十六年の東北本線複線化工事に伴い発掘調査され、以降数次の調査により、その全貌が明らかになった。

上人壇廃寺の内郭は約七二メートルの築地塀に囲まれ、南に柱間一〇尺（三・三メートル）の八脚門を持つ中門があり、東に東門、西に西門がある。いずれも瓦葺の門であった。

東門を入った左側に瓦塔覆屋《がとう》、右手に金堂があった。瓦塔覆屋は地山の上に基壇を築き、その上に礎石を用いて建てられ、その中に六角瓦塔が納められていた。瓦塔は須恵器で作られ、六角形三層の塔形をなしていた。復元想定の瓦塔の高さは九五センチ、一層目の幅は四八センチくらいと考えられている。この瓦塔は国内唯一の出

上人壇廃寺跡近景

土品で非常に貴重な発見である。

金堂は地山を掘って粘土を叩き込んで固め、東西二六メートル、南北一八メートルの基壇を築き、その上に礎石を置いて建てられた瓦葺の本格的建物であった。創建時の金堂の瓦は八世紀初頭のもので、その後金堂は十世紀頃に大改築された形跡がある。

金堂の北側の築地塀の外に掘立柱建物があったが、これも瓦葺の本格的高床式建物であると考えられる。

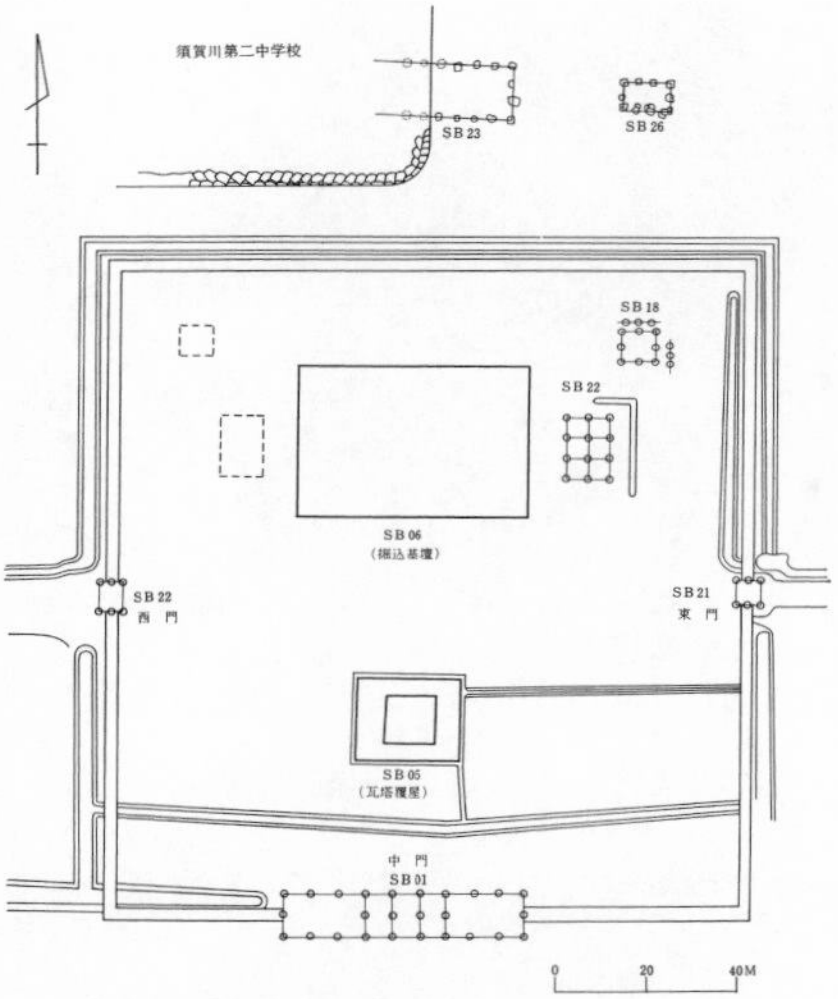

上人壇廃寺跡略図
(『郷土須賀川－原始古代より現代まで－』)

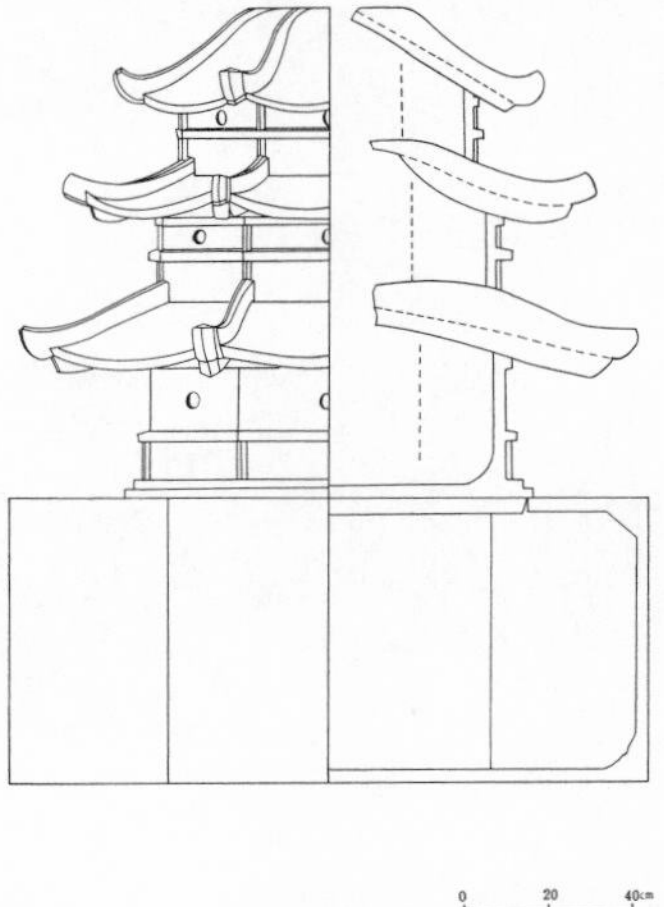

上人壇廃寺跡出土六角瓦塔復元模式図
(『郷土須賀川－原始古代より現代まで－』)

上人壇廃寺に使われた瓦は、軒丸瓦が複弁蓮華文軒丸瓦・植物文軒丸瓦・変形複弁蓮華文軒丸瓦・十字文軒丸瓦・変形十字文軒丸瓦の五形式、軒平瓦が篦書《へらがき》重弧文《じゅうこもん》軒平瓦《のきひらがわら》・素文《そもん》軒平瓦の二形式であった。

出土した土器は土師器と須恵器の二種で、有段丸底壺や平段平底杯など多種の土器があった。陶器では美濃の窯で生産された移入陶器も発見された。器形は、灰釉《はいゆう》陶器では輪花椀、長頸瓶、椀など、緑釉《りょくゆう》陶器では高台が径七センチある高台付椀が一点見つかった。

上人壇廃寺跡出土瓦　出土する瓦の最古段階のものは、複弁蓮華文軒丸瓦と重弧文軒平瓦の組み合わせである。
（『図説須賀川・石川・岩瀬の歴史』）

上人壇廃寺跡出土軒丸瓦、軒平瓦
（須賀川市立博物館蔵『目でみる　須賀川市の歴史と生活』）

上人壇廃寺跡出土土器
（須賀川市立博物館蔵『目でみる　須賀川市の歴史と生活』）

金銅製品では荘厳経（「方広大荘厳経」仏陀の伝記を記している）を誦《ず》すために使用された軸頭七点が発見された。寸法は長さ二・五センチ、径最長二・〇五センチ、軸部径一・二センチの撥形《ばちかた》であった。

鉄製品では鉦鼓《しょうこ》があった。径三三センチ、高さ五センチで全体的に薄手であった。

上人壇廃寺は、古代石背国の付属寺院として建てられたものではないかとの考えがある。

大和朝廷は六世紀には国内の主な地域を支配下に置き、その地方の豪族を国造《くにのみやつこ》に任命しその地を治めさせていた。大化元年（六四五）には国・郡制に改め、東北では一三か国（後に郡に改まる）を集めて陸奥国《むつのくに》とし、国府は神亀元年（七二四）多賀城に置かれた（多賀城に国府が置かれる前一〇〇年間は、国府は多賀城以南に置かれたと考えられているが、その場所は不明である）。

上人壇廃寺跡出土鉦鼓
鉄製の鉦鼓が発掘されている遺跡は稀である。
（『図説須賀川・石川・岩瀬の歴史』）

ところが、養老二年（七一八）には陸奥国から分かれて白河・石背・会津・安積・信夫の五郡をもって石背国が成立していた。上人壇廃寺はその時に建てられた国分寺ではないかというのである。

上人壇廃寺は、出土瓦や出土土器からみて奈良時代の前半八世紀初頭に創建され、その後十二世紀末まで存続したと考えられる。西方約九〇〇メートルに岩代米山寺《いわしろべいさんじ》があるが、この寺とも相当期間共存していたと推測される。また上人壇廃寺東門から東に向かう幅二メートルの道路も発見されており、その先に古代駅家跡といわれる「うまや遺跡」があり、その関連も想定される。

岩代米山寺跡《いわしろべいさんじ》と経塚群

釈迦堂川北岸の河岸段丘上にある西川の山王山の麓に、平安時代初期の貞観年間（八五九〜八七七）に天台宗の智澄大師によって創建された岩代米山寺の寺跡がある。

米山寺の所在は、明治十七年（一八八四）に発掘された経塚から出土した経筒の陶製外筒に、「磐瀬郡米山寺」とあるだけで永らく不明であったが、昭和五十四年に実施した日枝神社裏山の発掘調査とその後の調査により、薬師堂跡や他の建物跡が明らかになった。

伝米山寺薬師堂跡（西川地内）
（『郷土須賀川－原始古代より現代まで－』）

薬師堂は、柱間一〇尺（三・三メートル）、間口四間（七・二メートル）、奥行三間（五・四メートル）の建物で、幅七尺（二・三メートル）の縁が廻されていた。建物は沢地の軟弱地盤であったため、柱を立てる時径八〇センチほどの大きめの穴を掘り、中に三〇センチほどの厚さに小砂利と粘土を敷き固め、その上に柱を立てる工法が使われていた。薬師堂の裏側にも数棟の倉庫風建物と考えられる掘立柱建物群があった。基礎は薬師堂と同じ工法が採られていた。

寺の伽藍は、薬師堂東部の一段高い所にしっかりとした厨《くりや》風の建物遺構が検出された。また薬師堂の西にも南斜面を整地して造った建築遺構が検出されている。用途は不明である。

経塚は米山寺跡の発見前の明治初期に発見された。

明治十三年三月、山王山の頂部にある日枝神社の本殿改築のため、本殿西裏にあった塚を崩して整地していたところ石室が発見されたのである。

この塚は直径約五メートルの経塚で、中の石室から銅製経筒、陶製蓋、紙本経一一巻、短刀一振が出土した。紙本経は朱書きされた法華経と無量寿経の二種であったが、調査のため国に提出していたところ、大正十三年九月一日の関東大震災に遭い焼失してしまった。

第二次発掘調査は明治十七年三月二十三日に行われた。

この時は山寺村の村民が総出で参加し、四基の経塚を発見したが、出土遺物は須恵器の壺、

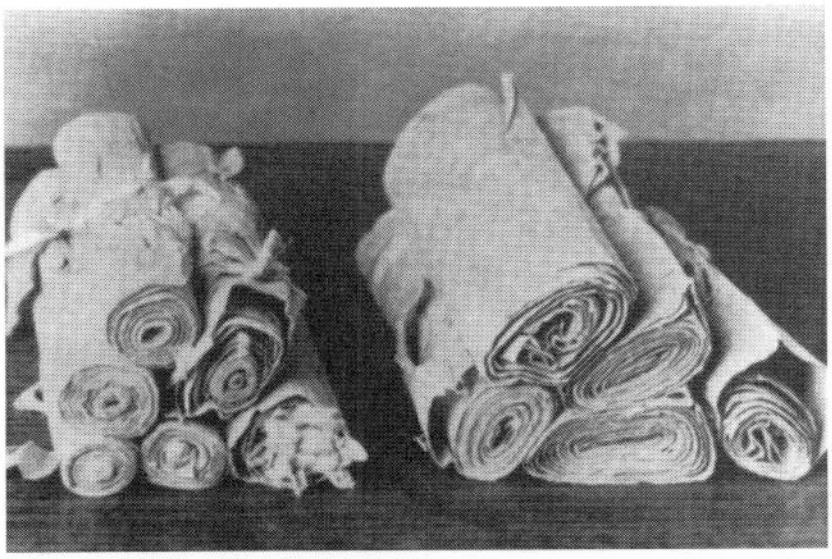

米山寺経塚出土経巻
（『図説須賀川・石川・岩瀬の歴史』）

米山寺経塚出土経筒と外筒
（須賀川市立博物館寄託『図説須賀川・石川・岩瀬の歴史』）

錆びた短刀と鉄鏃だけであった。三回目は同年四月八日に行われ、はじめ地主関係者などで調査に当っていたが、石室が発見されたとの報せが広まると村人が大勢集まり大賑わいになったといわれる。

　石室の見つかった三号経塚は、直径六メートル、高さ一メートルで、石室内から陶製外筒、蓋付銅製経筒、草花文鏡、短刀一五本、鉄鏃二五本、鍔一点が出土した。経巻は出土しなかった。陶製外筒は中に経筒と経巻を納め石室に埋納するもので、出土した陶製外筒は、器高二五・四センチ、直径一七・一センチで、粘土を巻上げた後轆轤（以下「ロクロ」と書く）で整形されていた。また陶製外筒の表面には箆（以下「ヘラ」と書く）状の工具で次の銘文が記されている。

敬白　奉施入　磐瀬郡米山寺如法　経銅　大勧進聖人僧行祐　大檀主僧円珍　糸井国数　藤原貞清　白井友包　藤井末遠　右志者為慈尊三会　暁同一仏浄土往生也　承安元歳次辛卯八月廿八日　辛午

この経筒には糸井国数、藤原貞清、白井友包、藤井末遠の四人の納経者の名前が刻まれている。福島市天王寺経塚の経筒外筒や桑折町平沢寺《へいたくじ》経塚の経筒外筒にも同じ四名の刻名があり、また経筒の焼成、銘文の日付、表記内容、行数、文字数もほぼ同じであることから、この四名が発願者となり、遊行聖《ひじり》の行祐（米山寺）、長胤（天王寺）、定心（平沢寺）を導師として供養が行われたと考えられる。

岩代米山寺３号経塚

経塚は現在まで一〇基が確認されているが、その分布は、日枝神社の裏に一号・二号の経塚と四号から七号までの経塚があり（東部経塚群）、山王山の西側に三号経塚と八号から十号の経塚（西部経塚群）がある。

三号経塚は昭和十二年十一月に「岩代米山寺経塚」として国

史跡に指定された。また経筒は昭和十一年に国宝に指定されている。

現在経塚群や米山寺廃寺跡のある山王山は、経塚遺構とともに、仏堂基壇・講堂・倉庫・厨遺構も整備され、「岩代米山寺経塚公園」となって公開されている。

中世の集落遺跡うまや遺跡と板碑群を持つ籾山遺跡

うまや遺跡は、阿武隈川と釈迦堂川の合流点の低位段丘上にある遺跡で、昭和六十年から六十三年にかけて発掘調査が行われ、竪穴住居跡九五棟、掘立柱建物跡一六棟、井戸跡五九基、溝跡三〇条の遺構が検出された。住居跡は一定範囲に集合して造られ、ほとんどが交錯して（切り合いの状態）非常に不鮮明であった。

岩代米山寺経塚公園

遺物は住居跡などから縄文土器片、土師器片、須恵器片、瓦片が出土した。

特異なことは、口径一八センチ、器高六センチほどの同形同大の須恵器蓋付杯が一直線に並ぶように三か所から検出され、中に和同開珎《わどうかいちん》が合わせて一二枚入っていたことである。

この遺跡は出土した土器類からみて、古墳時代後期から平安時代までの集落跡とみられ、このうち奈良時代の住居が大部分を占めていると考えられている。上人壇廃寺跡と近く、また時期も重なることから、上人壇廃寺とは密接な関係があったと考えられる。

籾山遺跡は、東北本線須賀川駅より北西に二・五キロメートルの標高二六七メートルの独立丘陵上に立地する遺跡で、北側に滑川が流れるが水の便が悪く付近は雑木林になっている。

発掘時のうまや遺跡
（『図説須賀川・石川・岩瀬の歴史』）

発掘調査は、昭和五十三年に新幹線の路線として切り開かれた幅三六メートルの範囲で行われ、一六基の土坑、二基の塚状遺構、四条の溝状遺構、経塚、堤防状遺構と遺物として二八五基の板碑、二九四個の礫石経石《れきいしきょうせき》、鉄鏃、砥石各一点が検出された。

一号塚状遺構は円形土饅頭形を呈し、規模は径五・四メートル、高さ四〇センチで、墳頂部は盗掘により七八×七二センチの穴が掘られていた。遺物は墳丘裾部より板碑一基が出土した。

二号塚状遺構は一号遺構の南方六メートルにあり、楕円形土饅頭形を呈し、規模は四×二メートル、高さ三〇センチで、遺物は盗掘により何も出土しなかった。

塚状遺構の西方二五メートルの所に礫石経塚遺構が検出された。すでに墳丘が失われ、河原石が散乱して築造時の状況は不明だが、河原石を除去したところ経石埋納穴（東西一・六メートル、南北二メートル、深さ六〇センチ）が見つかった。埋納穴の中にも河原石が埋納されており、その河原石を水洗いしたところ、土師器、須恵器を含む二三六個の礫石経石が見つかった。

経石は楕円形の平らな河原石でなく、棒状の礫を用い、基本的には梵字の下に経文の一字を墨書しているが、中には二字以上六字までの一石多字の経石もあった。

丘陵に平行して東西に延びる堤防状遺構があった。遺構は全長三六メートル、幅二～六メートル、高一メートルほどで、板碑は主にこの堤防状遺構の盛土とその南斜面にあり、二〇〇基を超え総て倒れた状態で出土した。

板碑の石質は地元産石英安山岩質溶結凝灰岩（俗称白河石）であり、風化により形態、種子、墨書は不明瞭であった。板碑の大きさは、大型のもので全長約一〇〇センチ、幅六〇～七〇センチで、小型のものは全長四〇～五〇センチ、幅約三〇センチであった。

板碑はすべて種子板碑で、種子の種類は「キリーク」が最も多く、「ウーン」「マン」「サ」「バイ」「バク」「バン」「ア」「アーンク」の梵字があった。種子の多くが薬研《やげん》彫《ぼり》で書かれ、墨書された板碑も三二基あった。

紀年銘の判読できるものは九基あり、暦応二年（一三三九）から応安五年（一三七二）までの三三年間の板碑で、年号は北朝銘であった。なお調査地区外の南側の堤防状の盛土にも数十基の板碑が横倒しの状態で分布しており、検出した板碑の総数は二八五基となった。

堤防状遺構の南側に四条の溝状遺構が検出された。溝は向かい合って並び、明瞭でないが、板碑の造立場所を区画したものと考えられる。

土坑は表土と板碑除去後、地山（黄色粘土層）の上面から検出されたもので、一六基あった。

規模は最大で径一四二センチ、最小で径五五センチで円形あるいは楕円形を呈し、深さは最大三一センチであった。

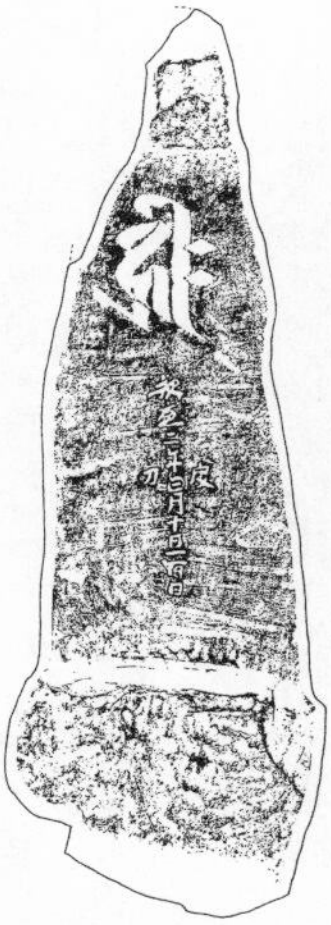

首部は一部欠損
種子は「キリーク」
身部に暦年が刻まれている。

ほぼ完形の板碑
首部は三角形
種子は「バイ」

（『福島県須賀川市籾山遺跡の調査』）

これら土坑は墓坑とみられ、一二基から骨片と木炭、四基から焼土、二基から木炭のみが検出された。これら骨片は他の場所で火葬に付され、木炭・骨片・焼土とともに埋納されたと考えられる。

籾山遺跡は、以上の出土遺物や板碑の紀年銘からみて十四世紀中頃の遺跡と考えられる。この時期は後醍醐天皇と足利尊氏が争ったいわゆる「南北朝の争乱」に当り、岩瀬地方でも、北朝方の稲村二階堂氏一族と国府を追われて稲村城に入った吉良貞家が、宇津峰《うづみね》城を本拠とする南朝方と阿武隈川を挟んで激しく戦い、その戦いで戦死した北朝方の武将の供養のため、これら板碑や経石塚が立てられたものと思われる。

須賀川の中世城館跡

須賀川市内には、図のとおり四九の城館跡がある。はじめに中世岩瀬郡にどのように城館が築造されていったか眺めてみたい。

保延四年（一一三八）、陸奥国司藤原兼忠から岩瀬郡一円を左大臣源有仁の家領にする旨の命令が岩瀬郡司平政光に下ると岩瀬郡は荘園化され、古代からの豪族平政光はその荘官となり、

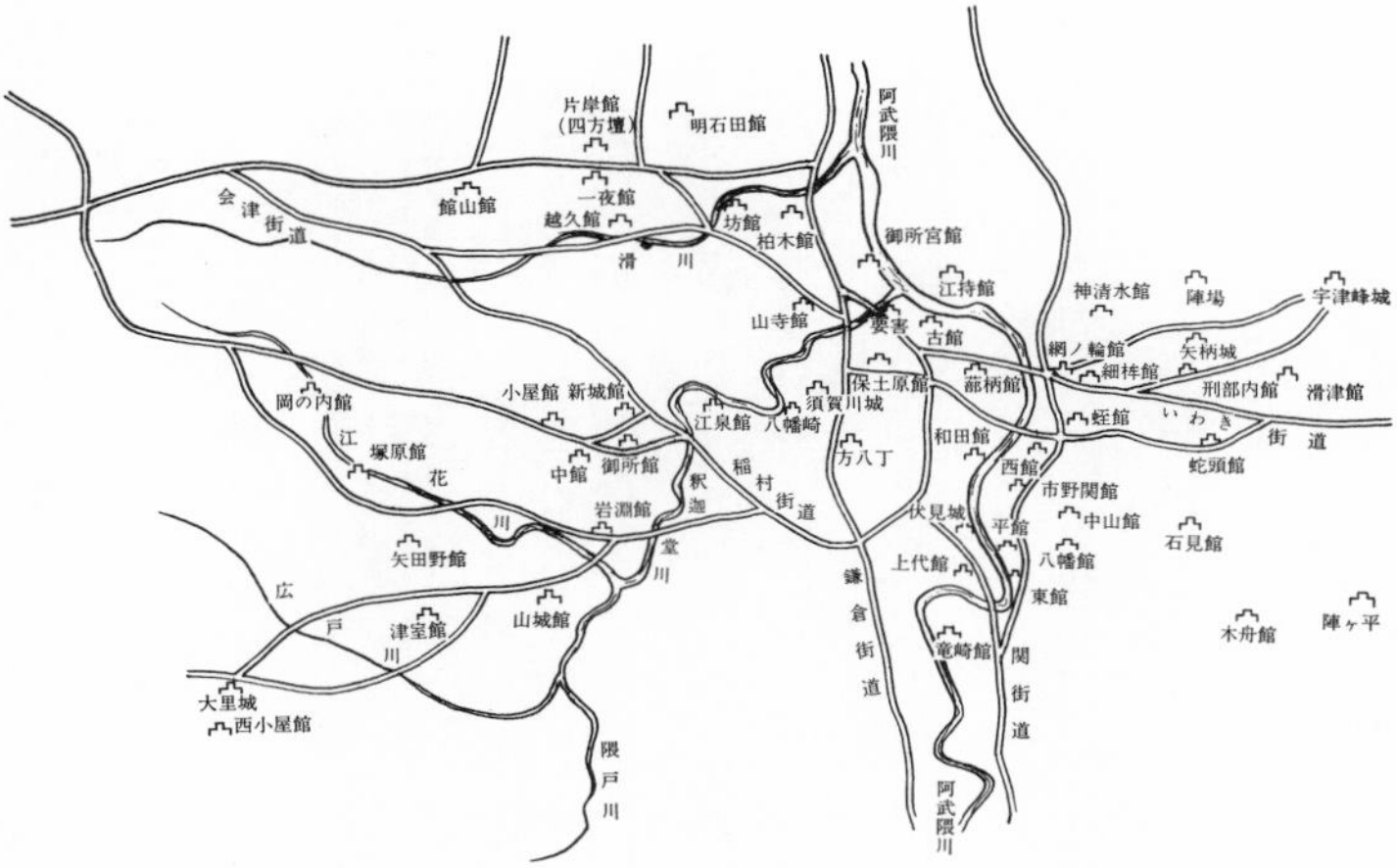

須賀川市内の城館配置図（『郷土須賀川－原始古代より現代まで－』）

下宿に御所館を築いて岩瀬荘を治めた。

　文治五年（一一八九）、源頼朝の奥州平泉の藤原泰衡の討伐の功により二階堂行政に岩瀬郡（この時須田氏にも和田・小作田・日照田など阿武隈川沿岸西部が与えられた）が与えられると、行政は行村を稲村に、行光を須賀川に下向させ岩瀬郡を治めさせた。この頃の主従関係は、家来に旧村ほどの小領地を与え、その地を治めさせるもので（江戸時代の知行制度と同じ）、築城された城館は居住と防御を兼ねるものであった。

　南北朝の争乱には、宇津峰城は二度にわたり南朝方の拠点となるが、これを防衛するため御代田城・谷田川城・松山城（以上は郡山市内）・矢柄城などが築城された。

　この戦いは北朝方の勝利となり、足利幕府は南奥を治めるために、稲村城を築き稲村御所を、篠川城（郡山市内）を築き篠川御所を置いた。

稲村・篠川御所は間もなく滅び、文安元年（一四四四）頃には岩瀬郡は二階堂為氏により統一され、その本拠地は須賀川城が担い、二階堂氏の一族郎党は郡内各地に城館を築いてその地を治めた。

以下個別にその城館を詳説する。

須賀川で最古の城館 ―― 下宿御所館《しもじゅくごしょだて》

下宿御所館は森宿字坪ノ内の阿武隈川西岸の愛宕山と呼ばれる断崖絶壁の丘陵上に位置する。一の郭は阿武隈川に面した東側にあり、丘陵上部を削平した約一〇〇平方メートル四方の平地で、周囲を土塁で囲み、その外側に幅約一〇メートルほどの空堀を巡らしていた。南側には二段に築かれた腰郭（防御のため郭の周りに築かれた囲い）があった。

二の郭はその北方にあり、一の郭を囲むようにL字形を呈していた。

館の西側を古道東山道《ひがしのやまのみち》が通り、大手門は二の郭と連絡をする形で東山道の通路途中にあった。大手門には切り落としを設け、その左右に土塁が築かれていた。

領主の住む居館は、本郭（山館）の西方約一五〇メートルにあり、丘陵の南斜面を切り崩して約一〇〇メートル四方の平地を設け、土塁を巡らしている。内部は三段に整地し、一段目は東西約一〇〇メートル、南北約二五メートルで、平地の水田（現在は住宅地）に接し、水堀を巡らしていた。二段目は東西約一〇〇メートル、南北約三〇メートルの平地で、一角に湧水池があった。ここに館主の建物があったと考えられる。三段目の東側中央部に通用門跡があり、本郭と鐘突堂へと通路が設けられている。

御所山とも呼ばれる頂上に御所館がある

御所館二の郭跡

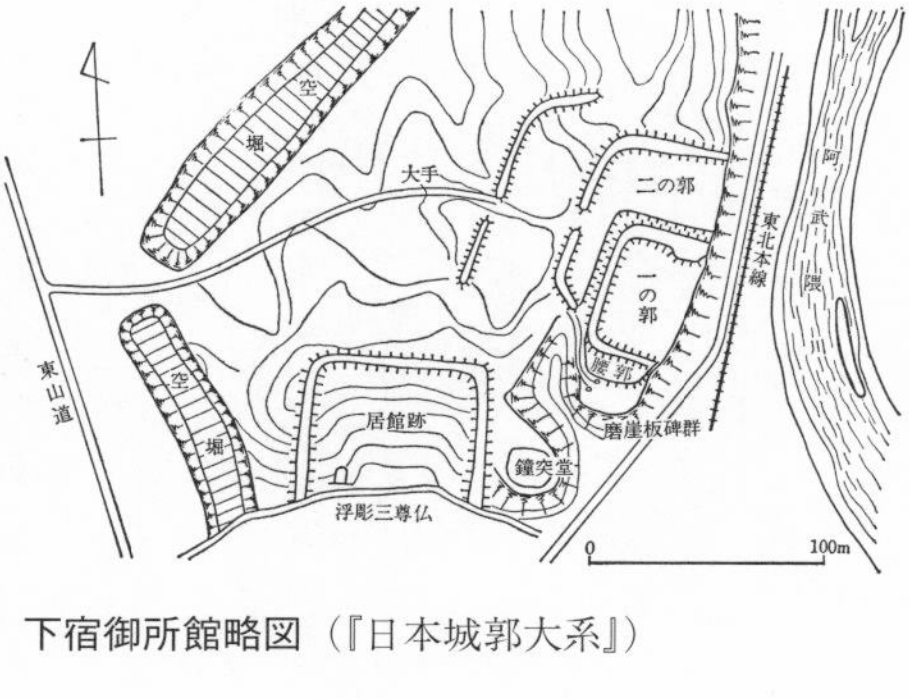

下宿御所館略図（『日本城郭大系』）

この居館と本郭の中間の高台に愛宕神社があるが、元は物見台あるいは鐘突堂があったと考えられる。すぐ側に磨崖板碑群がある。

この館については不明の点が多いが、岩瀬荘の荘官平政光の城館と考えられる。『上遠野文書』によると、岩瀬郡は保安四年（一一二三）に花園左大臣源有仁の荘園となり、その荘園の預所職に岩瀬国造の子孫の岩瀬（平）政光が任じられ、この地方を治めていたと書いている。

荘官が城館を築いて荘園を守る例は、福島県では信夫荘司佐藤氏が大鳥城を築き、信夫荘を治めたと同じで、岩瀬氏も下宿の丘陵に御所館を築き、岩瀬荘を治めていたものと思われる。現在一の郭跡には、古くは「御所の宮」と呼ばれていた顕国現神社《うつしくにたま》があり、岩瀬国造社《いわせこくぞうしゃ》を合祀している。

二階堂氏岩瀬郡下向の城 ―― 新城館とびわ首館（守谷館）

◇新城館跡

新城館は釈迦堂川と平行して通る旧稲村街道（現在の国道一一八号）沿いの稲字門ノ内地内にあった城である。

文治五年（一一八九）の源頼朝の奥州征伐に参戦した功により、岩瀬郡は鎌倉御家人白尾三郎行政に与えられた。二階堂の姓は、白尾氏の邸宅の近くに鎌倉永福寺の二階建ての堂宇があり、「二階堂」と呼ばれていたことから、白尾に代え二階堂氏を名乗ったといわれる。

二階堂行政には行光、行村の二人の男子があり、行光には磐瀬郷（旧須賀川村、浜田村辺り）を、行村には新城川（釈迦堂川の古名）の西部を与えた。行村が新城川左岸の丘陵地に築いたのが「新城館」である。

新城館跡（『図説須賀川・石川・岩瀬の歴史』）

館は現在、長年放置されていたため山林化し、その様相は分からないが、新城館は何度か歴史上に登場する。

『吾妻鏡』によると、建保元年（一二一三）和田義盛の乱により謀反の罪に問われた和田平太胤長は二階堂行村に預けられ、行村の領地の岩瀬郡和田に配流の後、稲村の表蛇石で誅殺された。新城館の西方二〇〇メートルの稲村街道沿いの崖側に、梵字による大型の平太仏《へいだぶつ》が立っている。

南北朝の争乱においては、奥州探題吉良貞家が近くに稲村城を築き南朝方と対峙するが、二階堂西部衆と呼ばれる行村系二階堂氏の一族は新城館に参集し、新城川と阿武隈川を挟んで一三年間にわたり南朝方と熾《し》烈《れつ》な戦いが展開された。この戦いで命を落とした武士の霊を弔うための北朝紀年銘の供養塔が館の近くにある旧普応寺跡に残っている。

南北朝の争乱後、関東以北の支配権を任せられた鎌倉公方足利持氏はその支配権を巡って足利幕府と対立し、永享年間（一四二九〜一四四一）稲村公方満貞らを味方に武蔵国府中分倍《ぶんばい》河原で幕府連合軍と戦ったが、鎌倉公方は敗れ、稲村公方満貞、新城館主二階堂伊達入道、同民部少輔は鎌倉永安寺に逃れ自害した（以上を「永享の乱」という）。

新城館は、その後間もなく廃城になったものと思われる。

◇びわ首館（守谷館）

鎌倉時代の初め頃までは、磐瀬郷は平政光の子孫が代々荘官として治めていたが、源頼朝の奥州征伐後数十年を経て、二階堂行光の流れを汲む二階堂信濃入道行珍《ゆきはる》（行朝）が磐瀬郷に下向し、びわ首山にびわ首館を築城したと考えられる。びわ首山は現在の愛宕山や五老山を含む須賀川市街南部の丘陵で、その頃磐瀬郷の中心地であった中宿《なかじゅく》・下宿《しもじゅく》に近いためにここに築城したものと考える。一の郭の土塁上に応長元年（一三一一）銘の板碑があるので、館はそれ以前に築かれたものと思われる。築城した二階堂行朝は、「建武の新政」において陸奥国府の式評定衆（国府の最高議決機関）兼評定奉行に任じられるほどの当時の有力者であった。

びわ首館に二階堂家の当主が在城したのは行朝五代の孫二階堂治部少輔行続《ゆきつら》までで、行続は永享の乱後、稲村二階堂氏一族を傘下に組み入れ、現在地に須賀川城を築いて移り、その後に二階堂氏一族の守屋祐国《すけくに》を城主に入れたため、館はその後は守谷館と呼ばれた。

びわ首館は居館と山館からなり、居館のあった一の郭は、これまでの発掘調査によると、南

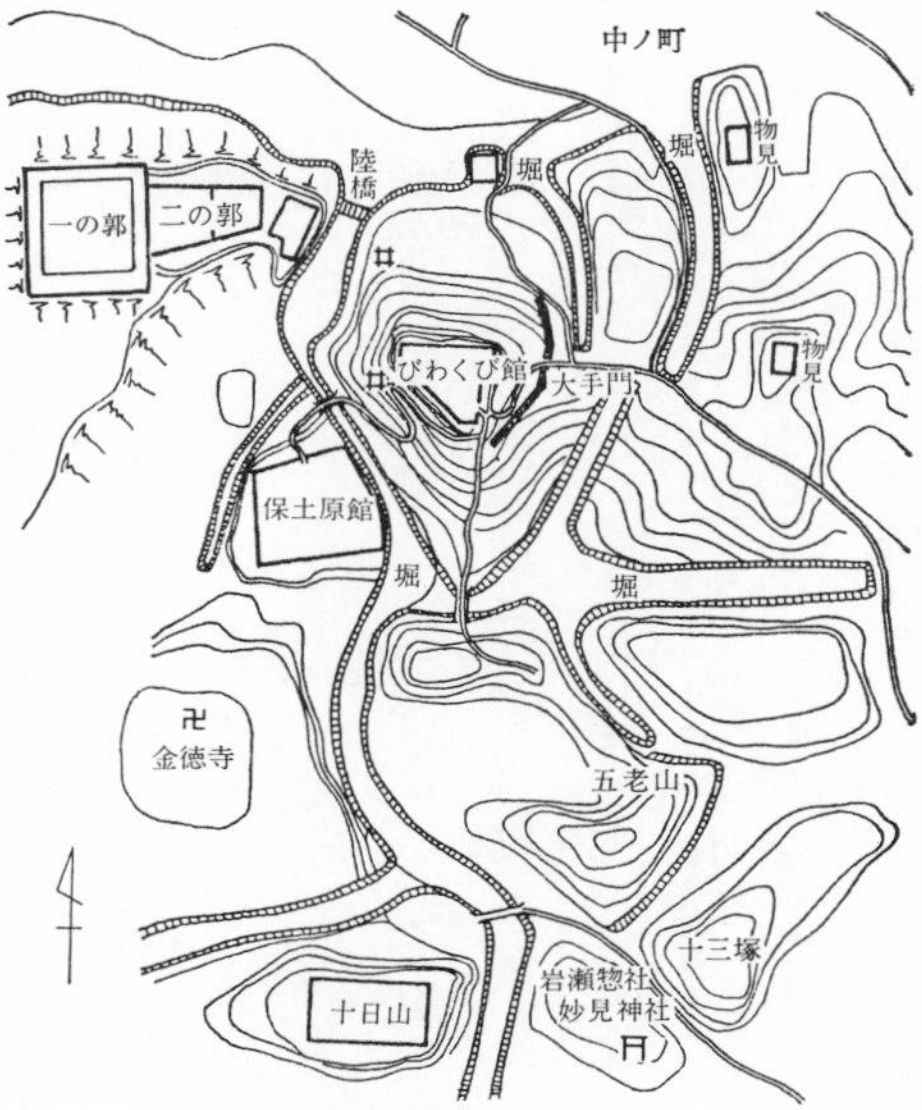

びわ首館（守谷館）略図
（『日本城郭大系』）

びわ首館一の郭跡

北約一一〇メートル、東西約二〇〇メートルの規模を持ち、周囲を土塁で囲み、幅約一〇メートルの水堀を巡らしている。当時としてはかなり大きな規模であったと思われる。

二の郭は一の郭のすぐ東側にあり、一辺約五〇メートルの方形の平場で、その周囲は土塁で囲まれていた。

この郭から腰郭が続き、御隠居岳を通り、山館のびわ首館までの連絡路が設けられていた。山館の中心となる桝形は、三方を土塁で囲み、その規模は東西約九〇メートル、南北約七〇メートルであった。山館の北東部に一辺約二〇メートルの桝形があり、物見櫓と思われる。山館の東方に虎口《こぐち》が設けられていたが、これが大手門と考えられる。大手門からは南東に向く山道があり、四本の大規模な空堀により防御されていた。水の手は南土塁下に湧水があった。

守屋氏は永享年間以降守谷館に在城した。天正十七年（一五八九）の伊達政宗の須賀川城攻めでは、守谷館主守屋筑後守俊重は須賀川城雨呼《あめよばり》口の守将であったが、伊達勢が城下に攻め入ると伊達方に寝返ってしまった。落城後は伊達氏に仕え、中宿・浜尾・下山田を与えられ守谷館にいたが、豊臣秀吉の「奥州仕置」により、会津・中通り地方が蒲生氏郷に与えられると、守屋氏は伊達氏に従って去り、守谷館は一国一城令により廃城となった。

南北朝争乱の城 ―― 宇津峰城と関連の城

◇宇津峰城

宇津峰城は、阿武隈川東岸の阿武隈山地系に属する標高六七七メートルの宇津峰のほぼ山頂に築かれた城である。桝形のある千人溜りからは、田村・安積・岩瀬・白河・石川の福島県南部が一望できる。その昔田村将軍利仁が鬼神退治のためこの国に下向し、この山に住んだとの伝説がある（『岩瀬風土記』）。

南北朝の動乱期に南朝方の本拠が置かれ、二度にわたり激しい戦いが行われた。

宇津峰城は星ヶ城（本丸）と長平《ちょうへい》城（二の丸）からなり、その中心は「千人溜り」と呼ばれる桝形で、約二〇メートル四方の広さがあり、高さ五メートルの土塁に囲まれ南側に木戸があった。内部の平場には現在、宇津峰宮守永《うづみねのみやもりなが》親王、御村上天皇、後亀山天皇を祭神とする石宝殿三社が建っている。また、傍には「東北勤皇忠烈之阯」の大きな石碑がある。

星ヶ城の北に御井戸《おいど》沢、北東尾根上に長平城、北西尾根上に

宇津峰近景（塩田集落から）

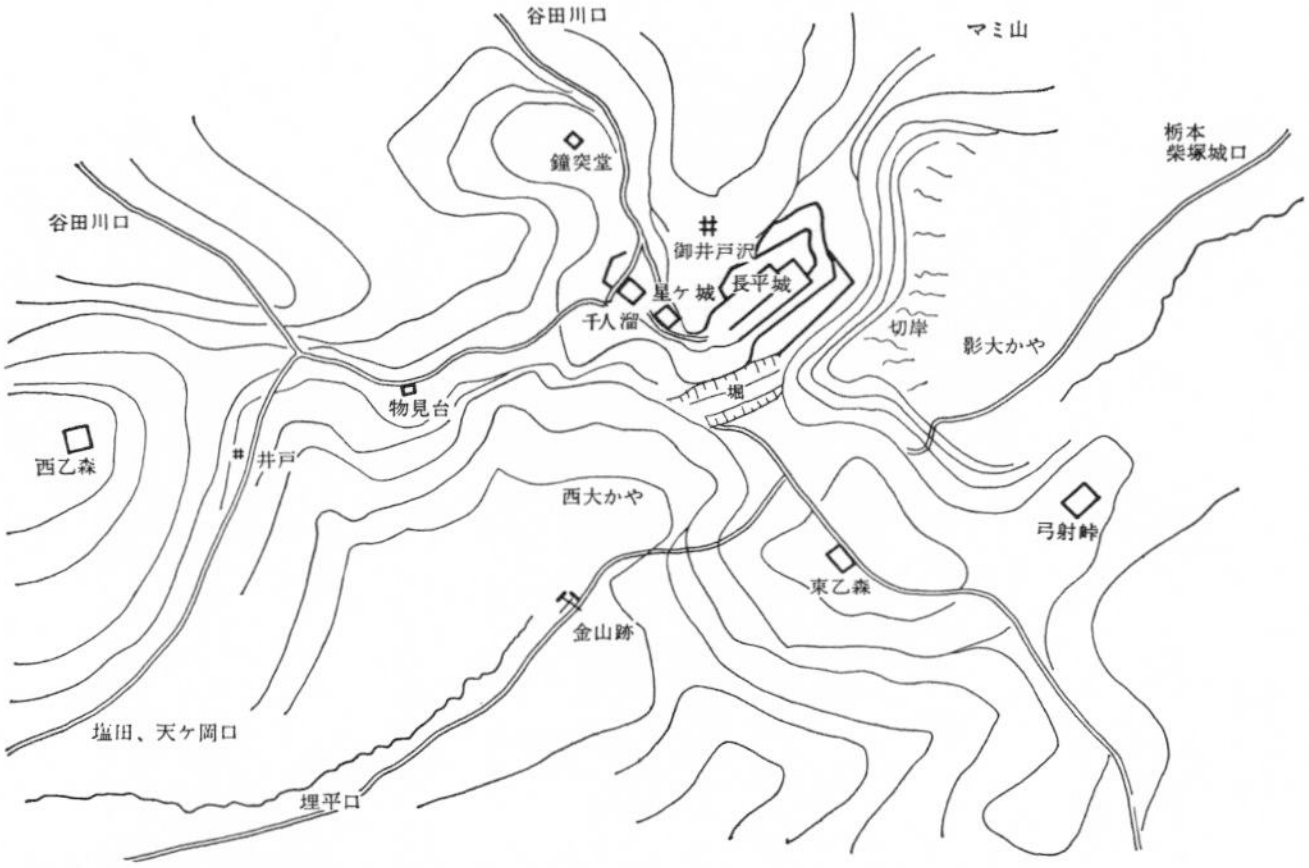

宇津峰城要図（『福島県の中世城館跡』から転載）

鐘突堂がある。長平城は南北に開けた平場で、三方が険しい懸崖となっている。

西方尾根に物見台があり、更にその西の峰に西乙《にしおと》森《もり》がある。西乙森は広大な平場で、東下方に井戸もあり独立の郭となっている。

西乙森の手前で道が二つに分かれ、北西に下がれば谷田川を経て守山に至り、南西に下がれば塩田・天ヶ岡口である。

千人溜りから東尾根を下ると堀切があり、東乙森《ひがしおともり》に至る。東乙森の最高所は約五メートル四方の岩場で、柴塚城方面からの守り口であるとともに物見台にも使用されていた。この東方に弓《ゆみ》射《い》峠《とうげ》がある。

宇津峰の南方の金掘地区に多数の溶鉱炉跡が見つかっている。鉄鏃や鉄塊が発見されていることから宇津峰城の武器製造所跡と考えられている。

宇津峰は岩瀬郡内にあるが、南北朝時代は田村郡の田村氏の勢力下にあった。田村郡は田村荘と呼ばれ熊野新宮の荘園であったが、田村氏が荘司として田村荘を実質的に支配していた。田村荘司宗季は尊皇の精神が強く、北畠顕家の戦死による奥州勢の劣勢や足利尊氏による京都奪還など南朝方に不利が続く情勢の中で、奥羽鎮守府将軍となった北畠顕信を宇津峰城に迎えたのである。

この頃南朝方は、後醍醐天皇が本拠を熊野山中に移すなど北朝方に次第に押えられ、関東では小田城が落ち、北畠親房は関城に逃れるが、関東最後の拠点である関城・大宝城も康永二年（一三四三）には陥落し、北朝方の攻撃の総力は宇津峰城に迫っていった。

南朝方は、田村・伊達両氏の軍勢が主力となって戦っていたが、結城・相馬・岩城・国魂・伊賀・石川・二階堂氏ら北朝方の南奥州武士団の総攻撃を受け、貞和三年（一三四七）に宇津峰城は陥落し、顕信は出羽に逃れた。

その後、足利尊氏と弟直義が争ったいわゆる「観応の擾乱《じょうらん》」が起こると状況は南朝方の有利に傾き、伊達宗遠、田村宗季らは宇津峰城を奪還した。

一方、義良親王の子守永王《もりながおう》（「宇津峰宮《うづみねのみや》」という）と顕信の弟中院守親は、南奥の南朝方の再結集を図るため奥州に下向し、北奥の南部一族や浅利一族の援助を受けて奥州管領吉良貞家を攻め多賀城国府を奪還した。そして出羽国にいた顕信も陸奥大介兼鎮守府将軍に任命され、多賀城に入った。多賀城を追われた吉良貞家は、浜通りを南下し菊田庄から須賀川の稲村城に入り、出羽にいた弟貞経を呼び寄せ北朝勢を結集して多賀城国府の奪回を図った。

この間後醍醐天皇から足利尊氏の追討の命を受けた顕信は、田村・伊達氏ら南奥の南朝勢を率いて上京の途上にあったが、国司不在の多賀城は再び北朝方に占拠されてしまった。急を知って顕信が救援に向かうが及ばず、顕信は小手保《おでほ》大波城を経て宇津峰城に再度立て籠もった。

観応三年（一三五二）四月、吉良貞家は南奥の武士団を動員して再び宇津峰城の南朝方と対峙した。北朝軍はまず宇津峰城の支城潰しに掛かり、四月二日には日和田城や笹川城の攻撃が始まった。七月二日には田村荘柄久野《からくの》原と江持で合戦が行われ、南朝方は敗れて御代田城に退却したが、七月七日には御代田城も陥落してしまった。

八月七日には貞家ら北朝勢は、宇津峰城を包囲し攻撃したが、宇津峰城は堅固な城であり、かつ田村荘司宗季の一族が死守したので宇津峰城攻防戦は膠着状態となった。

翌年文和二年（一三五三）四月に入ると、北朝軍は勢力を増強して一斉攻撃に移り、四月五日には柴塚城を攻略、弓射峠や東乙森を攻め落とした。四月十五日には、長平城東面の切岸の上下で激烈な攻防戦が展開され、二〇日間の死闘の後、ついに宇津峰城は落城した。

田村荘司一族は滅び、北畠顕信と守永王は再び出羽に逃げ去った。

宇津峰城跡は往時の原形をとどめているとして、昭和六年国指定史跡となった。

◇**宇津峰城の関連の城**

宇津峰城は、広い山頂に設けられた幾筋もの堀切や屏風を立て連ねたような切岸に守られた堅牢無比の城であったが、ほかにも宇津峰城を守るいくつもの前衛の城があった。北東に柴塚城、北西に御代田城・守山城・谷田川城があり（以上は郡山市内）、西に矢柄《やえ》城・細久保城・宮田陣場、南は蛇頭館・滑津《なめつ》館である。須賀川市内の城館だけを概説する。

矢柄城は阿武隅川の東岸、宇津峰の西方二キロメートルの地点にあり、宇津峰への登り口に当る木曾集落の南側の丘陵上にある。

矢柄城跡（『目でみる　須賀川市の歴史と生活』）

宇津峰城の外郭防衛のための城の一つで、城跡は地山化し、その遺構は確認できないが、わずかに西斜面に切り落とし状の地形が観察でき、丘陵上の平場に一基の板碑が残されている。

城は、文和元年（一三五二）七月九日に北朝軍の総攻撃を受

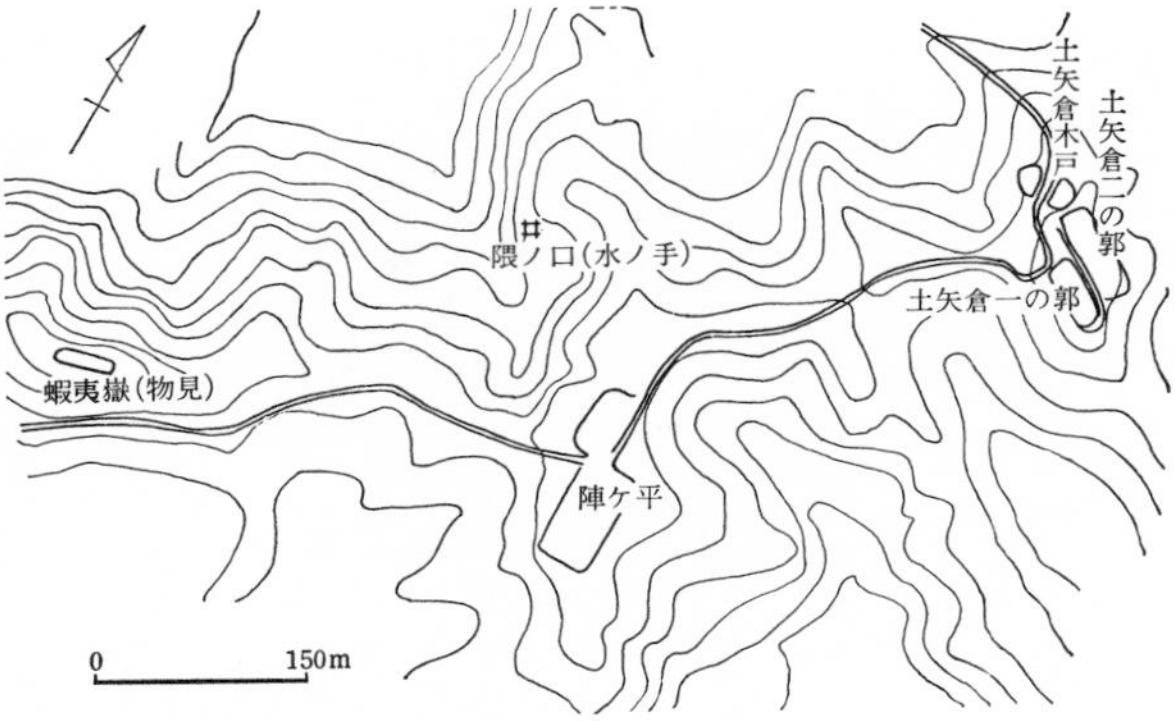

陣ヶ平城要図（『日本城郭大系』）

け陥落し、その後は廃城になったと思われる。

細久保城は矢柄城の西方一キロメートルの塩田にあり、鎌倉時代に北条得宗家の一族塩田入道国時が岩瀬郡塩田を領有した時築城したといわれる。南北朝の動乱では宇津峰城の外郭防衛の城として活用された。

宮田陣場は宇津峰城の西、矢柄城の北方にあり、宇津峰城防衛のために築城された。大政屋敷跡《おおまんどころやしきあと》も近くにあったが、昭和四十八年にゴルフ場造成の際にともに姿を消した。この時発掘調査が行われ、中世の建物跡が検出された。

以上は、宇津峰城の防衛の城であるが、宇津峰城攻撃のための城もあった。

陣ヶ平城は阿武隈川の東岸、狸森《むじなもり》の低丘陵が連なる東山山地にある城で、宇津峰城の北朝方の進出拠点として築城されたものである。

本郭の桝形は南北約八〇メートル、東西約五五メートルの長方形で、入口に巽《たつみ》・乾《いぬい》・北の各門があり、巽門は須釜方面からの道に、乾門は狸森からの道に、北門は尾根道によって土矢倉に通じていた。

土塁は郭の東側に一部残っており、幅は基部約一〇メートル、塁上約三メートル、高さは約二メートルであった。

土矢倉（矢倉は城壁の上などに造った建造物で矢を発して防戦するためのもの）は丘陵の東部頂上にあり、東西約一八〇メートル、南北約一〇〇メートルの平場に二段に築かれていた。

一の郭は低い土塁に囲まれた一〇メートル×四メートルの平場で、中に径三～四センチの円形に加工された石があったことから投石集積場に使われたと考えられる。一の郭の側に物見櫓跡があった。四本柱の櫓と考えられ、径八〇センチ、深さ七〇センチの柱穴が三個検出された。物見櫓跡の西に、壁際に周溝を巡らした南北五・三メートル、東西二・七メートルの竪穴住居跡が検出された。一の郭の北壁に四五度の角度で法《のり》が切られ、下は薬研堀《やげんぼり》となっている堀切があり、その上部に幅一・八メートルの武者走りが設けられて二の郭に通じていた。

二の郭は一の郭から六メートル下にある平場で、東西約六〇メートル、東側幅約一三メートル、西側幅約二三メートルの不整形の四角形をなしていた。二の郭の入口に木戸があり、それに続く道の両側に土塁が築かれていた。

物見跡は北に約三〇〇メートル離れた蝦夷嶽の高所にあり、水場は北方約二〇〇メートルの地点に、通称「隈《くま》の口」と呼ばれた湧水地がある。

木舟《きぶね》城は、須賀川市の南東八キロメートルの阿武隈山系の丘陵地の西縁にある城で、狸森城とも呼ばれた。南北朝時代須賀川二階堂氏の家臣矢部氏が宇津峰城の押えの城として築城したといわれる。

城の主郭部は南北に並ぶ三つの郭からなり、各郭は堀切によって区切られている。このうち、最高地点にある南側の郭が主郭とみられる。一隅に小さな板碑が立っている。

木舟城は、二階堂氏の他の城と同じく伊達政宗の須賀川城攻略後廃城になった。

木舟城跡

南奥を支配した稲村御所（稲村城）

稲村城は、釈迦堂川流域の平地にぽっかりと浮かんだような独立丘陵御所山に築かれた城である。

南北朝の争乱が終り、明徳三年（一三九二）に南北朝が合体すると、足利義満は足利氏満に陸奥・出羽の管轄権を与え、鎌倉に御所を開かせた。応永五年（一三九八）氏満が没すると、足利満兼が鎌倉公方となり、弟の満貞を稲村に、同じく弟の満直を篠川に下して南奥州の統治に当らせた。

満貞は、当時稲村二階堂氏の領地であった稲村に稲村城を築き稲村公方と呼ばれた。

稲村城跡

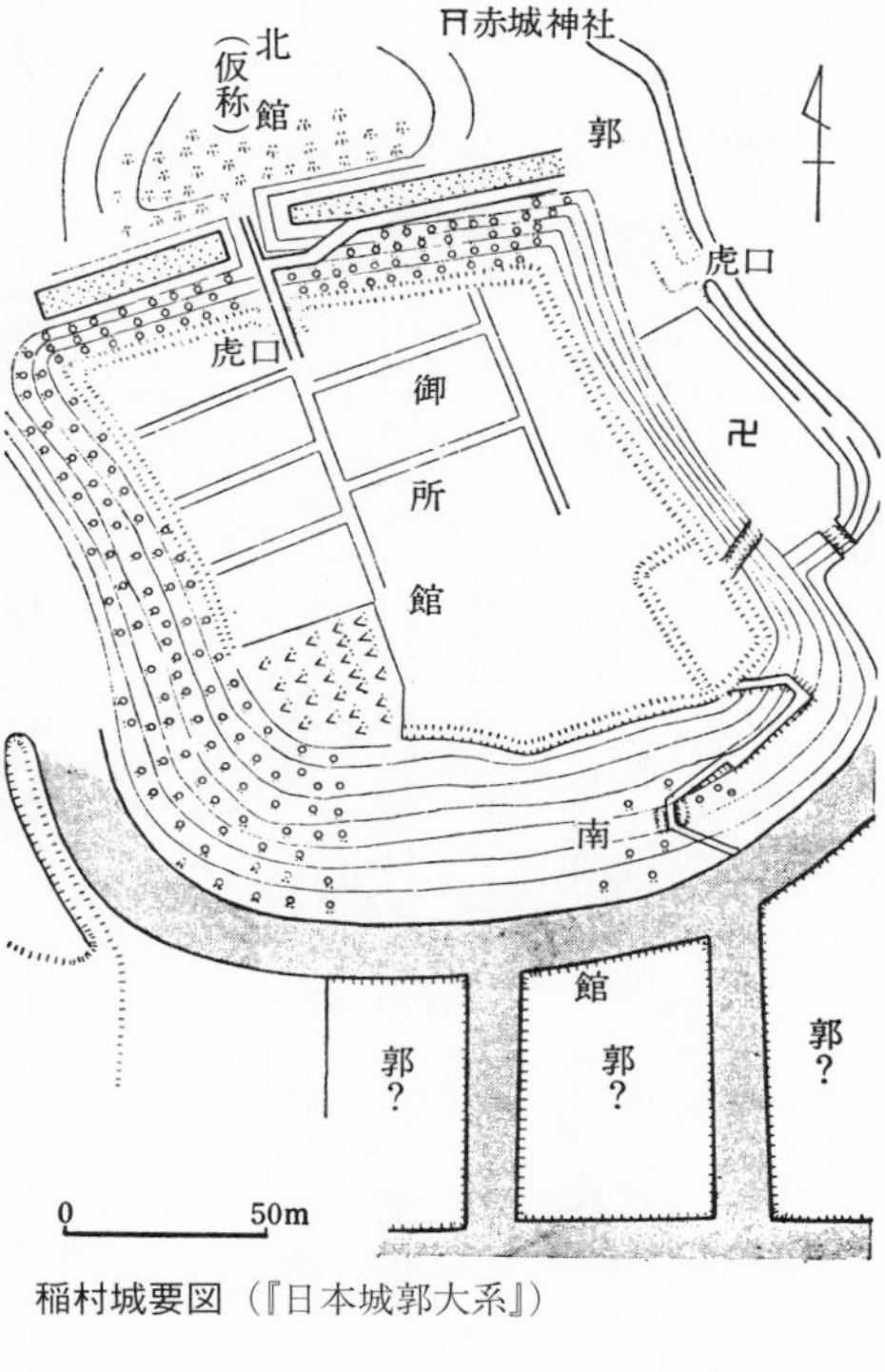

稲村城要図（『日本城郭大系』）

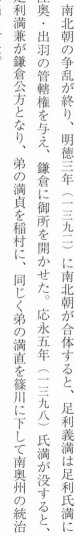

稲村城は比高約一五メートルの丘陵の中央付近に、東西に通ずる大きな堀を作り、その南半分を公方が住む御所館としていた。広さは東西約六〇間(一一〇メートル)、南北約六〇間のほぼ方形で、周囲は高さ約一〇尺(三・三メートル)の低い土居が巡らされていた。

御所館の内部は、東西と南北に走る低い土居によって大小の数区画に分けられていた。中央の区画は一辺が約一五間(二七メートル)と大きく、その左側の区画は一辺が約一〇間(一八メートル)の方形のもので、これらは公方の身近に仕える家臣の屋敷跡と考えられる。土居は幅が大きいもので二間(三・六メートル)、狭いものは一間(一・八メートル)であり、現在も道路として利用されている。

御所館の北側にも郭があり、その間に空堀が設けられ、その中央付近に橋が架けられていた。この空堀は堀底道となっており、橋の近くに底道に降りる階段もあった。

御所館の麓の周囲には水濠が巡らされ、その南側には郭跡とみられる区画が数か所あった。稲村城はこのことから、篠川城と同じく群郭式城館と考えられる。

永享十年(一四三八)に関東の支配権を巡って将軍足利義教(室町幕府)と関東管領足利持氏(鎌倉公方)との間に対立が生じ、稲村公方満貞は稲村二階堂氏一族とともに鎌倉公方方に付き、篠川公方満直や関東武士団が味方する幕府側と武蔵国府中分倍河原(現在の東京都府中市)で合戦となり、鎌倉公方方は敗れ、持氏以下稲村公方満貞、稲村二階堂伊勢入道、同民部少輔は鎌倉永安寺で自刃する。この結果、稲村城は御所としての役割を終え間もなく廃城となった。

須賀川城と関連の城

◇須賀川城

須賀川城本丸跡

須賀川の市街地は、釈迦堂川が阿武隈川に合流する地点の南西に広がる比高約二〇〇メートルの台地となっているが、須賀川城はその中央の本町にあった。

現在の須賀川城跡は、江戸時代初期に城下を奥州街道が通ったため、堀などが埋められ住居地として整備されたので城郭の面影はなく、わずかに二階堂神社を祀った本丸跡が小さく残されているだけである。

二階堂氏時代の須賀川城絵図を見ると、須賀川城は中央高所に本丸があり、約一五〇平方メートルの桝形となっている。周囲は高さ五メートルほどの土塁と幅二〇メートルの内堀を巡ら

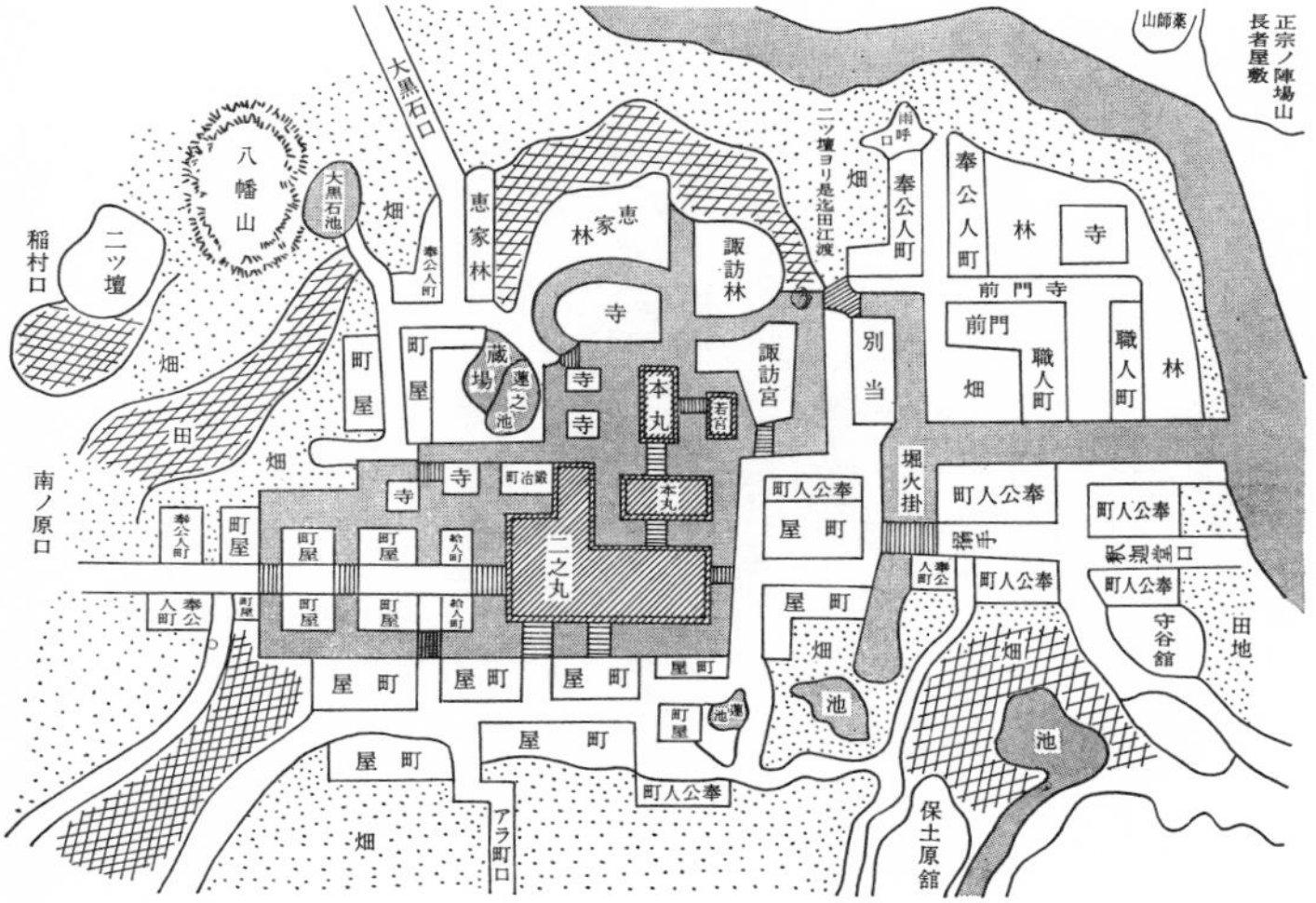

須賀川城跡（『須賀川市史』）

している。

本丸の南に二の丸があり、その周りに広い境内を持つ寺社仏閣が配置され、防衛と防火に備えている。当時の須賀川城の周囲の寺社は、北東に金徳寺と十念寺、北側には諏訪明神と千用《せんよう》寺《じ》、少し離れて長禄寺、二の丸に接して善応寺があり、西側に妙林寺があった。そして寺社の更に北側に諏訪林、恵家林、「おはやし」などの広い林野があった。

須賀川城には四つの虎口（出入口）があり、西南（坤《ひつじさる》）に大黒石口、北西（乾《いぬい》）に雨呼口、北東（艮《うしとら》）に釈迦堂口、南東（巽《たつみ》）に荒町口があった。

城の固めには北西の釈迦堂川と東の栗谷沢が外堀の役割を担い、出城では東に守谷館、西に八幡崎《はちまんざき》城、北に山寺城があった。

須賀川城を築城したのは、二階堂行朝五代の孫二階堂治部少輔行続《ゆきつら》といわれる。行続は、東山道・岩城街道・会津街道が通る要衝の地に、稲村御所と篠川御所の防衛を兼ね、応永六年（一三九九）にこの須賀川の台地に須賀川城を築いたのである。

行続が「永享の乱」（関東の支配権を巡っての幕府と関東管領の争い）において幕府方に属し上州佐貫庄羽継原の合戦で戦死すると、その子藤寿丸が遠江守盛重として父の遺領陸奥国岩瀬郡六万貫を継いだ。ところが文安五年（一四四八）、二階堂河内守為氏が磐瀬郷は関東管領足利持氏より賜った領地であるとして返還を求め拒絶されると、須田美濃守らの力を借りて治部大輔を攻め、須賀川城を奪い取ってしまった。

為氏は永享の乱において二階堂伊勢入道、同民部少輔ら稲村二階堂の有力者が死亡したため、その一族の保土原氏、浜尾氏などを須賀川二階堂氏の傘下に組み込み、岩瀬郡を統一して大名領主となった。

この頃から仙道（中通り地方）では伊達氏、会津の葦名氏、常陸の佐竹氏がその覇権を巡って激突していった。二階堂氏は伊達氏との政略結婚などにより二階堂家を守ってきたが、永禄八年（一五六五）には葦名氏に長沼を奪われ、天正初期頃には完全に葦名氏に従属してしまった。

天正十七年（一五八九）六月、磐梯山麓の摺上原で伊達氏と葦名氏が決戦を行い、伊達が勝利し葦名氏は滅亡した。

二階堂氏はこの戦いに出兵はしなかったが、葦名氏の人質となっていた二階堂盛隆（盛義の子）が、葦名盛興の死後、盛興の後室の婿となり葦名氏の当主となったこともあり（盛隆は天正二年葦名氏を継いだが、同十二年寵臣大庭三左衛門に殺害された）、二階堂氏の去就は複雑であった。

二階堂盛義の後室大乗院（伊達晴宗の娘、阿南の方）は、政宗自らの和順の勧めにもかかわらず、戦うことを決意した。

伊達軍は須賀川城の攻め口を西の大黒石口と雨呼口の二か所と決め、大黒石口に先手新国上総介貞道、二番手白石右衛門宗実、三番手四保兵部宗義を当て、雨呼口に先手大内定綱・片平新綱、二番手伊達成実、三番手片倉小十郎を配置した。

対して二階堂軍は、守将須田美濃守盛秀が長禄寺西のハリツケ場に本陣を置き、雨呼口は守屋筑後守俊重が守将を務め、二階堂家旗本と岩城からの加勢の軍で固め、大黒石口と八幡崎城は須田盛秀の家来と佐竹の加勢が固めた。

戦いは十月二十六日辰刻《たつのこく》（午前八時）に始まった。

伊達軍に虎口を破られ城内外で激しい乱戦となったが、正午頃二階堂家の重臣守屋俊重が伊達方に内応し須賀川城に火を掛けると、城は炎上し夕方には落城した。

須賀川城裏門に通じる大黒石口を守る八幡崎城は、遠藤雅楽守が守将となり岩瀬郡東部の武士団を率いて戦い、本丸落城後も最後の一人まで戦い、遂に全員が討死してしまった。

このことについては、伊達家の歴史を書いた『伊達治家記録』では「本城ガ落城シタ後モ、任勢ヲ守リ戦死スルコト実ニ希代ノ事ナリト皆嘆美ス」と書かれ、城兵を賞賛している。

二階堂氏滅亡後、須賀川城には城代として石川昭光が在城した。蒲生氏郷の時代には田丸中務が須賀川城に入らず、守山城にいて岩瀬郡を治めた。上杉景勝の時代には、須賀川城城代に千坂対馬を置いた。加藤氏の時代には初め代官を置いたが、間もなく須賀川城は廃城となった。

◇山寺城

山寺城は釈迦堂川の北岸、西川字坂の上の独立丘陵上に位置する。

城跡は一の郭、二の郭からなり、会津街道を見下ろす要地を

整地前の山寺城跡　裏の森は山王山（『須賀川市史』）

占めていた。近くに石背郡衙と関係の深い岩代米山寺跡がある。

昭和四十五年に西川地区区画整理事業により整地され、その際一の郭を中心に発掘調査が行われた。

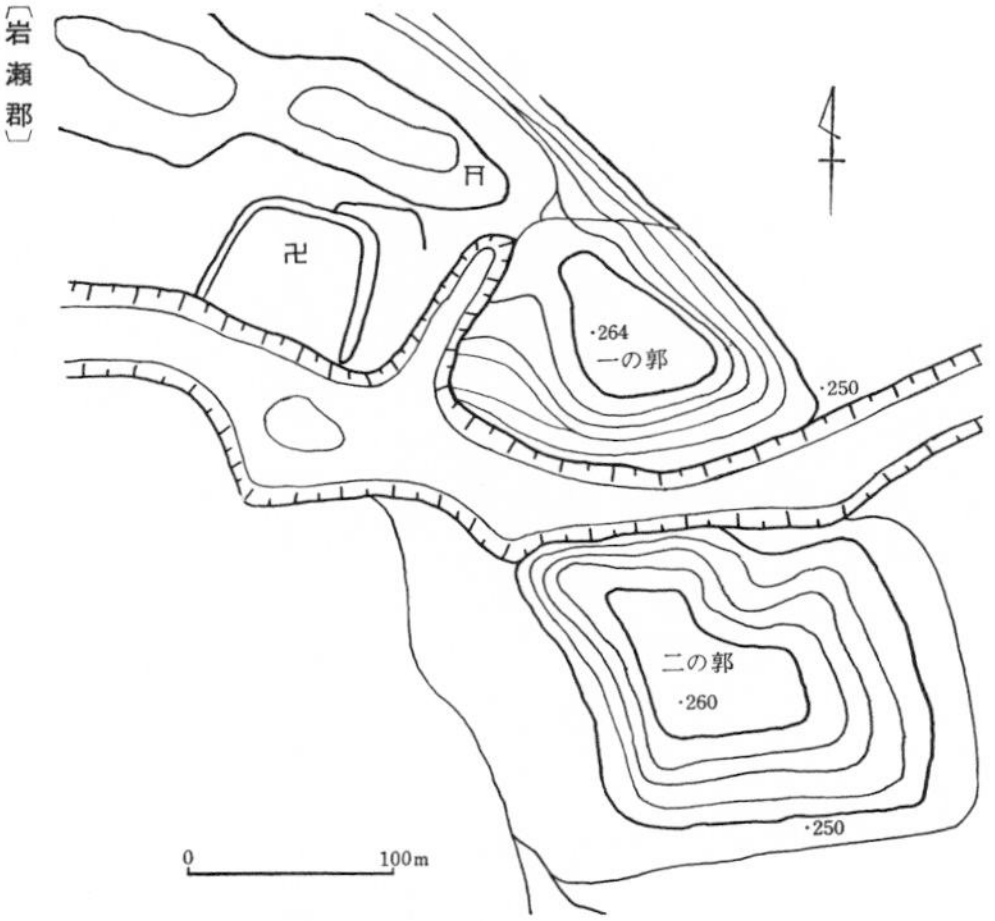

山寺城要図（『日本城郭大系』）

一の郭は比高一四メートルの台地にあり、南北約一〇〇メートル、東西約六〇メートルの不整四角形で、周辺に馬場・帯郭・腰郭が検出された。土塁は東西三六メートル、南北三五メートルあり、高さは不明だが、幅は平均四メートルで、内側に小溝があった。麓には空堀が巡らされており、米山寺小屋から通じる門跡が認められた。一の郭内には柱間三・六メートルの三本柱建物遺構が検出された。二の郭は一の郭の南方にあり、東西約一〇〇メートル、南北約一〇〇メートルの不整な台形を呈していた。

山寺城は室町時代、須賀川二階堂家家老遠藤雅楽介綱元が築城し、以来遠藤氏が代々居城した。

伊達政宗の須賀川城攻めにあっては、遠藤氏は一族挙《あ》げて須賀川城に籠城して伊達方と戦った。なかでも遠藤壱岐は八幡崎口で、雷神のようなめざましい働きをして政宗の目にとまり「殺すには惜しい。生け捕りにせよ」と命じて生け捕らせ、「壱岐は希世の逸物なり」と賞賛して伊達家に仕えるよう勧めたので、壱岐もその意を受けて伊達家の家臣になった。

◇八幡崎城

八幡崎城は須賀川城の西約一・二キロメートルの八幡山にある城で、八幡山の頂上を削平して築かれ、本郭は南北約二〇〇メートル、東西約七〇メートルの長方形の平場となっている。本郭奥には岩瀬八幡神社の石祠があり、十一月に行われる松明あかし前夜祭の「八幡《はちまん》山衍《えん》儀《ぎ》」はこの前で行われ、須賀川城攻防戦で戦死した人たちの霊を慰さめる。

八幡崎城は須賀川城虎口の一つ大黒石口にあり、伊

岩瀬八幡神社

八幡崎城本郭跡

達政宗の須賀川城攻めの攻口の一つとなっていたので大激戦が展開された。大黒石口を守ったのは山寺城主遠藤雅楽守を守将として岩瀬東部の武士団と佐竹氏の加勢の軍といわれる。須賀川城は昼過ぎには落城し、八幡崎城の戦いが二階堂氏最後の戦いとなったが、将兵の最後の一人まで踏みとどまって戦い、遂に全員が討死してしまった。

◇保土原館

保土原館は江花川の南岸の緩丘陵上にあり、今も「保土原」の字名を残している。館は平地に築かれ、一辺が五〇間（約九〇メートル）の方形を呈していたが、今は開発により元の姿は分からない。かつては館の西南に叢林があり、その中に保土原江南斎が信仰した小栗山観音堂の分霊を祀る御堂があったが今はない。

築城したのは保土原氏とされる。保土原氏の祖先は稲村二階堂行村とし、一揆契状にも保土原満種の名がある。永享の乱で稲村二階堂氏が滅んだ後は、須賀川城主二階堂盛重に仕え二階堂家御一門に遇された。

伊達政宗の須賀川城攻撃に当っては、保土原江南斎が窓口となって伊達氏への和順を進め、その結果二階堂西部衆といわれた木之崎右近・矢部下野・矢部豊前・浜尾宗泰・浜尾駿河が同調し、須賀川城の攻防戦には参加しなかった。

須賀川の中世板碑 ―― 阿弥陀三尊来迎供養塔

板碑は板石卒塔婆の別称で、板碑の造立は鎌倉時代に始まり南北朝・室町時代に増加し、戦国時代の終り頃には終息したといわれる。

板碑は、鎌倉時代から戦国時代にかけ頻繁に起こる戦乱や飢饉など、生命の危険が多い世の中にあって、鎌倉時代に起こった浄土宗の浄土思想に深く結びついて始まったといわれる。

浄土宗では人が死ぬ時、阿弥陀如来が西方浄土から観音菩薩、勢至菩薩など多くの仏様を従えて雲に乗って現れ、死者の魂を観音の捧げる蓮華の花に移して極楽に連れて行くと教えており、この教えを具現して、阿弥陀様が観音・勢至をお供に雲に乗り下界に下りて来る姿を石に彫ったものが阿弥陀三尊来迎供養塔であるといわれる。

須賀川市内にはこのような阿弥陀三尊来迎供養塔が二三基あるが、ここでは県の重要文化財に指定されている芦田塚地内の「双式阿弥陀三尊来迎供養石塔」と前田川字草池の「石造双式阿弥陀三尊来迎供養塔」（石塔名はいずれも県指定の際の名称　以下三尊仏と略称する）について詳説する。

芦田塚の三尊仏は、和田と浜尾を一望できる浜尾字鹿島の芦田塚にある。

この丘陵の下を中世に「東山道《ひがしのやまのみち》」と呼ばれた古道が通り、白河の関を出た道は前田川広町

双式阿弥陀三尊来迎供養塔（芦田地内）

石造双式阿弥陀三尊来迎供養塔（前田川地区）

を経て、当時上町と呼ばれていた芦田塚を通り、磐瀬の渡しを渡って中宿・下宿に向かったのである。

三尊仏は幅一・四メートル、高さ一メートルの方形の石碑で、中央で二分され、それぞれに三尊仏を浮彫し、中央に「嘉元三年（一三〇五）九月二十五日　相当三十五日敬白」の紀年銘が彫られている。

向かって左側は早来迎と呼ばれる形式で、三尊とも右向きになり、飛雲をなびかせ十万億土から急行する姿を表している。

右側は三尊仏とも正面を向き、死者の霊をゆっくりと西方浄土に運ぶ姿を表している。

前田川の三尊仏は安山岩質の板状の石をもって造られ、高さ一・五メートルの不整形の自然石の面を削磨し、縦七二センチの台形に三センチほど彫りくぼめ、中央上部を短冊状に浮彫りして左右に分け、それぞれに三尊仏を浮彫りしている。

中尊阿弥陀如来は正面を向いて約四二センチの高さ、脇侍の観音と勢至は約三〇センチの高さで、右側の観音は腰を屈《かが》めて蓮台を捧げる姿、左側の勢至は膝を屈めて合掌する姿を取り、三仏とも飛雲に乗り死者の霊を極楽浄土に連れて行く姿を描いている。左右とも図柄は同じである。

二つの三尊仏は、左右に三尊が彫られているため「双式」と呼ばれ、鎌倉時代に造られた全国的に数少ない様式の板碑で学術的に貴重な文化遺産である。

和田大仏と舘《たて》ヶ《が》岡《おか》磨崖仏

和田大仏は、阿武隈川が南西から北東に曲がる屈曲部の北西岸にある村越山と呼ぶ丘陵の南斜面にある。この丘陵は凝灰岩で形成され、その岩壁を利用して磨崖仏が彫られたもので、大仏の左右には古墳時代に築造された二十数基の横穴古墳（「大仏古墳群」と呼ばれる）が開口している。

和田大仏

舘ヶ岡磨崖仏

大仏は横穴古墳の奥壁面を利用して彫られた半肉彫の丈六（一丈六尺の像約五メートル）の阿弥陀如来座像（大日如来像であるとする説もある）で、鎌倉時代の作とみられる。

大仏像のある横穴の左の横穴にも、その壁面を利用した半肉彫の六体の阿弥陀如来像が見られる。

大仏に古くは、間口六メートル、高さ七メートルの覆屋があったといわれるが今はない。また大仏像の周辺から土製の千体仏が出土している。

和田の大仏は、石川郡玉川村竜崎にある滝見不動堂の「不動尊縁起」によれば、平城天皇の大同三年（八〇八）に弘法大師が諸国の山岳で修行し仏教を広める行脚の折、和田に霊場となる岩屋があると聞いて訪れ、その岩屋に三鈷をもって大仏を彫ったと伝えている。

昔から、乳不足の婦女子がこの大仏様に参拝すれば直ちに乳汁が授けられると信じられ、遠近から多くの参拝者が訪れ甘酒などを供えて祈願したと伝えられている。

舘ヶ岡磨崖仏は、二階堂氏の一族須田氏の城のあった舘ヶ岡に続く大仏《だいぶつ》山の麓の安山岩の崖に刻まれた阿弥陀如来座像で、高さ二・二メートル、肩幅一・二メートルで、和田大仏と比較してやや小柄な尊像である。

大同四年（八〇九）弘法大師の作といわれる。

古くからこの大仏を信仰すれば母乳の出がよくなるといわれ、「子育て大仏」とも呼ばれ、多くの人が参拝に訪れた。

石背国造を祀る神炊館《おたきや》神社

神炊館神社は須賀川城跡の西裏の諏訪町にある。境内南側の竹林の中に、須賀川城の数少ない遺跡となる堀跡が残されている。

神炊館神社の祭神は建美依米命《たけみよりめのみこと》、建許呂命《たけころのみこと》、建美名方命《たけみなかたのみこと》、誉田別命《ほんだわけのみこと》、八坂止売命《やさかとめのみこと》の五神である。

主祭神の建美依米命は、天照大神《あまてらすおおみかみ》の子天津日子根命《あまつひこねのみこと》を先祖とし、その後裔石城国造《いわきくにのみやこ》建許呂

神炊館神社近景（諏訪町）
（『郷土須賀川－原始古代より現代まで－』）

命の子で、石背《いわせ》国造に任命されて古墳時代の石背国を治めた。没後は、初め梅田古墳に葬られたが、その後牛袋《うしぶくろ》、現在地と移り、神炊館神社の祭神として祀られた。社名の神炊館は、政事《まつりごと》の成功を祈願して新穀を炊《た》いた故事に由来するといわれる。

文安二年（一四四五）に須賀川城主二階堂為氏は、出身地である信州の諏訪大社から武神諏訪神（建美名方命・誉田別命）を勧請して諏訪大明神を創建、国造一族を祀る神炊館神社と相殿とした。そして文禄年間まで牛袋村一村を社領とした。

慶長三年（一五九八）会津領主上杉景勝が現在地に遷宮し、本殿・拝殿・神楽殿を造営寄進した。今に残る北の鳥居は、この時景勝が寄進したものといわれる。遷宮後は牛袋を本宮、須賀川を新宮と呼んだ。

なお牛袋村の旧地（本宮）は釈迦堂川の河畔にあり、梅田横穴古墳から八〇メートル、その東北部には古墳時代から平安時代の祭祀遺跡「おたきや遺跡」がある。

この頃の社名は「ミカシキヤ」と呼ばれ、社殿は石の宝殿であったといわれる。また境内社に影沼大明神・天王神（八雲神社）があるが、後年神炊館神社に合祀された。

正徳二年（一七一二）に正一位の神階を授けられ、岩瀬惣社諏訪大明神と称し、桙衡神社と郡内神社を折半し、末社は八〇社に及んだ。

芭蕉が『奥の細道』行脚の旅の途次、諏訪大明神を参拝したのは元禄二年（一六八九）四月二十八日であったが、当時の社殿は総欅造りの豪壮なものであったといわれる。

社殿は宝暦三年（一七五三）と明治二十四年（一八九一）の二度にわたり焼失し、現在の社殿はその後に再建されたものである。

神社名は明治十一年に、神炊館神社に復称した。

文安年間（一四四四〜一四四九）頃から始められた諏訪明神の祭礼は、旧暦七月二十六日から二十八日までの三日間で、本祭の渡祭には惣町にわたって神輿《みこし》と御鉾《おほこ》が巡り歩いたという。渡祭には神輿渡御《とぎょ》と御鉾渡御が隔年で行われ、神輿渡御の年を祭年《まつりどし》と呼んだ。

御鉾は頭部を鉾と鍬形で飾り、その周りを麻で編んだ柳と菅《すげ》を巻き付け、胴部には御祓いした前年の御幣が巻き付けられる。この時使われる菅は諏訪峠の諏訪神社から運ばれ、柳は四辻新田の諏訪神社から運ばれる。

文政二年（一八一九）の祭り記録（「番附書上帳」）を見ると、各町内から屋台や山車が出され、大変賑わった様子が分かる。この年は中町三丁目、本町一丁目から屋台が出され、道場町、鍛治町、北町、八幡町、馬町からは山車が出された。屋台には、遠く平湯本、江戸、宇都宮などから呼ばれた役者一八人が乗り、囃方《はやしかた》の笛・三絃・鼓に合わせ長唄踊りや浄瑠璃《じょうるり》が演じられた。

現在の神炊館神社の祭礼は、秋祭りが九月第二金曜日から日曜日までの三日間行われ、二日目の宵祭りには、諏訪峠と四辻新田の諏訪神社から取り寄せた菅と柳で御鉾を作りお鉾巡りが行われる。

昭和時代の神炊館神社祭礼
（『目でみる　須賀川市の歴史と生活』）

初夏を彩るきゅうり天王祭 ―― 岩瀬神社祭礼

岩瀬神社は旭ケ岡の朝日稲荷神社の境内にあり、現在は石の宝殿で、岩瀬彦命《いわせひこのみこと》と建速須佐之男命《たけはやすさのおのみこと》を祀っている。

『須賀川古事来由記録』によれば、岩瀬彦命とは石背国造十七世豊足彦命《とよたるひこのみこと》のことで、国造制度廃止後も岩瀬郡にとどまり磐瀬郷を治めたといわれ、その事蹟から岩瀬神社が創建され、祭神として祀られた。

また、合祀されている須佐之男命は牛頭《ごず》天王のことで、昔岩瀬地方に悪疫が蔓延《まんえん》した時、神（牛頭天王）のたたりを鎮息するため、きゅうりを供え祈願したところ悪病はたちまち消散したといわれる。牛頭天王がいつ合祀されたかは不明だが、疫病騒動は岩瀬神社の創建と同時期頃の出来事で、その頃に合祀されたのではないかといわれている。

岩瀬神社の祭礼である牛頭天王祭は古くから行われ、『牛頭天王祭記録帳』によれば「祭礼は（諏訪明神との）隔年祭で、六月十二日の道普請《ふしん》に始まり、十五日には惣町にわたって神輿渡御が行われ、諏訪明神に休息の際には供奉者に酒が振舞われた」と書いている。また、『白河風土記』は「隔年に六月十四より十五日まで黒門町の南木戸の側に仮殿を建て神輿を渡す、その始めの年暦は不詳」と書いており、江戸時代の中期頃には岩瀬神社の祭礼は須賀川の伝統行事として行われていたことが分かる。その頃も惣町に神輿渡御が行われていた

岩瀬神社

ことから、岩瀬神社は磐瀬郷の鎮守あるいはそれに類する高い位置にあったと思われる。

きゅうり天王祭の風景
（『目でみる　須賀川市の歴史と生活』）

線刻観音像（会田青峰筆）

現在の祭りは、南町の一角に御仮屋を建て、七月十四日に「きゅうり天王祭」が行われる。この日きゅうり二本を奉納し、一本を持ち帰って食べ、一年間の健康と息災を願うのである。御仮屋の場所は、往古岩瀬彦命が居住した所といわれ、これを示す大同年間建立の石碑が長らく残っていたが今はない。

須賀川ではかつては、牛頭天王祭が終るまではきゅうりを食べない風習があり、祭りの日に初物としてきゅうりを賞味し、きゅうりの独特の香にやがて始まる夏を感じ取ったといわれる。

岩瀬神社と境内を同じくして東側に朝日稲荷神社がある。勧請年は不詳だが、寛政六年（一七九四）に社殿焼失の記録があるので、江戸時代中期以降に勧請されたと考えられる。

社殿南側に、周囲に堀を巡らした円墳状の小山があるが、初代石背国造建美依米命あるいはその末裔の岩瀬彦命の墳墓であるとの言い伝えがある。

祭礼は四月で、戦前まではこの日に商売繁盛と五穀豊穣を願って近隣から大勢の参拝者が訪れ、須賀川駅から列をなしていたと伝える。

朝日稲荷神社の春の祭礼は、夏のきゅうり天王祭、秋の神炊館神社の祭礼と並んで須賀川の三大祭りと栄《はや》された。

境内に江戸末期の修験山伏で画家の会田青峰の筆による線刻観音像がある。

近世県内随一の賑わいを見せた須賀川宿と一里塚

中世の須賀川城下は、二の丸の南と東に古町・中町・北町の町屋があった。この頃の古道東山道は須賀川城下を離れて東方にあり、道は磐瀬の渡し―中宿―下宿―笹川と通っており、宿駅の賑わいには程遠い城下町であった。

ところが慶長年間（一五九六～一六一五）、この古道が道すじを変え、新しく幅七間の奥州街道として須賀川城下を南北に通ることになったのである。

街道とともに宿駅の整備も進められた。須賀川城落城後の城下は、須賀川城城代石川昭光により旧道沿いにあった下宿・中宿の町屋が城下にと移転が進められていたが、蒲生・上杉時代になっても移転は続き、牛袋村本宿から古町に、中宿から中町に、下宿から三の丸跡・北町へと移転が進められた。

また、寺社の移転も進められた。諏訪明神は牛袋村に祀られていたが、慶長三年（一五九八）上杉景勝の代に別当寺の千用寺とともに中町に移された。その後も文禄四年（一五九五）までに、岩瀬寺・観音寺・八幡神社・長松院などが移転してきた。

町場の移転後の中心施設となる問屋役場（荷物の運搬・取次を行う役所）は初め中町に置かれたが、その後本町、北町の二町にも交替制の問屋が設置され、初十日本町、中十日中町、後十日北町と問屋業務が割り当てられた。

こうして一時はすっかり荒廃してしまった須賀川城落城後の城下は、奥州街道が町中を通ることにより宿場町として発

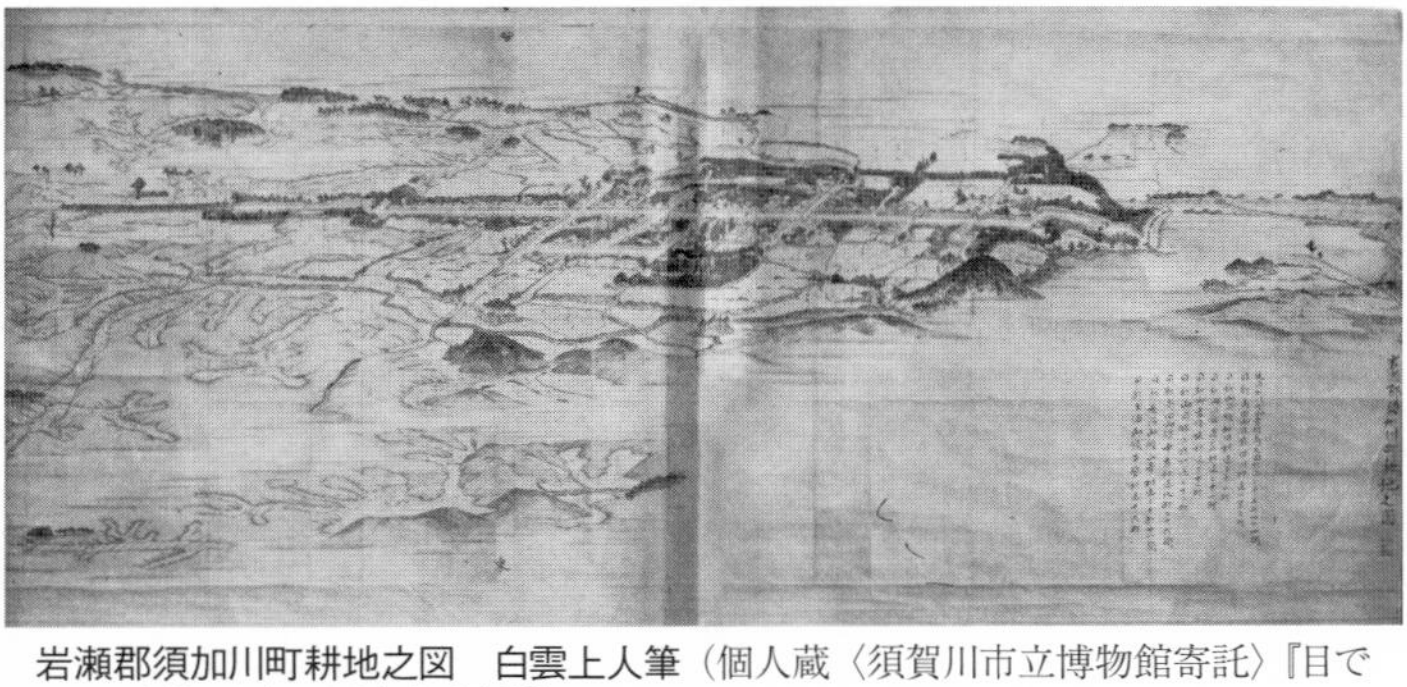

岩瀬郡須加川町耕地之図　白雲上人筆（個人蔵〈須賀川市立博物館寄託〉『目でみる 須賀川市の歴史と生活』）

展するが、その様子を表通り四町について眺めてみたい。

本町は須賀川宿の最南端にある町である。

奥州街道を鏡石から須賀川宿に向かうと、松並木の続く畑中の一本道の側に一里壇（塚）があり、更に進むと千人堂付近から町屋が軒を並べ始める。この辺りが新町《しんちょう》で、中町からはみだした人々がつくった町である。更に進むと南側の黒門に至る。黒門からが本町で、北側の中町境までは長さ四町四三間（約五一三メートル）、道幅は五間である。

本町は古町と呼ばれていたが、須賀川城落城の際、この辺りの町屋が離散してしまったので、安積大槻城主相楽三河守の三男弥右衛門包純《かねずみ》が牛袋の村人とともに古町に来て再建した町である。月の上旬に問屋場を担当し、毎月三日・八日に六斎市が開かれた。

本町西側角に相楽氏一族の等躬屋敷があり、『奥の細道』の旅で松尾芭蕉が七日間滞在した。この町には須賀川城落城の際焼け落ちた長禄寺の跡に、相楽氏の手で守山から移された長松院がある。黒門近くには二階堂氏の一族により修験寺徳善院が建てられた。また八幡町の突き当りには八幡神社があり、その境内には芭蕉も訪れた岩瀬寺があった。

寛保二年（一七四二）の郷高帳では家数二六九戸、男五八三人、女五一八人と住人が一〇〇〇人を超える大きな町となっている。属町（所属町の統治を受ける町をいう）に新町・八幡町・馬町・馬場町の一部が入っていた。

中町は本町の北に位置する町で、須賀川城落城後石川氏が城下再建のため、二の丸跡を整地し中宿村の町家を移住させてつくった町である。道幅七間の両側町で、西側が長く東側の一部が道場町となっている。ここだけ道幅が広いのは中央に高札場があったためである。

中町の北の端には、須賀川一の豪商藤井家があった。屋敷は表通りから東裏の池上町まで続く広大なものであった。『白河風土記』によれば、藤井家は泉州（大阪府）吾孫子《あびこ》郷《ごう》窪田《くぼた》村《むら》の出身で須賀川に来て富豪となり、仙台藩、南部藩など海浜の地で米穀を買い、二一艘の廻船で江戸に搬送した。江戸にも二一か所の町屋敷を持ち、正徳年間（一七一一〜一七一六）から白河藩の金銀為替御用達を務めた。

諏訪町には諏訪明神があり、その南側には銅版画の亜欧堂田善が住み、俳人石井雨考《うこう》の夜話亭があった。

寛保二年の郷高帳では、家数二〇二戸、男四七二人、女四〇八人とある。属町は荒町・寺町・東町・鍛冶町・諏訪町・馬場町の一部である。

道場町は、中世後期に建てられた念仏道場時宗金徳寺の門前町として成立した町で、表通りの東側、中町と北町の間にあった一町（一〇九メートル）にも満たない小さい町である。

郷高帳では、家数五六戸、男一四〇人、女一〇一人とある。属町は池上町・裏町・東横町・馬場町の一部であった。池上町には浄土宗十念寺があり、松尾芭蕉も参詣している。北町は須賀川宿の北端に位置し、本町の南端と同じく黒門があった。台地の北端にあるため、釈迦堂川対岸の中宿村の展望が眼下に開ける。二階堂氏時代は職人・奉公人の住む町屋が並んでいたが、須賀川城落城後奥州街道の整備に伴い、下宿村の町屋が移住してきたものである。慶長三年（一五九八）に問屋場が設けられ、毎月二十三日・二十八日に六斎市が開かれた。蒲生氏郷時代、二階堂家旧家臣吉田氏が検断に補任され、以後代々検断を務めた。郷高帳では、家数一二七戸、男三一二人、女二五九人とある。属町は並柳町・守谷舘町・西横町（別名長禄寺横町）である。

近世の岩瀬郡の支配体制は、二階堂氏滅亡後、会津領時代・白河藩領時代と領主は変わったが、概括的にいえば、郡奉行（「郡代」の場合もある）・代官の行政役人の下に、郷村では大庄屋・庄屋・組頭・長百姓、町では検断・庄屋・往来問屋の町（村）役人が置かれ、郷村・町内を治めていた。

須賀川宿では、これら町役人のほかに町会所があり、広範な自治が認められていた。

須賀川宿では宝永（一七〇四〜一七一一）の頃から、須賀川宿四町の検断、庄屋、町年寄が集まって、四町（宿）共通の問題を協議する会合があったが、享保六年（一七二一）、白河藩からその会合に町目付を立ち合わせることを通達してきたので、須賀川宿では藩の公認があったと受け取め、その会合を「町会所」と呼び、その後は自律的に運営された。町会所は馬場町の八右衛門屋敷に置かれ、九部屋を持つ建坪四一坪の大きな建物であった。町会所は定例的に開かれ、検断・庄屋・町年寄・郷士身分の町役人が月番で執務した。

町会所の役割は、米穀・海産物商などの諸営業の許可、薄《すすき》・木羽《こば》屋根葺の規制、物価の統制、芝居興行の許可、老人の生活保護、益金の運用など多岐の業務があった。

町益金は須賀川宿四か町の成立の頃から積み立てていたもので、財源は芝居興行による利益、藩からの質役金（質屋からの上納金）の下賜、有力商人からの寄附金が主なものである。町益金は年貢上納の助成、家屋の修復費用や生業資金の貸付、困窮農民への貸付、公益金融・生活保護などに使われ、また道路の修理や公共建造物の修繕にも使われた。

須賀川宿はこうして年々発展を重ねるが、宿駅の賑わいは旅人の数と集まる物産の量でも測ることができる。

江戸幕府の参勤交代の制度化により、須賀川宿にも大名などの泊まる本陣や脇本陣が設置される。須賀川宿を上下向する大名家は二四家あったといわれ、本陣を藤井半左衛門家、脇本陣を塩屋勘吉家が務めた。

旅籠《はたご》は明治初めに五〇数軒あったとの記録があるが、先の郷高帳にも四町合わせて六〇〇軒以上の町屋があったのだから、実数ではかなりの旅籠があったものと思われる。文政二年（一八一九）の「市原家文書」に飯盛女のいる旅籠が一八軒あったと記録されており、一般旅行者の泊まる平旅籠はその数倍はあったと推測される。

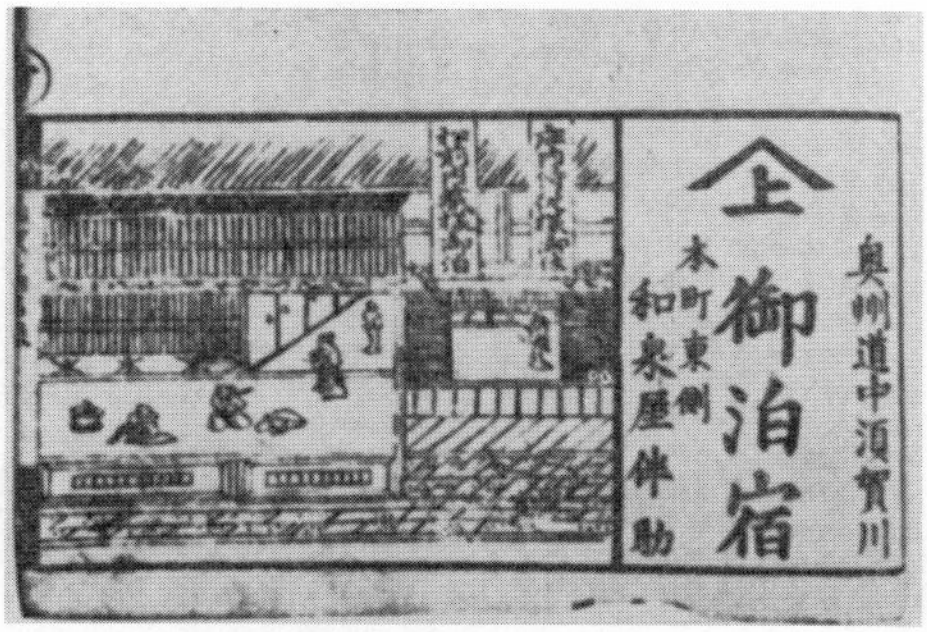

須賀川の旅籠屋（奥州道中）
（『郷土須賀川－原始古代より現代まで－』）

須賀川宿は奥州街道のほか、脇街道も走る交通の要衝であった。

三春街道は北町から守谷館を通り、阿武隈川を舟渡りして上江持村に出て、守山を経て三春に至った。会津街道は中町から諏訪町を通り、大桑原・北横田・下村を経て長沼に至り、江花で白河からの会津街道と合流して、勢至堂峠を越えて会津に向かった。

更に「魚の道」と呼ばれる道もあった。

磐城—上三坂—蓬田—三本松を経て須賀川道に入り、四辻新田—大栗—小作田から舟で阿武隈川を渡り、和田—須賀川

須賀川一里塚

という道である。このように須賀川宿は、各街道から魚・塩・米・絹などの多くの物産が集まり、多くの富豪を生み出し、岩代国（福島県）では一番の賑わいを見せる宿場となった。

須賀川宿の出入口には南と北に黒門があり、南の黒門の一町ばかり南に一里塚があった。また下宿村の出口にも六〇番目の一里塚があったが、今は塚は壊され、その跡に「一里塚跡」の石碑が立っている。

これら一里塚は、慶長九年（一六〇四）の奥州街道整備の時に作られたもので、南の一里塚は江戸から数えて五九番目の道標である。俗に「須賀川は江戸まで六〇里」といわれるゆえんである。

この一里塚は二基あり、西側が直径約六メートル、東側が直径約五メートルで、このように二基相対して塚形がよく保存されているものは奥州街道唯一のもので、昭和十一年国史跡に指定された。

塚の周辺にまだ数本の松が残っているが、これは天明三年（一七八三）から寛政五年（一七九三）にかけて、白河藩主松平定信が白坂から須賀川までの道の両側に、松と杉七〇万本を植樹したその名残である。

様々の史蹟を持つ須賀川の寺院

須賀川（旧）市内には四四の寺院があるが、そのうち天台宗の寺院が二〇を占める。全国的に見ると、最も多い寺院の宗派は浄土真宗で、次いで曹洞宗、真言宗、浄土宗と続き、天台宗はその次の少ない部類に入る。

宗教団体としての宗派の成立は、延暦年間（七八二〜八〇六）に最澄による天台宗が初めといわれているが、この古い天台宗の寺院が須賀川に多いということは、須賀川地方に早くから仏教文化が開けていたことを物語る。また、天台宗にかかわらず、どの宗派の寺院も当代一流の僧侶を招いて創建しているが、これは当時陸奥地方を治める稲村御所や篠川御所があり、岩瀬地方は陸奥国の政治の中心地として全国的にも知られていたため、優秀な僧侶がこぞって訪れて来たものと想像される。

ここでは数ある須賀川の古い寺院のうち、貴重な史蹟を持つ寺院を取り上げ概説する。

◇奥州一の大きい修業道場のあった長禄寺

廣福山長禄寺（北町三）は、長禄元年（一四五七）に須賀川城主二階堂為氏が盧舎那仏《るしゃなぶつ》を安置して城内に創建し、当時名僧として知られていた小田原最乗寺の月窓明潭《げっそうめいたん》和尚を招いて開山した。その時後花園天皇は和尚の徳を喜賞し、勅使をもって仏日慧照《ふつじつけいしょう》禅師の称号と紫衣を贈り、長禄寺を勅願寺とした。その後会下《えか》（参禅をする人）のため本格的な禅堂の必要を感じ、為氏より寺領一〇〇〇石の寄進を受け、城外西ノ原に法堂、僧堂、大庫院、総門からなる大伽藍を建立し、寺号を年号により廣福山菩提樹林長禄寺とした。

長禄寺は、曹洞宗大本山加賀永平寺に次ぐ奥州第一の大道場として栄え、奥羽・越後・下野などの国々に末寺一三〇余寺を持つ大本山となった。

天正十七年（一五八九）、須賀川城落城後一時衰退したが、代々の住職と二階堂氏ゆかりの人々に守られ今日に至っている。

境内墓地には、須賀川城攻防戦で二階堂氏とともに戦い戦死した佐竹家川井甲斐守、茅根土佐守の墓や二階堂盛義の後室大乗院殿の廟所、須賀川城城代蒲生源左衛門の墓、明治に入っては銅版画亜欧堂田善、仏師左門の墓がある。

大乗院殿廟所は、江戸時代初期に須賀川に残っていた二階堂家家臣の人たちが建てたと伝え

大乗院殿廟所
（『目でみる　須賀川市の歴史と生活』）

長禄寺本堂

二階堂家茶毘所

られ、大型の五輪塔で碑銘はない。

二階堂家茶毘所《だびしょ》は、享保二十年（一七三五）長禄寺住職碧鴎《へきおう》と佐藤小右衛門が建立したもので、「二階堂家代々茶毘所」と書いた一丈三尺（三・七メートル）の碑がある。周囲には二〇〇基以上の二階堂家家臣の墓がある。

◇念仏道場であった金徳寺

大通山金徳寺（池上町一〇〇）は須賀川で唯一の時宗の寺で、遊行寺の名で知られる藤沢清浄光寺の末寺である。

金徳寺近景

建武四年（一三三七）に夢窓国師の甥で遊行七代托阿《たくあ》上人が守谷館に創建し、その弟子宿阿《しゅくあ》上人が初代住職となった。その後、須賀川城下の現在地に移転し、念仏道場を開いたのでこの地に道場町の名がついた。

遊行上人は、賦算《ふさん》（上人自ら信者にお札を手渡すこと）と踊躍《ゆうやく》念仏により庶民の信仰を集めたが、この寺も江戸時代を通じて遊行上人廻国の際の布教寺となっており、その時には須賀川のほとんどの町民が集まり、遊行上人の念仏と賦算を聴聞し喜捨を行ったといわれる。

金徳寺は妙見山の暮谷沢《くれやざわ》の近くにあるが、須賀川城主二階堂治部大輔の娘三千代姫にまつわる悲話が残されている。

文安元年（一四四四）、二階堂治部大輔と二階堂為氏との間で須賀川城明け渡しを巡って争いがあり、三年後に城を明け渡すことで講和が成り立ち、そこで治部大輔は娘三千代姫を人質として為氏に嫁がせた。ところが講和は破れ、為氏は須賀川城を攻め取ることを決意し、三千代姫を送り返すことにした。その途中暮谷沢に来ると、三千代姫は夫と父の板ばさみになって前途をはかなみ、わずか一五歳で自害した。残された侍女五人は、近くの金徳寺に入って髪を切り、得度して三千代姫の菩提を弔ったと伝える（『藤葉栄衰記』）。

金徳寺は文化年間（一八〇四〜一八一八）、火災に遭い本堂などが焼失したが、「市原家文書」「遊行上人御巡国諸控帳」「回向袋請取控帳」「金徳寺頼母子講控」などの貴重な宗教資料が残されている。

◇芭蕉の句碑のある十念寺《じゅうねんじ》

来迎山十念寺（池上町一〇二）は、文禄元年（一五九二）良岌《りょうきゅう》上人（善龍和尚）の開山した浄土宗の寺である。

戦国時代終り頃の天正年間（一五七三〜一五九二）陸奥一円に疫病が流行した時、これを鎮めようと良岌上人が導師となり百万遍念仏会を修めたところ、悪疫はたちどころに退散し大勢の人々の命が救われた。人々はこれに感謝して御堂を造り、報恩念仏道場を建てたといわれる。

天明・寛政の頃（一七八一〜一八〇一）、第十九世教順白雲上人が現れる。上人は書画を良くし、白河藩主松平定信の信任を得て『集古十種』の編纂事業に参加し、全国各地を写生して歩いた。

ところが、寛政九年（一七九七）に西遊中、寺が出火の災難

十念寺近景

に遭って本尊、過去帳の一部、庫裡を残してことごとく焼失してしまった。傷心の白雲上人は楽翁（松平定信）の招きにより白河城御内寺に住み、楽翁の事業を助けた。

白雲には、法然上人像（十念寺所蔵）、善龍大師像、写生風景帳など数多くの作品が残されている。

寺には樹木が多く、西側の崖下には今でも湧水があり、「下《くだ》り清水」と呼ばれている。そしてこのかすかな流れは「すか川」と呼ばれ、須賀川の名の起源となっている。

山門右手に、安政二年（一八五五）に市原多代女《たよめ》によって立てられた、芭蕉の『奥の細道』行脚の最初の句といわれる

風流のはじめやおくの田植唄

芭蕉の田植唄句碑

多代女の辞世句碑

の句碑がある。

これに相対するように、多代女の辞世句といわれる

終に行く道はいづくぞ花の雲

の句碑が立っている。

この寺には市原多代女の墓のほか、俳人の太田未得・藤井晋流《しんりゅう》、歌人の市原正一や東京オリンピックのマラソンで銅メダルを取った円谷幸吉の墓がある。

境内には、明治十六年（一八八三）に成田山新勝寺から勧請遷座した弘法大師自ら一刀三礼のもと作った不動明王像を納めた不動堂がある。毎年四月二十八日にはここで成田山不動尊千人講が開かれ、護摩厳修が行われる。また二月節分には厄《やく》払いの豆まきがあり、大勢の参拝者で賑わう。

◇二階堂為氏の菩提寺普應寺《ふおうじ》

獅巌山《しがんざん》普應寺（諏訪町三）は鎌倉円覚寺を本山とする臨済宗の寺で、観応元年（一三五〇）古《こ》先印元《せんいんげん》禅師により創建された。

古先禅師は、永仁二年（一二九四）鹿児島の守護藤原（結城）宗広の二男に生まれ、鎌倉円覚寺桃渓《とうけい》禅師を戒師として出家得度し、文保二年（一三一八）元に渡り、当時の第一人者中峯明《ちゅうほうみん》

普應寺近景

本《ぽん》禅師（普應国師）に付いて修業した。帰国後足利直義の帰依を受け、足利氏の菩提寺京都等持寺に住山した。古先印元の名は全国に広がり、京都五山の萬寿寺や鎌倉五山の浄智寺の住職を務めた後、観応元年に一族の白河城主結城親朝の招きで当地に参り、親朝の父宗広の追福のため、稲村に普應寺を開山した。その後古先禅師は円覚寺二十九代住職となり稲村を去る。

結城氏が岩瀬郡から退去すると二階堂氏が領主となり、普應寺は二階堂氏の菩提寺となる。文安五年（一四四八）十七世一峯和尚の時、須賀川城主二階堂為氏により須賀川城内に移された。この頃の寺院は、普應禅寺の勅額を掲げた山門を持ち、開山堂はじめ七堂伽藍を持つ臨済宗奥州第一の本山であった。天正十七年（一五八九）伊達政宗によって須賀川城が亡ぼされると、普應寺も伽藍ことごとく焼失し、仏像・宝物なども灰燼に帰し、寺も現在地に移った。

普應寺は万治年間（一六五八〜一六六一）まで臨済宗の奥州第一の本山であったが、以後鎌倉円覚寺に属し現在に至っている。

境内墓地には、日本最古の養蚕書を著した白井北窓《ほくそう》の墓がある。
境内は見事に竹林が整備され、禅寺らしい典雅な佇まいを見せている。

◇**市内最古の名刹千用寺《せんようじ》**

金剛山金勝院千用寺（諏訪町一五）は、老木がうっそうと茂る神炊館神社の北裏にある天台宗の寺である。

須賀川市内では最も古く、文徳天皇の御代仁寿元年（八五一）、奥羽地方の蝦夷退治を祈念して慈覚大師（円仁）が牛袋村千用寺畑に開創した。慈覚大師所持の五鈷杵《ごこしょ》（密教用具）と瑪瑙《めのう》の数珠《じゅず》が今も寺宝として残っている。

文安二年（一四四五）に須賀川城主二階堂為氏が牛袋村に諏訪大神を勧請して、諏訪大明神を創建するとその別当寺となった。この時為氏から牛袋村に寺領一〇〇〇石を賜り庇護されたが、二階堂氏滅亡後衰退した。

その後、五十四世秀慶、五十五世秀在が寝食を忘れて復興に尽力して現在地に再建した。この時諏訪大明神も移転して来て岩瀬郡惣社となった。

千用寺は江戸時代初期から、僧侶を育てる学問修業の大道場であったため千用教寺とも呼ばれた。

千用寺近景

千用寺の銅鐘
（『目でみる　須賀川市の歴史と生活』）

千用寺は、元禄年間（一六八八〜一七〇四）、宝暦四年（一七五四）、同十四年（一七六四）の三回火災に遭い、堂宇が焼失した。しかしその都度再建された、元禄の火災では、元禄十年（一六九二）に藤井惣右衛門の発起で、篤信家の婦人たちの持ち寄った金のかんざしで鋳造された梵鐘（銅製　国指定重要美術品）が寄進された。

また、宝暦年間の火災では、上野東叡山の声掛りで東北諸藩の勧進により寄付を集め再建した。明治二十三年にも須賀川の大火で諸堂宇が焼失し、明治二十八年に再建された。

本堂右手に土蔵造りの大日堂がある。中には大日如来、大聖不動明王、子育地蔵菩薩が祀られている。大日如来は明治二年に廃寺となった岩瀬寺の本尊である。

境内の井戸は、近年まで須賀川の上水道の水源の一つで、宮先町、中町、本町の家々の生活用水に使われた。
境内墓地には、「吾命どの朝顔の露ならむ　雨考」の墓碑がある。

◇毘沙門天を祀る長松院

萬年山長松院（諏訪町八八）は曹洞宗の寺で、文明七年（一四七五）に二階堂山城守行詮《ゆきのり》の内室（三浦平八郎為豊の娘）が亡くなったので、その菩提を弔うため、行詮が小田原最乗寺輪番報恩院の住職麒《き》山馨麟《さんけいりん》禅師を迎えて牛袋村に開山したものである。

寺名は内室の法号（長松院殿鶴窓昌壽大姉）による。

この時、行詮は牛袋村に寺領三〇町歩を寄進した。

須賀川城落城後は田村町守山の長興寺に移転し、守山城主田丸中務直昌から永楽銭二〇貫を授かるなどの庇護を受けた。

その後慶長十八年（一六一三）、安積郡大槻城主相楽三河守の三男孫右エ門包純《かねずみ》が再興開基となり、旧須賀川城郭内の長禄寺跡に長松院を再興し、浄翁守清《じょうおうしゅせい》禅師を請じて住職とした。

こうして長松院は、七堂伽藍を整備して曹洞宗別格寺として

長松院近景

僧侶・俗人の教化道場となった。また、寺は中町の属町である加治町にあったが、本町の人別寺を務めた。

明治二十四年の須賀川大火により、諸堂宇が焼失したため、現在の伽藍と毘沙門堂は明治中期に再建された。また多聞閣（庫裡）、大悲殿、坐禅堂は昭和五十五年に竣工した。

境内に毘沙門天を祀る毘沙門堂があるが、毘沙門天の祭礼は、毎年旧暦初寅の日に行われ、その日には露店が所狭しと軒を並べ、数万の人で賑わう須賀川地方最大の行事であったといわれる。

境内墓地には相楽家墓所があり、享保元年（一七一六）の宝《ほう》篋《きょう》印塔《いんとう》と相楽等躬の「あの辺はつく羽山哉炭けふり」の句碑が立っている。

毘沙門堂

◇朝観音で賑わう妙林寺

羽黒山妙林寺（加治町三―五）は天台宗の寺で、慈覚大師（円仁）が教化のため奥羽巡錫の折、仁寿二年（八五二）に和田大仏前に堂宇を建立し開創したものである。

その後、二階堂為氏が鎌倉から下向の際に、鎌倉法界寺の僧明栄を伴い、当地に来て、文安

妙林寺朝観音
(『目でみる 須賀川市の歴史と生活』)

妙林寺近景

五年(一四四八)須賀川城入城を機に妙林寺を須賀川城二の丸に移し住職とした。この寺に安置された十一面観世音菩薩(一寸八分)は、為氏の兜《かぶと》にはめられていた守本尊といわれる。また、弁天堂の内仏は鎌倉二階堂の持仏堂にあった七福神で、為氏が須賀川城の守護神として奉持したものである。

妙林寺は須賀川城落城の折、戦火を被り焼失した。その後、二階堂家の家臣青木外記の尽力と僧宗源が白河城代に頼んで、寺を中町の現在地に再建したものである。

朝観音は、この寺の観世音菩薩をあがめる祭礼で、四万八千日の名で知られ従来は旧暦七月十日であったが、現在は八月十日となり、この日は大勢の参拝者で賑わう。

◇聖徳太子を祀る勝誓寺《しょうせいじ》

応現山長沼院三宝閣勝誓寺(大町一七七)は浄土真宗の寺で、延文五年(一三六〇)に玄栄法師が会津野沢萱本村に太子寺を開創したことに始まる。

勝誓寺本堂近景

聖徳太子堂
（『目でみる　須賀川市の歴史と生活』）

　玄栄は源義経の家臣岡部六弥太の後胤で、比叡山で得度、本願寺の覺如上人の直法弟となり、会津野沢に巡錫中野沢太子堂を改め、太子寺を創建した。その後五世全栄の時に安積郡中地村に移転、十世宝観の時、永禄四年（一五六一）岩瀬郡長沼庄に移転し、長沼城主新国上総介の庇護を受け、寺号を勝誓寺と改称した。天正年間長沼城落城の際、兵火により堂宇焼失、寛永五年（一六二八）十三世東嶽の時、須賀川の現在地に移転し、承応年間（一六五二～一六五四）までに諸堂宇が整備された。
　文政四年（一八二一）、二十世徳成院釈泰然法師が伊達郡霊山町康学寺から入寺し、現在の間口七間半、奥行七間の本堂を再建、天保二年（一八三一）には聖徳太子堂と阿弥陀堂を再建し、承応の造営後荒廃の危機にあった諸堂宇を見事に再建した。

須賀川の台地は風が強く、江戸時代以降数度の大火があったにもかかわらず、この寺は須賀川移転後一度も火災に遭わず現在に至っている。そのため、寺には恵心僧都筆「阿弥陀如来絵像」、酒井抱一筆「釈迦如来涅槃図」など貴重な書画が残されている。

また、戦前まではこの寺において、聖徳太子講や親鸞上人報恩講などの講が盛んに行われた。

須賀川俳壇と俳誌『桔槹《きっこう》』

江戸時代の須賀川宿は、白河藩から町会所を置くことを認められ、物価の統制などの町人差配が許され、自由豁達《かったつ》な気風がみなぎる町であった。また、町は奥州街道・会津街道・岩城街道が交差する交通の要衝の地にあり、宿場町としても物産の集散地としても大いに賑わい、大勢の富裕な商人を生み出していた。そして、これら富裕商人が中心となり、俳諧や絵画など高度な文化を発展させていったのである。

元禄二年（一六八九）四月二十二日、俳諧で高名な松尾芭蕉が、このような須賀川の町を訪れたのであるから、須賀川の俳人たちは芭蕉を喜んで迎え、大いに盛り上がったのである。この様子は同行した曽良の旅日記からもうかがうことができる。

『曽良旅日記』（抜すい）

一　廿二日　須賀川、作単斎宿、俳有。

一　廿三日　同所滞在。晩方へ可伸ニ遊。帰ニ寺ニ八幡ヲ拝。

一　廿四日　主ノ田植。昼過ヨリ可伸庵ニ而会有。会席ソバ切、祐碩賞レ之。雷雨、暮方止。

一　廿五日、主物忌、別火。

一　廿六日、小雨ス。

一　廿七日　曇。三ツ物ドモ。芹沢ノ滝へ行。（注　三ツ物とは発句、脇句、第三句をいう。この日芭蕉は曽良と等躬の三人で俳席を設けたものと思われる）

一　廿八日　発足ノ筈定ル。矢内彦三良来而延引ス。昼過ヨリ彼宅へ行而及レ暮。十念寺、諏訪明神へ参詣。朝之内、曇。

一　廿九日　快晴。巳中尅（午前十時）発足。石河滝見ニ行。須カ川ヨリ辰巳ノ方壱里半計有。

（以下略）

芭蕉は相楽等躬宅に七日間も逗留《とうりゅう》し、須賀川の俳人たちと交流を重ねたが、『曽良旅日記』により日を追ってその様子を見てみよう。

二十二日に芭蕉が等躬宅に到着するが、そのことは等躬と親交のあった黒羽宿の桃雪からすでに知らせが入っており、等躬も心待ちにしていたに違いない。「俳有」と記されているが、この日は芭蕉は那須野からの旅の疲れもあり、また日暮方でもあり、俳友や知人の動向などを話した程度で、俳談などは、さほどできなかったのではないかと思われる。

『曽良旅日記』で乍単斎《さたんさい》と書かれている相楽等躬は、名は伊左衛門といい、須賀川宿の駅長を務める須賀川宿の最有力者で、江戸で石田未得や岸本調和から俳諧を学び、俳号をはじめ乍単斎あるいは藤躬といい、後に等躬と改めた。等躬は『苳摺《しのぶずり》』『伊達衣《だてごろも》』などの俳諧集のほか、『蝦夷文段抄』（別名「陸奥名所寄」という）を発刊するなど奥羽地方の歌枕に精通していた人物であった。

二十三日は、等躬宅で芭蕉、曽良、等躬の三人で俳諧の会が開かれた。この事情を『奥の細道』では「すか川の駅に等躬というものを尋ねて四五日とどめらる。先《まず》白河の関いかにこえるやと問う。（芭蕉）『長途のくるしみ、身心つかれ、かつ風景に魂うばわれ、懐旧に腸《はらわた》を断《た》ち、はかばかしう思ひめぐらさず

風流の初やおくの田植うた

無下にこたえんもさすかに』と語れば、脇、第三とつづけて一巻となしぬ」と書いている。

後に藤井晋流が残した『蕉門録』に、この日の「田植唄」の歌仙が記されている。芭蕉の発句に始まり、等躬が脇、曽良が第三を務めた。

風流の初やおくの田植歌　芭蕉
いちこを折て我まうけ草　等躬
水せきて昼寝の石や直す覧　曽良
籭に鮖《かじか》の声いかす也　芭蕉
一葉して月に益なき川柳　等躬
雇にやねふく村ぞ秋なる　曽良

この日芭蕉は夕方可伸を訪ねた。翌日の連歌の会のあいさつと思われる。帰りに岩瀬八幡社に寄り、境内にある岩瀬寺と徳善院に参拝した。

可伸庵は等躬宅から南西に一町（約一〇九メートル）ばかりの所で、現在のNTT須賀川局辺りである。その一角に可伸庵跡の記念碑が立っている。四代目という軒の栗も側にあり、俳人矢部榾郎《ほたろう》の筆による「軒の栗」の石碑がある。

二十四日の午前は、芭蕉は相楽家の田植えを見て過ごした。相楽家の田植えは奉公人や近所の手伝いの人を含めて二〇人から三〇人もの大勢の人で、代《しろ》かきから苗取り、田植えまでも行い、田植唄も飛び交うほど賑やかなものであったと想像される。

昼過ぎに、等躬とともに可伸庵に行き、連歌の会が開かれた。

『蕉門録』によると、出席者は芭蕉と曽良のほか、須賀川宿から等躬、栗斎、須竿、素蘭、素雲が加わり七人で歌仙が巻かれた。

まず芭蕉が「栗という字は西の木と書き、西方浄土に縁のある木で行基菩薩様も杖や柱に使ったそうな」と前置きを言って、「隠れ家や目た丶ぬ花を軒の栗　芭蕉」と発句をつけると、栗斎が脇、等躬が第三と三吟し、次に曽良・素雲・須竿と三吟、続いて素蘭・芭蕉・栗斎となり、この繰り返しで三六句が詠まれた。

「軒の栗」の碑
（『目でみる　須賀川市の歴史と生活』）

「軒の栗」句碑
（『目でみる　須賀川市の歴史と生活』）

栗斎は『奥の細道』の本文の中で「この宿の傍に大きな栗の木陰をたのみて、世をいとふ僧あり」と書かれている人で、可伸その人である。須竿は須賀川の人で内藤須竿、素蘭は矢内素蘭で名は彦三良といった。素雲は江戸の人で吉田祐碩《ゆうせき》といい、丁度等躬を訪ねて来ていて俳席に加わり、会の終りにそば切りが出されると「祐碩賞レ之」という人である。この日の「世の人の見つけぬ花や軒の栗」の句碑は、寛永五年（一六二八）の芭蕉百年忌に、石井雨考ら須賀川の俳人たちによって岩瀬八幡神社境内に立てられた。その後、この碑は須賀川市立博物館の庭に移されている。

二十五日は等躬の「物忌」で、飲食物を断ち籠居して謹慎していたため、芭蕉は等躬宅に留まり、陸奥の歌枕を調べたり、書簡を書いて過ごしたと想像する。

二十六日は雨降りのため外出はできず、前日と同様に過ごしたと思われる。

二十七日は雨が上がり、芹沢の滝を見に出かけた。芹沢の滝は釈迦堂川にある滝で、明治初年頃まではあったが採石のため掘り崩され、今はその痕跡すらない。

二十八日は出発を考えていたが、矢内彦三良（素蘭）に引き留められ、昼過ぎから矢内宅に行き夕方まで俳談などして過ごし、帰りに十念寺と諏訪明神に参拝した。

二十九日は快晴となり、午前十時頃には等躬宅を出発し、乙字ヶ滝を見て、長途奥羽の旅へと向かった。

等躬を中心とした須賀川俳壇のその後の様子は、矢部榾郎《ほたろう》が大正十四年の『桔槔』一月号に「須賀川の俳壇」の題で、元禄期の須賀川の俳人三〇余人とその代表作を掲げ、元禄期中の須賀川俳壇の隆盛を語っている。

等躬の培《つちか》った須賀川の蕉門俳諧は、藤井晋流に引き継がれた。

晋流は通称源右衛門、太仲と号し初め晋柳を用い、後に晋流に改めた。上州（群馬県）小泉村に延宝八年（一六八〇）に生まれ、須賀川で廻船問屋を営む豪商藤井惣右衛門の女婿となり、藤井家分家を起こした。

芭蕉が須賀川に来遊の頃、晋流は八歳であった。晋流の俳諧の師は芭蕉門の双壁といわれた宝井其角で、晋流は宝永二年（一七〇五）等躬の追悼句会を催し『蕉門録』を編纂している。また、晋流は自分の師の其角と祖師芭蕉を追慕して寛保元年（一七四一）、時雨の句を詠みその句碑を密蔵院に立てた。

粟津より松風とゞくしぐれ哉
策月洞　晋流

句碑の側面には次の文字が刻まれている。
「風羅坊芭蕉翁
宝普斎其角翁」
須賀川ではこの句碑を時雨塚の碑と呼んでいる。

時雨塚の碑
（『図説須賀川・石川・岩瀬の歴史』）

こうして晋流らによって墨守された須賀川の俳壇は、化政期の石井雨考、市原多代女に引き継がれる。

雨考は本名石井久右衛門、通称夜話亭と号した須賀川の豪商である。俳諧は二階堂桃祖に学んでその薫陶を受け、晩年『青蔭集《あおかげ》』を編んだ。市原多代女が序文を書き、歌仙二章のほか亜欧堂田善の「陸奥国石川郡大隈滝芭蕉翁碑之図」を載せている。夜話亭は神炊館神社の近くにあり、南隣には亜欧堂田善が住んでいた。

芭蕉句碑（乙字ヶ滝）

寛政五年（一七九三）に芭蕉百年忌を行い、岩瀬八幡神社境内に「軒の栗」の碑を建立した。また文化十年（一八一三）には、乙字ヶ滝に芭蕉の「五月雨の滝降りうつむ水かさ哉」の句碑を建立した。

小林一茶とは俳友であったという。

千用寺に墓所と辞世の句碑がある。

吾命どの朝顔の露ならむ　　雨考

市原多代女（俳諧では「たよ女」を使っているので以下「たよ女」とする）は、須賀川の酒造業市原本家に生まれ、一七歳の時に縮緬問屋市原分家の養女に入り、一九歳で夫有綱を迎え二男一女を設けた。家業は繁盛していた。三一歳で夫に先立たれ、家業を続けながら石井雨考から俳諧の指導を受け、後に江戸の鈴木道彦の門に入った。

文化十年（一八一三）に『浅香市集』を編んで、全国にその名が知られていった。この本の序は松窓乙二、跋は鈴木道彦が書き、当代一流の俳人二六〇余人の句を掲載したほか、雨考と等躬の両吟一巻を掲載、これを顕彰している。

小林一茶の『おらが春』にも次の句が収録されている。

老たちの出る夜となれは朧月　たよ女

文政六年（一八二三）には多年の夢であった江戸見物が実現し、その記録を『すがゞさ日記』に書いている。

嘉永六年（一八五三）の弥生三月、たよ女七八歳の時、蝶二、桃丘の二子と愛宕山に遊び、

終に行く道はいつこそ花の雲　多代

の句を詠み、『辞世集』に載せている。この句碑は、市原家菩提寺十念寺にあるが、高さは二メートルの立派な句碑である。安政二年（一八五五）八〇歳の時、芭蕉の「田植うた」の句碑を十念寺に立てた。晩年は晴霞庵の俳号を用い『晴霞句集』を刊行し九〇歳で逝去した。辞世の句は、

元旦や九十になりし年ながら
で死ぬまで作句し続けたといわれる。

その後の須賀川俳壇は、山辺清民とその門人の道山壮山に受け継がれる。

清民は代々須賀川の町役人を務め、祖父が等躬の門人、父が晋流・桃祖の流れをくんだ俳人で、清民も若輩であったが、雨考・多代女と親交が深かった。

天保二年（一八三一）に『栗飯集』を著した。

多代女を姉の如く慕い、追悼吟に、

月を待つこころもなくて秋の暮　　清民

がある。

道山壮山は名は三次郎といい、苗字帯刀を許された郷士の出で、壮山は俳号である。瀬戸堀に邸を構え可伸庵と名づけた。万延元年（一八六〇）に『柱石集』、明治二十六年に『早苗のみけ』、次いで『亀齢集』を著している。

明治二十六年七月には正岡子規も可伸庵を訪ね、『はて知らずの記』に「この地の名望家なり」と書いている。門人も多く、須賀川俳壇を見事明治・大正期の俳人に引き継いだ。

大正十一年五月、原石鼎《はらせきてい》（俳誌「鹿火屋」主宰）が須賀川牡丹園に来遊したのを契機に、桔槹吟社が結成され、俳誌『桔槔』が創刊された。

創刊の同人は永山香螺《こうら》・矢部榾郎・柳沼破籠子・道山草太郎・岡部句童・竹内翠玉・草野虬泉《きゅうせん》・住吉心旦・中村清覚の九名で、その中心となったのは桔槔三太郎と呼ばれた破籠子（柳沼源太郎）、榾郎（矢部保太郎）、道山草太郎で、桔槔の編集を担当したのは榾郎であった。

破籠子は生涯を牡丹園の牡丹の栽培育成に専念したが、俳句は原石鼎に師事し「鹿火屋」に拠り秀句を発表した。石鼎を日輪の如く敬い、常に「芭蕉　石鼎、両頭裁断《りょうとうさいだん》」を口にしていたといわれる。没後子息柳沼幹一らにより『破籠子句集』が発刊された。

矢部榾郎は、小学校校長や須賀川市図書館長などを務め、能書家として知られ、また古俳句に詳しく、『相楽等躬』『たよ女全集』『福島県俳人辞典』など多くの著書がある。須賀川市立図書館前には、

寺の柚子《ゆず》うれよと時雨いたりけり　榾郎

の句碑が立っている。

道山草太郎は道山壮山の孫で、大正十一年に『桔槔』創刊以来編集に従事し、須賀川俳壇の伝統を守り、その興隆に尽力した。神炊館神社境内には、

さびしさをいくつかさねてくさのつゆ

の句碑が立っている。

草太郎亡きあと、鈴木薊子・遠藤仰雨・高久田橙子などが続き、後進の指導に努め、須賀川から福島県文学賞（俳句部門）の受賞者を何人も輩出している。

俳誌『桔槔』も平成二十一年には創刊千号を迎え、益々発展している。

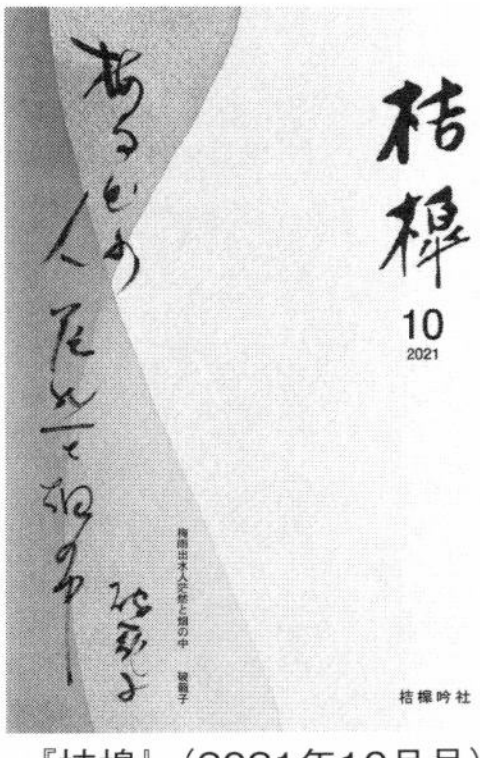

『桔槔』（2021年10月号）

亜欧堂田善と須賀川絵のぼり

亜欧堂田善は、銅版画や絵画の名作品を残しただけでなく、銅版布地摺りの半襟《はんえり》・羽織裏や五月幟《さつきのぼり》などで江戸末期の須賀川の産業に多大の貢献をした。

田善は、寛延元年（一七四八）に須賀川町諏訪町で農具商を営む永田惣四郎の次男として生まれ、名を善吉といった。八歳の時父を亡くし、家業を継いだ長兄丈吉の薫陶を受けて育った。丈吉は染物業を営みながら狩野派の絵を学び、「崑山《こんざん》」と号した絵師で、江持村羽黒神社に「大江山の図絵巻」や玉川村滝見不動堂に「橋弁慶の図絵馬」を奉納するなど近隣の寺社に数々の絵画を奉納したほか、安永五年（一七七六）には、将軍徳川家治の日光東照宮の参詣に際して白河藩の推挙により日光廟彩色修復にも従事している。

田善は家業を手伝いながら、兄から絵の手ほどきを受け、近所では、若い頃から絵の上手として評判になった。昭和五十四年に小山田の古峯山観音堂から発見された「源頼義水請之図」の絵馬の裏面に「絵師　須賀川　永田善吉」とあり、表面には「宝暦十二年（一七六二）」とあったため田善一四歳の時の絵と分かり、彼の天才ぶりが確認された。

安永元年（一七七二）田善二五歳の時、伊勢神宮参拝の際、浄土宗寂照寺に画僧月僊を訪ね、暫く留まり教えを受けた。この時、永田善吉を約して画号を田善とした。

田善は本町の庄屋安藤辰三郎の依頼で、江戸芝愛宕山の景（「江戸愛宕山図」）を屏風にしたところ、寛政六年（一七九四）白河藩主松平定信が領内巡視の際、安藤家に立ち寄り休憩した時にその絵が目にとまり、定信は田善を引見しその才能を愛《め》で、同行していた谷文晁《たにぶんちょう》の弟子とした。

絹本著色亜欧堂田善画像
（個人蔵『郷土須賀川－原始古代より現代まで－』）

寛政八年に白河城下会津町に屋敷を下賜され移住し、文晁や司馬江漢《しばこうかん》から洋風画（蘭画系絵画）を学んだ。寛

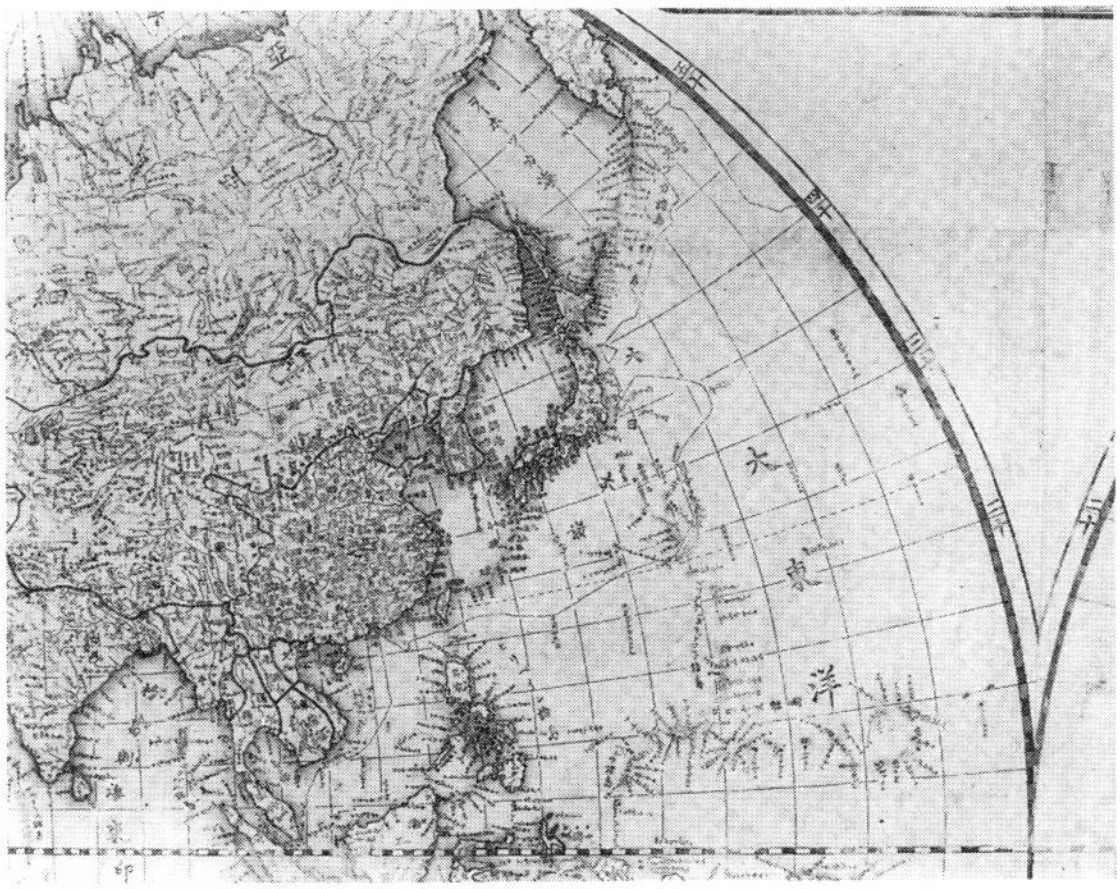

田善の『新訂万国全図』部分
（須賀川市立博物館蔵『図説須賀川・石川・岩瀬の歴史』）

政十年（一七九八）田善五〇歳の時、長崎に遊学して銅版画に触れ、備中（現在の岡山県）の蘭学者杉原右仲にその手法を学んだ。その後白河藩江戸屋敷に呼び出され、定信からオランダ製の銅版画世界地図やリーディンガーの「銅版諸国馬画集」（風景画・人物画）などの銅版画を見せられ、銅版画による日本版世界地図の製作を命じられた。そして文化七年（一八一〇）に一二年の歳月を掛け『新訂万国全図』を完成した。田善六三歳であった。

田善は文化九年（一八一二）、定信の隠居を機に須賀川に帰り、再び町絵師としての生活を始めた。

この時銅版原画、エッチング（銅板を硝酸で腐食させて作った凹版）、粉本（下絵）など多くの原版を須賀川に持ち帰ったといわれる。

田善は、門人である呉服商八木屋半助の希望を入れ、布地摺用の銅版を作ると、八木屋は「亜欧堂鐫《せん=彫》名産どうはずり　八木屋半助」の看板で、半襟や羽織裏、袋物を銅版摺りにして売り出すと須賀川名産として大繁盛した。

また田善の技法は、五月幟《さつきのぼり》（現在は「須賀川絵のぼり」と呼ぶ）にも活かされた。

須賀川絵のぼりは、田善が和紙や布地に鐘馗を書き、端午の節句に男子の成長を祝って庭先に立てたのが始まりといわれる。絵のぼりの技法は、田善から弟子の安田田騏《でんき》へ、そして田騏の弟子の大野松岳《しょうがく》（画号善吉 初代吉野屋店主）に伝えられ、天保・慶応年間（一八三〇〜一八六七）に「吉野屋の五月幟」の名で売り出されるとその名が広がり、たちまち須賀川町の名物となった。

絵のぼりの図柄は、鐘馗を主題としたものが多く、彩色は淡彩または朱一色のものであったが、現在は「鐘馗」のほか、「武者」「鯉に金太郎」など図柄も多く彩色も多彩となり、精巧な技法で描き上げられている。絵のぼりの製造元の吉野屋（六代目大野青峰＝修司）は今も続き、絵のぼりの種類も屋外に飾られるものばかりでなく、屋内用や額絵のぼりも作ら

須賀川絵のぼり
鯉に金太郎（左）、武者（右）

絵馬　油彩洋人曳馬図（亜欧堂田善筆）
（小野町ふるさと文化の館収蔵）

れ、販路は関東・東北にも及んでいる。

亜欧堂田善の作品は、現在も岩瀬・田村・郡山地方の神社や寺院に絵馬として保存されているが、昭和五十一年に須賀川市諏訪町に住む太田貞喜氏から所有する田善コレクションの全部が須賀川市立博物館に寄贈され、博物館で一般公開されている。

田善は、文政五年（一八二二）七月五日に七五歳の生涯を閉じた。墓は住居のあった諏訪町の長禄寺にあり、「亜欧堂田善翁墓誌」と刻んだ長方形の墓石が立っている。

古寺山《こでらさん》自《じ》奉楽《ほうらく》

古寺山白山寺の参道には、昭和三十四年に県の天然記念物に指定された松並木がある。昔はこの辺りは古杉老松がうっそうとして、雲霧が全山に立ちこめていたため霧が谷と呼ばれていた。明治三十五年の大暴風雨で多くの巨木が倒れてしまい、またその後松食い虫により枯れ、名物の松並木の松もわずかとなってしまった。

古寺山自奉楽は、須賀川市上山田にある白山寺に伝えられた踊りで、昭和四十九年に福島県の重要無形民俗文化財に指定され、同年には国選択無形文化財の民俗芸能として国により記録保存されている。

白山寺は養老七年（七二三）に行基菩薩が開いたといわれ、観音堂に祀られている聖観世音《しょうかんぜおん》像は行基の作といわれる。天正年間（一五七三〜一五九二）に須賀川城主二階堂氏の祈願所となり、寺領五〇石を与えられ保護されたが、須賀川城落城後は放置され荒廃したままになっていた。

宝暦二年（一七五二）頃、時の住僧清光和尚が観音堂の再建を志し、村の若者たちと自奉楽を編成して各地を興行して喜捨を求めた。この時の踊りが現在に伝わる自奉楽である。自奉楽の名称は、古寺山白山寺の寺法楽（本尊を供養するため奏楽すること）であることから「古寺山自奉楽」と呼ばれたものである。

自奉楽の踊りは、三三年に一度の聖観音像御開帳の際の旧三月十日に境内で踊られ奉納される。

現在は古寺山自奉楽保存会により旧正月二日に、「唄い初め」として練習も兼ね披露される。

自奉楽は笛のみで踊る。

踊子の衣装は、男は鉢巻きに野良着姿、女は花笠をかぶり早

古寺山白山寺

古寺山自奉楽の踊り風景
（『図説須賀川・石川・岩瀬の歴史』）

乙女姿で、ともに手甲・脚絆《きゃはん》・たすき掛け・草履《ぞうり》ばきの揃いの装束である。

自奉楽の演目は平鍬踊り、田植踊り、獅子舞の三つからなる。

平鍬踊りは、別に「露払いの踊り」ともいわれており、舞庭を清めるための踊りである。傘鉾を中心にして輪をつくり、木製の鍬を持って踊る。

田植踊りは本舞で自奉楽の中心をなし、十二か月の農作業を踊りで表現し、豊年満作を祈る舞である。正面に久六が立ち、踊子を縦に並ばせ、踊子に田うないから米つきまで稲作の一二の所作を言い付けて踊らせるものである。

獅子舞は悪魔の退散と村中の安全を祈る踊りで、太郎獅子・次郎獅子・雌獅子・傘鉾・金切の五人によって踊られる。奥山に住む三匹の獅子が傘鉾と金切に誘われて里に出てきて踊り、踊り疲かれて居眠りしていると笛の音で目覚め、太郎獅子と次郎獅子による雌獅子の奪い合いが始まり、最後は仲よくなって奥山に帰る。

自奉楽は、かつては旧上小山田村の南組、山小屋、岩倉の三つの小字で踊りを分担し、南組が平鍬踊り、山小屋が田植踊り、岩倉が獅子舞を踊っていたが、今は小字ごとの分担をなくし、小学生の男女が平鍬踊りと田植踊り、中学生男女が獅子舞を踊る。

日本三大火祭り —— 須賀川の松明《たいまつ》あかし

松明あかしはおよそ四〇〇年前から続く須賀川市の伝統の火祭りで、毎年十一月の第二土曜日に、翠ヶ丘公園にある五老山を会場に行われる。

五老山は須賀川市街の東方にある山で、五老山の名は、永禄二年（一五五九）から争い続けてきた須賀川城主二階堂盛義と三春城主田村清顕とが天正九年（一五八一）、二階堂氏の老臣五人と田村氏方の使者がこの山に集まり、仲直りの交渉をしたことからこの名になったといわれる。別に「赤はげ山」ともいわれた。

松明あかしの由来は次のとおりといわれる。

天正十七年（一五八九）十月、伊達政宗が会津黒川城を落城させ須賀川に向かったとの報《しらせ》が届くと、須賀川城内は開戦か和睦かで大きく揺れ動いていた。この時、須賀川城主二階堂盛義の後室大乗院（伊達晴宗の娘阿南の方）は、盛義の死後二階堂家の采配を振るっていた女丈夫で、政宗の叔母であったが、我が子盛隆が当主であった葦名家を滅して南進する政宗に降伏することは快《こころよ》しとせず、大乗院は二階堂家の武将たちを集め「忠義を貫き二階堂家を助けて欲しい」と懇請すると、一同は須賀川城を決死の覚悟で守り抜くことを誓った。

　政宗は山寺の天王山に陣を敷き、釈迦堂川をはさんで須賀川勢と対峙したが、十月二十六日の早朝、雨呼口、大黒石口から須賀川城下に攻め入り、敵味方入り乱れての激戦となった。その時政宗に内通していた須賀川城守将守屋筑後守が本丸の風上にある長禄寺に火を放つとさしもの須賀川城も炎に包まれ、城下は火の海と化し家臣の大部分は城とともに悲壮な最後を遂げ、須賀川城は落城した。

大松明行列（『阿武隈川の風景』）

　松明あかしは、この戦いで死んだ二階堂家の家臣や多くの町の人々の霊を弔うために始められた行事で、初めは領主の目をはばかり、狢追《むじなお》いの行事に事寄せて行われたといわれる。

　松明あかしは、祭前日夕刻の八幡埼城跡にある岩瀬八幡神社での「八幡山衍義《えんぎ》」（慰霊祭）から始まる。

　当日午後一時三〇分、松明通り北端の北町交差点近くの路上に重さ三トン、高さ一〇メートルの大松明と姫松明が持ち込まれ、高校生以上の男女の担ぎ手と市内中学生ら六〇〇人が参加して松明行列が組まれ、松明通りを練り歩きながら会場の五老山へと向かう。

一方日没の五時頃には、手に小松明を持った市民七〇〇～八〇〇人が五老山南方の妙見児童公園付近に集まり、五老山への出発を待っている。

この頃、須賀川城跡にある二階堂神社では御神火奉受式が行われ、御神火を受けた御神火隊が市内を一巡して五老山に向かう。

五老山の松明あかし会場では、胴周り五メートル、高さ一〇メートル余の本松明二〇本以上が用意されて点火を待っている。午後六時頃になると、松明太鼓が鳴らされ太鼓の勇壮な音が響く中、松明行列や御神火隊が次々に到着する。六時三〇分になると大松明、姫松明、本松明に次々に点火され、松明は一せいに紅蓮《ぐれん》の炎をあげて燃え上がり、夜空を赤く染める。その間、手に手に火の付いた小松明を持った大勢の市民が会場を練り歩き、五老山全体が火の海となり壮大な火祭りが繰り広げられる。

松明あかし（『阿武隈川の風景』）

大正頃までは、松明あかしは旧暦十月十日に十日山《とうかんやま》で行われていた。十日山の名の由来は、天正十七年に須賀川城が伊達政宗に攻撃される時、開戦か和睦かで動揺する中、大乗院が伊達政宗への対応を知らせるため家臣や町人を集めたのがこの山で、丁度この日が旧暦十月十日であったことからこの山を「十日山」と呼び、松明あかしもこの山で行われたのである。

一五〇年間人々を楽しませた関下人形

須賀川市関下に、三人遣《づか》いの操人形《あやつりにんぎょう》の一座があった。

関下地区は江戸時代は長沼領に属し、金喰川《かなくいがわ》（滑川の古名）の河岸段丘に開けた旧仁井田村の一集落で、一座の創設時期は明らかではないが、江戸時代後期、この地区の有志で操人形一式を買い入れ、繰人形結城座を結成した。一座は安永年間（一七七二〜一七八一）から大正時代までの約一五〇年の長きにわたり、近隣の祭礼や農閑期の娯楽として村々を興行して回り、「関下の人形芝居」として親しまれ、多くの人々を楽しませてきた。

関下人形の存在が明らかになったのは、昭和三十九年に関下地蔵堂境内にあった郷倉と最後に人形芝居の座長を務めた根本伴右衛門家の土蔵から、数多くの人形とその関係資料が発見されたからである。

関下人形の頭は、現在八五個ある。系統的には、江戸系古型首が約三分の一を占め、他に大阪系（文楽系）と江戸系から大阪系に作り替えたものの三種類がある。

このほかには、「西川氏　亥　安永八年」の銘のある人形の肩板一点、手足多数、胴五五点、衣裳八二点、小道具一四点、背景二三点、幕三点、興行日誌などの文書二〇点が見つかっている。

関下人形（『須賀川市史』）

人形遣いの仕方は、江戸や大阪から人形遣いの芸人を招いて指導を受けたといわれる。その中には関下で一生を送った丹波国（現京都府）出身の豊竹姫太夫がいる。関下地蔵堂下墓地にはその墓がある。

関下人形の頭
（個人蔵『図説須賀川・石川・岩瀬の歴史』）

関下人形一座は、人形遣いと浄瑠璃語り、三味線の囃子方を含めて、総勢一五名から二〇名で構成された。演目は記録によると、三日太平記（本能寺の段）、一の谷、桂川（おはん長エ門）、道城寺（日高川）、阿波の鳴門、釜ヶ渕（五エ門釜入段）など二〇余の出し物を持ち、その中の五本ほどを一日に上演したといわれる。

このように、地域の人々を楽しませてきた人形芝居も、明治四十年頃から始まった活動写真などの新しい興行物に勝てず、大正十二年の山寺の日枝神社の祭りを最後に、一座は幕を下ろしたという。

関下人形は昭和五十二年に、人形、衣裳の数、質ともに高い文化的価値があるとして、須賀川市重要民俗文化財に指定された。

唯一阿武隈川から取水した浜田用水

阿武隈川は、大河でありながら周辺の土地と較べても水位が低く、灌漑用水として利用することは極めて困難で、唯一それが成功したのがこの浜田用水である。浜田用水は初め、「前田川・和田・浜尾三ヶ村用水滝堰」、略して「滝堰」と呼んだが、明治二十三年に町村制が施行され、前田川・和田・浜尾の三か村が合併して浜田村になったので用水名も浜田用水となった。

浜田用水は、慶長十年（一六〇五）前田川村肝煎役根本弥左衛門《やざえもん》が阿武隈川の豊富な水流に着目し、乙字ヶ滝の上流に堰堤を築造して用水路を開き、前田川・和田・浜尾村に水を通し開田する計画を立て、三か村で協議した後、時の会津領主蒲生秀行に献策した。秀行はこの策を受け入れ、滝奉行に元須賀川城代須田家の旧臣柳田氏具《うじとも》を任じ、領内各地から工事人夫を集め、割石を切り出して工事を進め、寛永年間（一六二四〜一六四四）に見事完成した。そのため蒲生堰《かまおぜき》と呼ばれた。この時の堰は水流の圧力を緩和する斜断堰《しゃだんぜき》で、堰堤に「千人引き」と呼ぶ大石五門を埋め込んだといわれる。

その後も年々洪水があり、滝堰は破損・修理を繰り返したが、その費用は藩費で賄われた。寛保二年（一七四二）に越後高田藩領となると、領主榊原政一は奉行に安藤左近右衛門《さこんえもん》、用水普請吟味役に根本弥左衛門の後裔遠藤猪右衛門《いのえもん》を任じ、滝堰の大改修を命じた。安永二年（一七七三）から天明二年（一七八二）までの九か年間、毎年水害を受けながら工事を続け、天保四年（一八三三）に完成した。堰長一二〇間（二一八・五メートル）、高さ四〜五尺（一・二一〜一・五メートル）、幅四〜七間（七・二八〜一二・七四メートル）で、堰は一尺角の割石で築き、堰の内部には一間×二間の枠に割石を入れ補強した。水の取入口は高さ七尺（二・一二メートル）、幅四尺（一・二一メートル）の石造とした。用水路の延長は、端末の浜尾字萩の内地内まで三五八七間（六五三八・三メートル）あり、途中隧道（万夫割穴《まんふぐりあな》と呼ばれ、名のとおり人夫一万人を要したといわれる）や箱樋が設けられた。

浜田用水伏見隧道付近

この当時の灌漑面積は、前田川一九町歩、和田三九町歩、浜尾三四町歩であった。

その後も阿武隈川の洪水による被害は毎年のように起き、破損した堰や用水堀の修復普請は、三村の負担で前田川・和田・浜尾三か村の居村人足により行われた。

白河藩儒者広瀬典撰文、屋代弘賢《やしろひろかた》書による「前田川滝堰の碑」が文化四年（一八一七）に乙字ヶ滝側の用水路に立てられ、このような当時の地域住民の苦労を伝えている。

その後明治二十三年八月、古今未曽有の大洪水が発生し、さしも堅牢を誇った堰堤も破壊流失し全滅してしまった。

そこで浜田村は復旧を決意し、県から四六〇〇円の補助金を受け、総工費八〇〇〇余円で明治二十五年竣工復興した。石堤延長四八〇尺（一四四・九メートル）、高さ三尺（〇・九メートル）、水流幅二四尺（七・二メートル）で、全部長方形の石材で造られた。これはこの地方では初めてのコンクリート工事であった。受益面積は一七一町歩に及び、またその余水は水力発電に使われ、最大発電量二五〇キロワットの出力で地域の産業に貢献した。

昭和四十七年度からは県営浜田地区圃場整備事業が行われ、灌漑する圃場が増加したため灌漑面積は水田一四〇ヘクタール、畑地一三九ヘクタールとなった。

明治二十五年に築造された浜田用水は、およそ一〇〇年を経過して老朽化が甚だしく、また一部用水路は素掘りのため漏水が多く、用水の安定供給が困難であるとして受益者の要請により、昭和六十三年から県営灌漑排水事業が着工された。以来八年余の歳月と総工費二億三千七百万円余の巨費をかけ、用水路・水路橋・遂道・管理道路を含め総延長二九四〇メートルの大改修が行われ平成八年に竣工した。これを記念して「浜田用水路改修記念碑」が和田の大仏に近い伏見逐道入口に立っている。

松尾芭蕉も訪れた乙字ヶ滝

阿武隈川は、福島県と栃木県に跨《またが》る三本槍岳（標高一九一六メートル）に源を発し、福島県の中央部を南北に流れ、宮城県の荒浜で太平洋に注ぐ全長一九六キロメートルの大河である。乙字ヶ滝は、この阿武隈川の中上流部の須賀川市前田川と石川郡玉川村竜崎の間にある滝である。

乙字ヶ滝は古くから知られ様々の名を持っている。阿武隈川唯一の滝であることから阿武隈川の古名を付けて大隈の滝・逢隅の滝と呼んだり、地名に因んで石川の滝・竜崎の滝と呼ばれてきた。

今は「乙字ヶ滝」で通っているが、そのゆえんは、この辺りの河床となっている安山岩が川幅全体に険しい断崖をなし、その上を越す水流が一斉に迸《ほとばし》り落ちて、直下の岩石に当り真っ白な水煙や激しい水音を上げている。これを側面から見ると丁度断崖の稜線が乙字形に見えることからこの名になったといわれる。

乙字ヶ滝の滝幅は古くは、幅二〇〇間（三六〇メートル）、丈二丈（三・八メートル）といわれ、芭蕉と同行した曽良の日記にも「川ハバ百二三十間モ有リ、滝ハ筋カヘニ二百五六十間モ有ルベキ、高サ二丈」と書いている。この当時は水量も多く、川幅も広かったためと思うが、今は舟運の堀割に削られ、また水量も少なく滝幅はおよそ一〇〇メートルである。

水嵩を増した時の滝は、川幅一杯に水しぶきを上げ豪壮雄大で、「小ナイヤガラ」と呼ぶの

乙字ヶ滝

にふさわしい。滝の周辺は松林が多く、飛瀑の白さが松の緑に映え素晴らしい眺めである。芭蕉も須賀川を離れる時、わさわざこの滝を見物に来て

五月雨の滝降りうつむ水かさ哉

と詠んでいる。

滝見不動堂の側に、文化十年（一八一三）に石井雨考が中心となり、須賀川と竜崎の俳人たちで立てた句碑がある。

滝の周辺は魚釣り場として知られ、日頃釣人も多い。昔は産卵のため初夏には鱒《ます》、秋には鮭がこの辺りまで溯上して来ており、滝の所で飛び上がる魚を捕らえて白河城主に献上する御用梁場があったが、今は途中にダムがあり魚はここまで溯上して来ない。

阿武隈川は乙字ヶ滝の下辺りから床滑《とこなめ》となっており、川水が涸れると川底の岩根が現れる。今は崩壊してなくなったが、すぐ下方に男滝があった。

五月雨の……芭蕉の句碑（乙字ヶ滝）
（『郷土須賀川－原始古代より現代まで－』

芭蕉も聞いた仁井田田植唄

松尾芭蕉は、元禄二年（一六八九）旧暦三月二十七日『奥の細道』の旅に江戸を発ち、四月二十二日に須賀川に入った。この時期須賀川地方は田植えの真っ盛りで、芭蕉は田植唄をあちこちで聞いてきたと思われる。

この当時の田植えは「花田植」という言葉もあるとおり、どこの地方でも二〇人から三〇人の大勢の人手で苗取りから田植えまでを一気に行うのが通例で、明治の末頃までは須賀川地方でも歌自慢が田の畦に立って「サガレーサガレー」の囃し言葉で田植唄を歌い、植え手は田植定規を手前に移しながら次々に苗を植えたといわれる。芭蕉はその様子を

　風流の初やおくの田植うた

と詠んだと思われる。

芭蕉の『奥の細道』の旅から約一二〇年後の文化年間（一八〇四〜一八一八）、江戸幕府は松平定信の進言により幕府抱え儒者屋代弘賢に命じ、諸国の風俗を調べるため諸藩に「風俗問状」を発し、その返答は「諸国風俗問状答」としてまとめられた。

「奥州白川領風俗問状答」の中に、白川領には古風の田植唄がありさなぶり祝いに歌われる

として次のとおりの田植唄が書かれている。（唄は原文のまま）

田うえうた

なひの中のうくひすは、なにをなにをとさへづる、くらますにとかきそへて、たわらつめ、弥ン十郎とさへづる。

とうたいます。うた数は多く有りますが、いづれも歌の最後は弥ン十郎と申します。芭蕉が「風流のはじめや奥の田うゑ唄」と吟じたのは、この唄を聞いて吟じたに相違ありません

現在に伝わる須賀川市「仁井田田植唄」の歌詞は次のとおりである。

今朝の寒さに浅川越えて
娘何とりに来《き》
裏にちんどり巴のご紋
手箱取りに来
ア丶　サガレーサガレー

白い菅笠涼しい声で
　うだえながらに来
植える手先がきらきら光る
旦那暮の鐘がゴーン
　アヽ　サガレーサガレー

今日の田植の田んのし様は
　大金持ちと来
きこえたよ　奥は奥州南部や津軽
外が浜まで来
　アヽ　サガレーサガレー

苗の中のうくひす鳥は
　なにを〱とさえずる
くらますにとかきかけて

仁井田田植唄（『須賀川地方の民謡集』）

たわらつめ弥ン十郎とさえずる
ア丶　サガレーサガレー

この唄は「弥ン十郎」と歌い納めるため、弥ン十郎節といわれたというが、昭和四十年に須賀川市が市史編纂のための調査の際、当時七五歳の後藤ハツさん（昭和四十八年没）から収録したものである。

ハツさんは仁井田字関下に生まれ、若い頃仁井田の親戚に手伝いに来た時、お年寄りが歌っていた田植唄を聞いて覚えたといわれる。

仁井田田植唄の歌詞は、「奥州白川領風俗問状答」にある「田うえうた」と全く同じであり、旋律も単調といえるほど素朴であることから、芭蕉が旅した元禄の昔より歌い継がれてきた田植唄に間違いないと思う。

名勝須賀川牡丹園と大桑原《おおかんばら》つつじ園

国道一一八号を須賀川市街から石川方面に向かうと国道沿いに赤松の老木に囲まれた面積約

一〇ヘクタールの須賀川牡丹園がある。

明和三年（一七六六）に須賀川中町の薬種商伊藤祐倫《すけみち》（屋号和泉屋）が摂津国山本村（現兵庫県宝塚市）から根を薬用にするため、ボタンの苗木一二種を持ち帰り植栽したのが始まりで、その後、明治初期に須賀川中町の酒造業柳沼新兵衛（屋号八木屋）が、これを譲り受けて丹精込めて手入れを行い、種類と株数を殖《ふや》していった。明治四十年頃、新兵衛の孫源太郎がこれを受け継ぎ、牡丹園として経営した。やがてその規模の大きさが全国に知られるようになり、昭和七年には国の名勝に指定された。

須賀川牡丹園は、現在公益財団法人須賀川牡丹園保勝会が管理・運営に当っている。

牡丹園内には雲上香・旭獅子などの古木から大輪の花を咲かせる新種のボタンまで、二九〇種七〇〇〇株のボタンがある。

花の見頃は五月の初旬から下旬までで、五月七・八日頃から二十日頃までが最も美しい。

園内には花の名所にふさわしく数々の歌（句）碑がある。

須賀川牡丹園

昭和四十五年に昭和天皇・皇后両陛下の行幸啓があり、園内にはその記念の御製の歌碑がある。

はるふかみゆふへの庭に牡丹花は
　くれなゐふかくさきいてにけり

また近くに北原白秋の歌碑がある。

須賀川の牡丹の木のめでたきを
　爐にくべよちふ雪ふる夜半に　白秋

このほか牡丹園の振興に生涯を捧げた柳沼源太郎（俳号破籠子）の胸像と「園主より身は牡丹の奴かな」の句碑や原石鼎の「夜の牡丹落下踏みまじとして立つ」の句碑もある。

牡丹園は六月には閉園になりボタンの養成に入るが、毎年十一月には地元の俳句結社桔槔吟社の主催により、ボタンの枯木を燃やし、その火を囲んで俳句を詠む「牡丹焚火《ぼたんたつか》」が行われる。

全国の香り風景百選にも選ばれた牡丹焚火（『阿武隈川の風景』）

大桑原つつじ園（早春の開花前）

大桑原つつじ園は、須賀川の中心部より西に四キロメートルほど離れた大桑原字竹の花にある。

今から三〇〇年前、参勤交代で江戸からの帰路に就いた会津の殿様一行が、当時大桑原《おおくわばら》村の庄屋であった渡辺家に休憩のため立ち寄った際、藩主の屋敷に植えるために持ち帰っていたツツジ苗を数本、休憩のお礼に渡辺家の先祖宗一郎に下賜された。渡辺家では代々そのツツジを大切に育てるとともに観賞用に更に樹種を増やし、現在のような美しい庭園に育てた。園内には最も古いもので三〇〇年を超える樹齢のツツジがある。

一万坪の広さを持つ園内には、ツツジ・シャクヤク・ボタン・シャクナゲなど約一万株の花々が春から初夏にかけ、次々と咲き競い目の覚めるような美しい景色を見せる。

つつじ園は四月下旬から六月上旬まで開園され、毎年遠近から多勢の人が観賞に訪れる。

須賀川市岩瀬地区
（旧岩瀬郡岩瀬村）

岩瀬地区の縄文時代の遺跡

須賀川市岩瀬地区には、畑田遺跡以外に発掘調査した縄文遺跡はないが、表面採集した土器や石鏃《せきぞく》、石斧などがあり、そのことから二三か所の縄文遺跡が確認されている。それらの遺跡は村内を流れる笹原川、滑川、岩根川、稲川の流域に近い台地の平坦部に多くが位置している。これは、縄文人が魚を獲り、川に近づく鳥獣を捕獲するのに便利な場所を選んだためと思われる。

ここでは流域ごとに縄文時代の遺跡を見てみたい。

◇笹原川流域の縄文遺跡

笹原川沿いには、一ノ堰遺跡（守屋字一ノ堰）、縁光寺遺跡（守屋字縁光寺）、二本木古窯跡（守屋字日向）の三つがある。

一ノ堰遺跡は守屋の村道町・上ノ原線の右側にあり、一〇〇メートルほど西に笹原川が流れている。

平成二年に、村道沿いに東西約一一〇メートル、南北約五〇メートルの範囲の分布調査を実

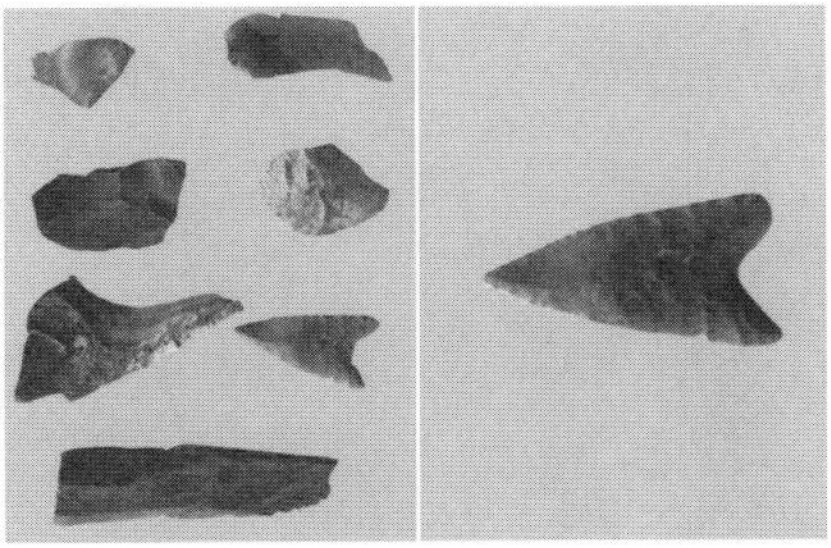

一ノ堰遺跡出土石鏃（『岩瀬村史』）

施したところ、縄文土器片と石鏃、更に網状撚糸文《あみじょうよりいともん》の施された土師器片が見つかり、縄文時代前期から弥生時代の遺跡と判明した。

縁光寺遺跡は、一ノ堰遺跡の東南約一〇〇メートル離れた丘陵の東下りの緩やかな傾斜地にあり、その範囲は一・二ヘクタールに及ぶ。完全な原形を保って出土した土器はなく、物を押しつけて施文した土器片や刺突文・渦巻文のある土器片が出土しており、これらから縄文中期から後期の遺跡と考えられる。

◇滑川流域の縄文遺跡

滑川の流域には、大滝遺跡（滝字大滝）、牛仏遺跡（梅田字牛仏）、向原遺跡（守屋字向原）、照光寺遺跡（柱田字切屋敷）、下山遺跡（柱田字下山）、坂下遺跡（梅田字坂下）、天王遺跡（梅田字天王）、鼠内《ねずみうち》遺跡（今泉字鼠内）の八つの遺跡がある。

大滝遺跡は、八幡岳の山裾の東斜面約七・五ヘクタールに及ぶ広大な遺跡で、西方約一〇〇メートルの所に深沢池、北西には大滝川砂防ダムがあり、その奥に「幻の大滝」がある。

戦前戦後の原野開拓時や強雨の後などに縄文時代の土器片が多数見つかっていた。また、昭和二十七年頃の開田工事の時にも相当数の縄文土器片が見つかった。土器の種類は縄文土器のほか土師器、須恵器、中世の陶器と多岐にわたるため、この遺跡は縄文時代から中世中頃まで

牛仏遺跡縄文土器片（『岩瀬村史』）

向原遺跡出土石匙（『岩瀬村史』）

の遺跡と判断されている。

牛仏遺跡は、県道須賀川・中野線沿いの梅田地内牛仏地区にあり、その範囲は東西約五〇〇メートル、南北約一〇〇メートルに及ぶ。南方に大滝遺跡がある。

この辺りは昔から多数の土器片が散乱しており、また、山林内からも住居の礎石と思われる痕跡が発見されていることから、平成二年に岩瀬村教育委員会が試掘調査を実施したが、集落跡などの住居遺構は発見されなかった。しかし、広範囲にわたり櫛歯文や表裏に沈線文のある縄文土器片が多数見つかったほか、細かに砕かれた須恵器片があった。

向原遺跡は守屋地区の県道長沼・喜久田線の北側にあり、その範囲は東西約二二〇メートル、南北約二八〇メートルに及ぶ。中心付近は現在の向原団地一帯で、昭和初期から開墾作業や宅地造成の際に、縄文土器片や石鏃、石棒、打製石斧、敲石《たたきいし》、石匙《いしさじ》が表土採集されていた。また暴風雨の後にも表土が洗われて、石鏃や土器片が露出することもあったといわれる。

下山遺跡は、柱田の北側の通称下山と呼ばれる標高約三〇〇メートルの丘陵西斜面にある遺跡で、岩瀬地区では最も古い遺跡と考えられ、この遺跡から縄文土器片が多数表土採集された。この遺跡に隣接して下山古墳群・下山横穴墓《おうけつぼ》群がある。

天王遺跡は、梅田地内の通称雨降山と呼ばれる丘陵の北斜面に位置し、山麓を神明川が流れ、更に北側を滑川が流れる。遺跡の周辺は肥沃な黒土地帯のため、多くは畑地に利用されている。戦後の開墾作業時、表土から多数の縄文土器片が採集されたため、平成元年に分布調査が行われたが、出土した遺物はわずかの縄文土器片のみであった。

坂下遺跡は、梅田集落の南方にある丘陵の北斜面にある遺跡で、戦前から土器片が表土採取されていた。平成四年に岩瀬村教育委員会が〇・五四ヘクタールの範囲を分布調査したが、発見された遺物は縄文時代の粗製土器片と弥生時代の土師器片だけであった。

鼠内遺跡は、白方こども園（旧白方小学校跡）を中心とする広さ約三ヘクタールの低台地上の遺跡で、周囲は水田となっている。

この辺りは「古い遺跡である」との伝承があった所で、明治三十一年の白方小学校校舎建築の際と昭和二十五年の校舎、給食室の改築の際に多数の土器片と石器が採集された。土器は赤焼きの土師器が多かったが、ヘラで施文された縄文土器や石斧・擦石などの石器もあった。この遺跡は縄文時代から古墳時代までの遺跡と考えられ、すぐ東方に中世の川田館遺跡がある。

◇岩根川流域の縄文遺跡

岩根川流域には、畑田遺跡（畑田字後山）・北向《きたむき》A遺跡（畑田字北向）・北向B遺跡（畑田字北向）の三つの遺跡がある。

畑田遺跡は、畑田地内の村道矢沢《やざわ》・深渡戸《ふかわたど》線の北側の比高約三〇メートルの通称「ハギリ山」と呼ばれる独立丘陵上にあり、この尾根の東西約一五〇メートル、南北約四〇〇メートルが遺構範囲である。丘陵南方には岩根川が東流している。

平成九年、岩瀬村教育委員会により発掘調査が行われた。遺構範囲を東北二地区に分け調査したところ、それぞれの調査地点から、数多くの土器片と住居跡とみられる遺構が発見された。土器類は縄文土器、土師器、須恵器で、最も多く出土したのは土師器である。土師器で復元できた器種は、皿、壺、甕である。土師器甕は指などで土器の表面をなでて平滑にしており、わずかに条痕が残っているものがあった。土師器皿は内側を丹念なミガキ仕上げをし、内黒処理が施されていた。これらの土器は七世紀後半のものと推定される。

鼠内遺跡出土土師器片
（『岩瀬村史』）

鼠内遺跡出土石斧
（『岩瀬村史』）

須恵器片の器種は杯と甕である。福島県中通りでの須恵器の生産は、八世紀以降とされており、この土器も八世紀後半以降のものと推定される。

縄文土器は甕形土器片が多く、浮線網条文や条痕文が見られることから、縄文晩期後半のものと考えられる。

建物跡は多数見つかったが、柱跡はなく、製鉄作業場やその他の生産遺構と考えられる。

北向A遺跡と北向B遺跡は、畑田遺跡南方約一キロメートルにある。畑田集落から村道中地《なかじ》・室貫《むろぬき》線を南進し、北向橋で岩根川を渡り少し進むと民家があり、この裏手一帯が北向A遺跡である。更に進み坂を登ると両側に丘陵が迫ってくるが、丘陵右側の南斜面が北向B遺跡である。戦後この辺りを開墾した際多数の土器片が出土したため、平成の初め、岩瀬村教育委員会

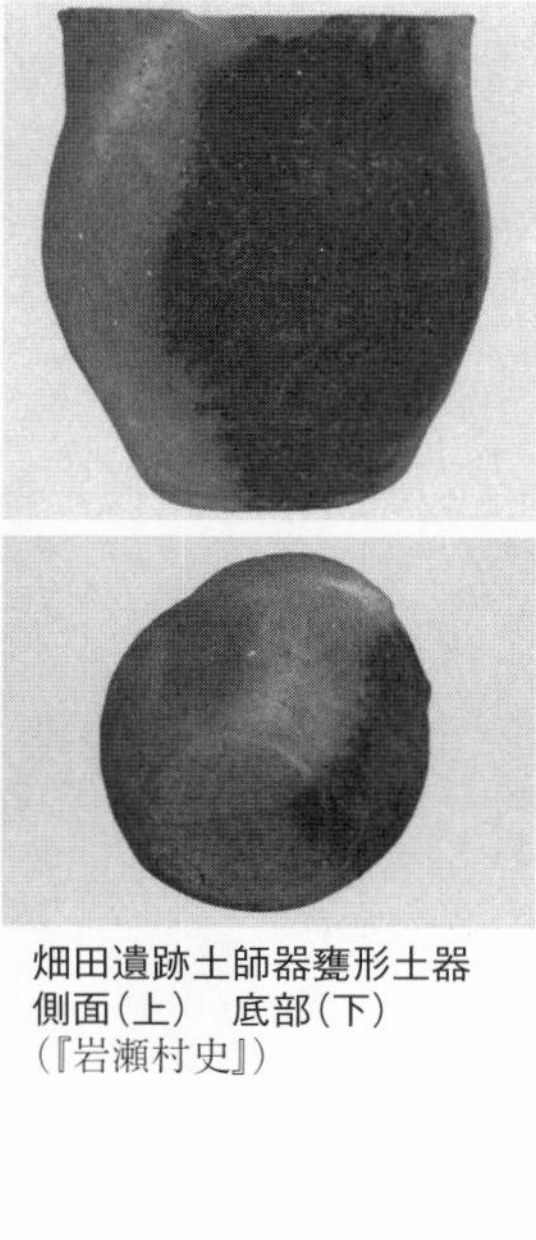

畑田遺跡土師器甕形土器
側面（上）　底部（下）
（『岩瀬村史』）

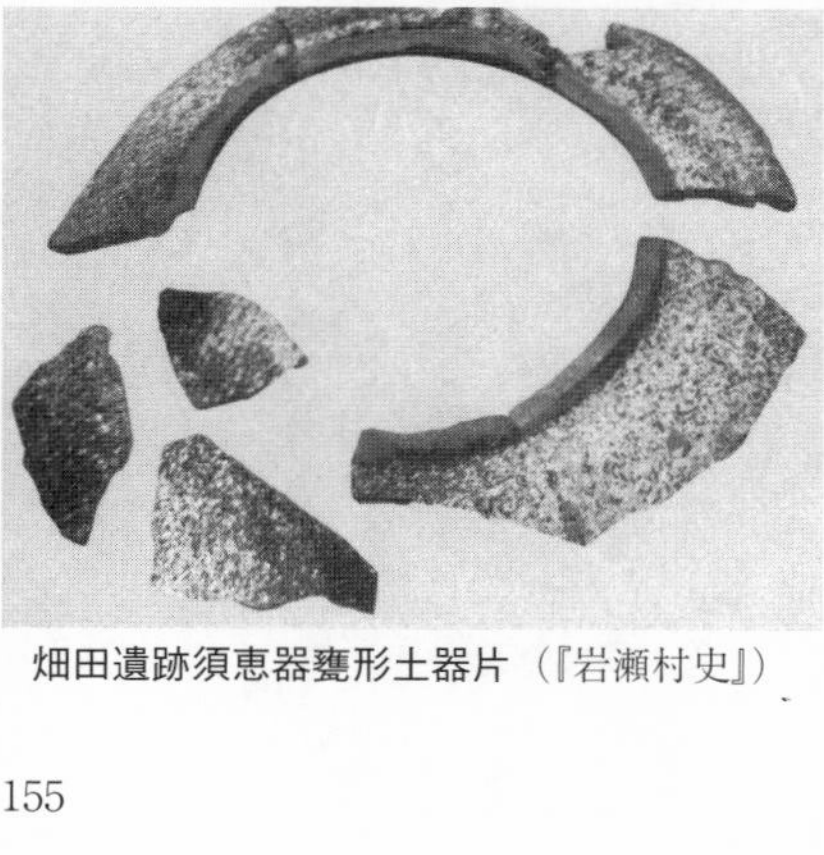

畑田遺跡須恵器甕形土器片（『岩瀬村史』）

畑田遺跡出土製鉄作業場遺構
(『岩瀬村史』)

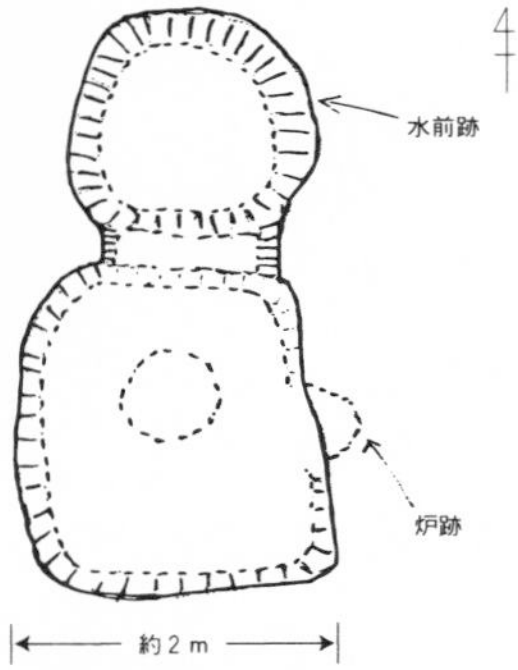

上記遺構の解析図
(『岩瀬村史』)

北向遺跡出土須恵器片
(『岩瀬村史』)

北向遺跡出土土師器杯
(『岩瀬村史』)

が二度にわたり分布調査を行い、その結果、多数の土器片が表土採集された。

そのうち原形に復元できたものは土師器杯で、器高七・五センチ、口径一五・五センチあり、台は付いていなかった。内側は精緻なミガキが掛けられ、堅さ、色調から高温による焼成が掛けられたと考えられる。

他にも多量の須恵器片や棒状鉄塊が出土した。

これらの遺物からこの遺跡は、縄文時代から奈良・平安時代までの遺跡と考えられる。

◇稲川流域の縄文遺跡

稲川流域には、徳ノ内遺跡（大久保字徳ノ内）・うなぎだ遺跡（大久保字うなぎだ）・西ノ内A遺跡・同B遺跡（大久保字西ノ内）・塚田遺跡（大久保字塚田）・向遺跡（大久保字向）・茄子内遺跡（北横田字茄子内）・山下遺跡（北横田字山下）の八つの遺跡がある。

村道北横田・大久保線を西に進み、宿橋で稲川を渡り鹿島神社の前に着くと、その南側の段丘の北斜面にうなぎだ遺跡（古くに縄文土器を出土したと伝える）がある。更に進むと大久保集落の北側の丘陵の南斜面に西ノ内A遺跡（表土から沈線文のある粗製土師器片と鉄塊が出土）があり、その北側約二〇〇メートル離れた丘陵の尾根に西ノ内B遺跡がある。

徳ノ内遺跡出土土師器片
（『岩瀬村史』）

徳ノ内遺跡は、徳ノ内集落の北側の山林や畑となっている丘陵の南斜面東西約一五〇メートル、南北約三〇〇メートルが遺跡範囲で、三方からの丘陵に囲まれた狭い谷状地になっている。

南東に一キロメートルほど離れた所に塚田遺跡がある。

この遺跡の表土採集により多量の土器が見つかった。縄文土器では、網目模様の沈線が施された土器片があった。土師器では、赤焼きのものばかりでなく、平行工具などで施された櫛歯文のある土器片があった。

これら遺物から、この遺跡は縄文時代から奈良・平安時代にわたる遺跡と考えられる。

塚田遺跡は、須賀川市との境界に近い大久保地内の国道一一八号の北側にある遺跡で、聞き取り調査では、遺跡の範囲は東西約一二〇メートル、南北約一三〇メートルの広さで、周辺は平坦な田・畑地帯となっており、すぐ南側を稲川が東流する。

昭和三十五年の開田事業による土砂移動の際、縄文時代の土器片が出土した。

茄子内遺跡は、村道北横田・大久保線沿いの茄子内集落の西側に位置する東西約一三〇メートル、南北約七〇メートルの小規模遺跡で、現況は宅地と畑地になっている。平成四年に岩瀬村教育委員会が聞き取り調査を行ったところ、地元古老の話として、この遺跡の表土から、原形の分からない縄文土器片と須恵器片が見つかったとのことである。

岩瀬地区の弥生時代の遺跡

岩瀬地区には弥生時代の遺跡が二か所確認されている。

一つは須賀川市長沼地区の境界にある祝言坂横穴墓（「横穴古墳」は考古学上の区分だが、以下形態から一般的な「横穴墓」を使用する）群の中にある遺跡で、低丘陵の平坦な尾根上から小竪穴が発見され、中から弥生時代後期の土器片が出土した。

他の一つは畑田遺跡からで、独立丘陵の東側の平坦な畑地から弥生時代後期の天王山式土器片（静岡県清水市天王山遺跡出土の土器形式 平行沈線や刺突文の施された尖底深鉢が特徴）が見つかった。

岩瀬地区の弥生時代の遺跡が縄文時代の遺跡に較べて極端に少ない理由は、岩瀬地方への稲作の伝来後、岩瀬地区には水田適地となる平地が少ないため、地区内を流れる河川の下流の流域面積の広い低平地に移動して稲作を行ったためと想像される。鳥獣を含めた自然物の採取に大きく依存していた縄文時代の生活から、水田を開いて稲作を行い、食糧の安定的確保を図る弥生時代の社会へと適応していったと思われる。そして、古墳時代になり鉄器の使用など稲作技術が更に進むと、今度は逆に水田開発を上流地域にまで押し進め、岩瀬地区での古墳時代の大集落の出現という現象につながっていくのである。

岩瀬地区の古墳（群）とそれを築造した集落遺跡

古墳群の集まりを群集墳というが、岩瀬地区には柱田、柱田東端の下山、大久保に三つの群集墳がある。

一つ目は柱田地区の雨降山斜面とそれに連なる丘陵にある古墳群で、跡見塚古墳群を中核とする。壇塚古墳群（古老の話として、径八メートル、高さ三メートル前後の円墳数基があったという）・南谷地前古墳群（柱田の岩瀬中学校敷地内　円墳一〇基以上）・念仏壇古墳群（跡見塚古墳の東　円墳一〇基以上）・梅ノ木古墳群（柱田字梅ノ木　円墳五基）・大壇古墳群（柱田字大壇　古墳群の規模不明）・石井山古墳群（通称石井山の南斜面　円墳二基）があったが、ほとんどが農地開発や宅地造成により破壊され、消滅してしまった。

跡見塚古墳群は、岩瀬中学校の東の雨降山丘陵東側にある遺跡で、大半は開田事業により破壊されたが、まだ小墳丘数十基が残されており、その一部が発掘調査された。

古墳は円墳が主体で、直径九メートル前後、墳丘の高さ一・五メートル前後である。

前方後円墳は五～六基ほどあり、全長一〇メートル以下の小型墳で、方形の角が崩れて円墳状になっていた。

円墳、前方後円墳とも石室の構造は、砂利や粘土で床を固めて棺を置き、これを平板の石で囲み、最後に椀状に土盛りする竪穴式石室であった。石室の大きさは長さ二～三メートル、幅一～一・五メートル、高さ一～一・五メートルで、このような石室が十数個発見された。棺は木棺が多く、石棺が数個、粘土棺が一個確認された。

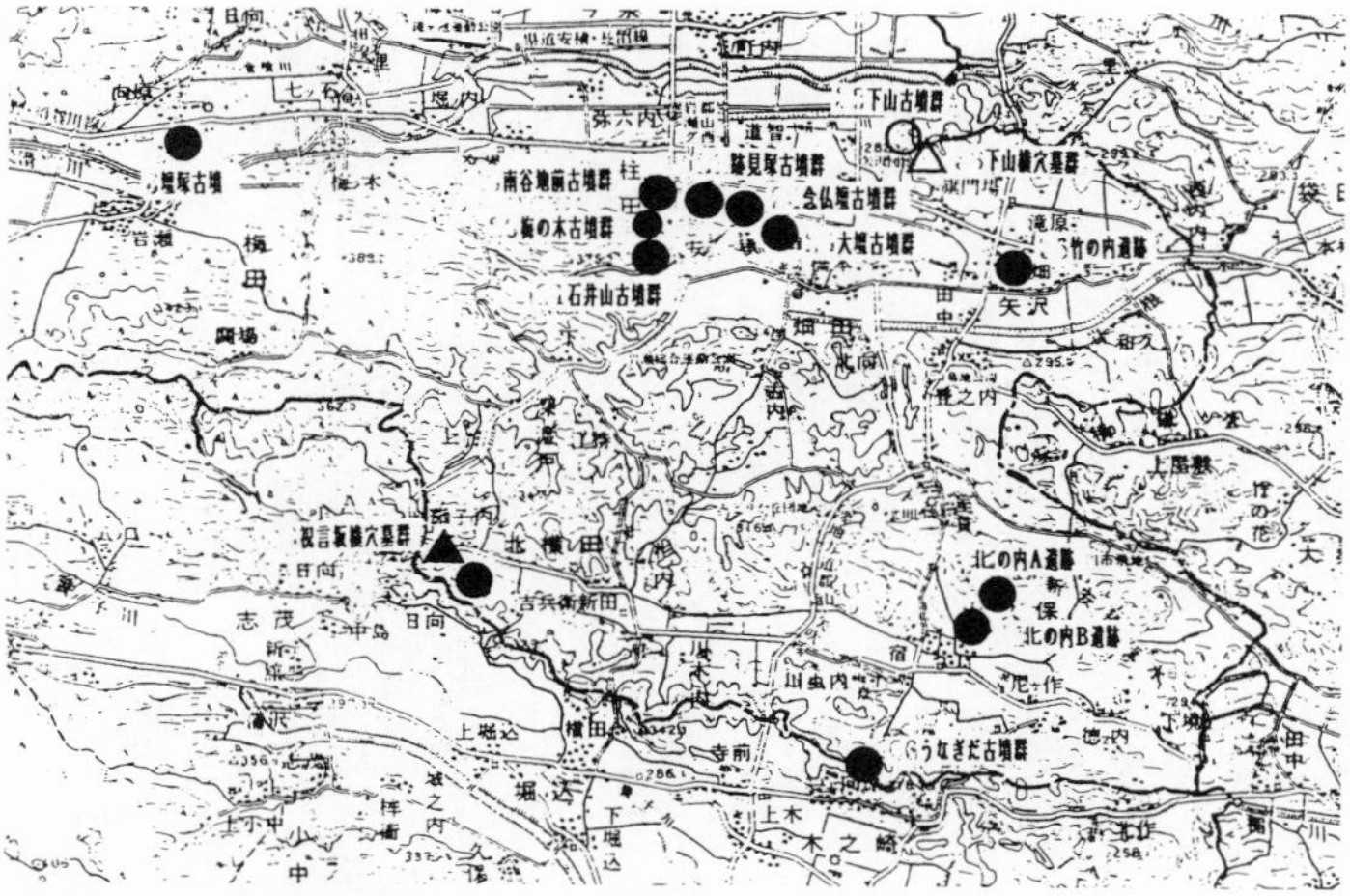

岩瀬地区内の古墳分布図（『岩瀬村史』）

出土遺物は大小の直刀一九、直刀鍔六、刀子五、鉄鏃多数、鏡板《かがみいた》（轡《くつわ》の両端につける金具）多数、金銅製柄頭《つかがしら》一、耳環一、金銅製辻金具多数、玉類では勾玉一、管玉四、大小ガラス玉一六、石製臼玉三、ガラス製臼玉一であった。ほかに少量の土器片も出土した。

跡見塚古墳群近景

跡見塚古墳群周辺に存在した古墳の総数は、南谷地古墳群・梅の木古墳群・大壇古墳群などを含めると三〇〇基以上あったといわれる。

二つ目の群集墳は、柱田字下山の

跡見塚古墳群の古墳範囲図（『岩瀬村史』）

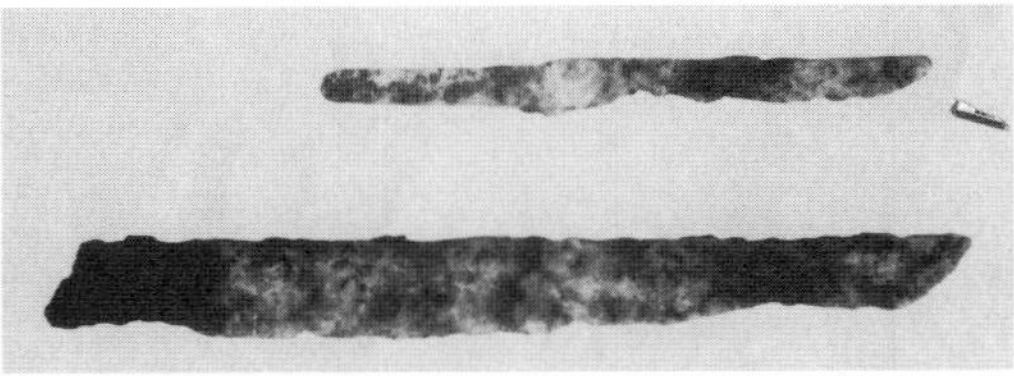
跡見塚古墳出土直刀（『岩瀬村史』）

跡見塚古墳出土高杯
（『岩瀬村史』）

跡見塚古墳出土直刀鍔
（『岩瀬村史』）

標高二八五メートルの丘陵の山麓にある下山古墳群と同じ丘陵の東方にある下山横穴墓群、そして若干距離はあるが南方の竹ノ内古墳である。

下山古墳群は、平成五年に岩瀬村教育委員会

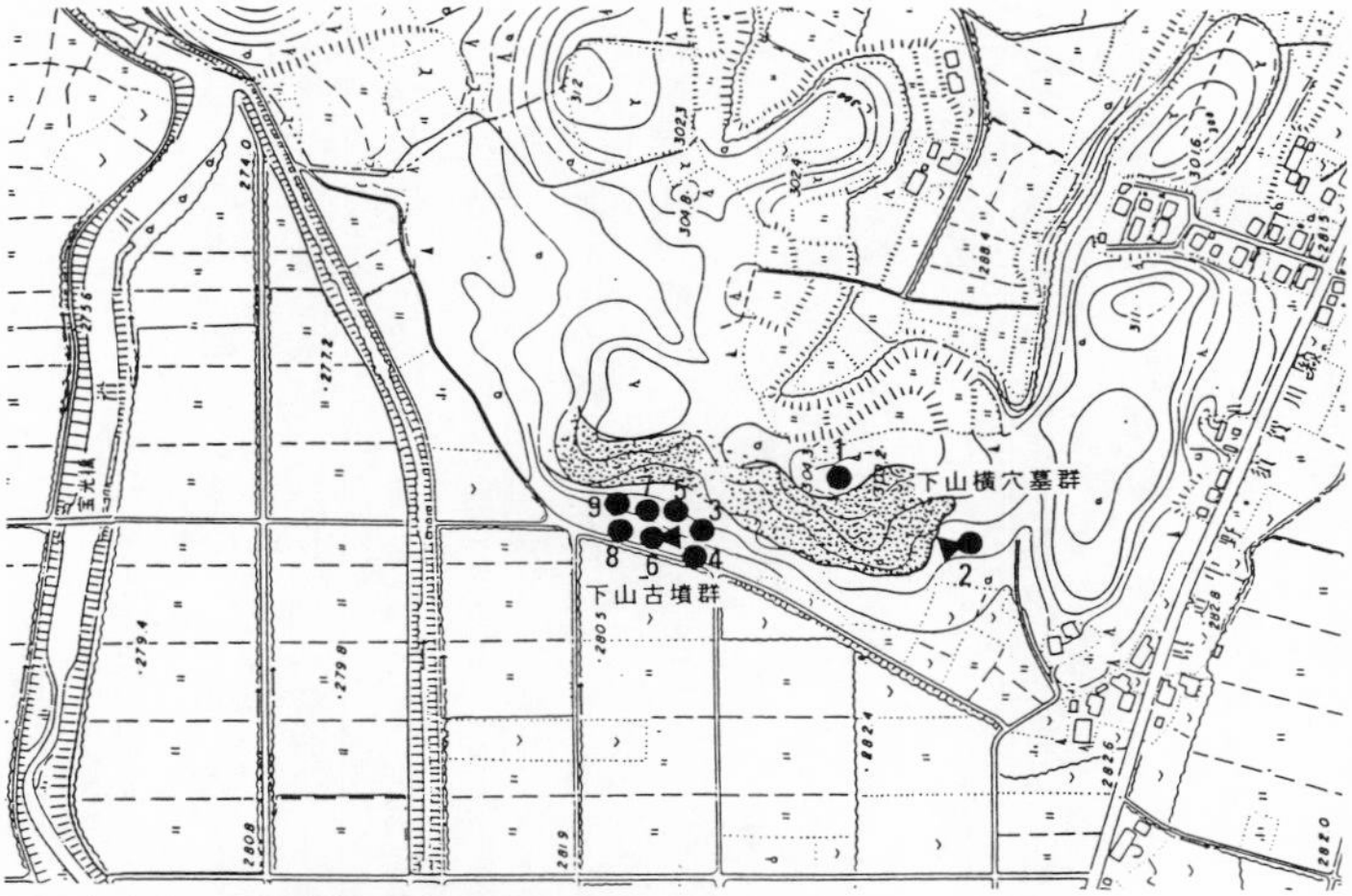

下山古墳、下山横穴墓群範囲図（『岩瀬村史』）

が縄文時代の下山遺跡の分布調査をした際、前方後円墳一基と六基の円墳を発見した。山林の中にあったため盗掘の形跡もなく、保存状態は極めて良好で、墳墓の周溝も確認できた。

前方後円墳は、全長約一七メートル、後円部約一二メートル、前方部幅六・五メートルであった。円墳は前方後円墳の北・東・西の三方を囲むように、各二基があった。円墳の規模は、直径一七メートル前後のものが二基、九〜一四メートルのものが四基で、高さは一〜三・五メートルであった。

下山横穴墓群は、丘陵最頂部にある一号円墳と裾部にある二号前方後円墳、丘陵南斜面にある六基の横穴墓からなる。円墳と前方後円墳は、横穴墓調査の際に発見されたもので、いずれも保存状態が良く、盗掘を受けた痕跡はなかった。

一号円墳は当初前方後円墳と考えられていたが、実際は円墳で、その規模は直径一二メートル、墳丘の高さは二メートルであった。

二号前方後円墳は、全長二二・五メートル、後円部一六・六メートル、高さ二メートル、前方部は長さ一〇メートル、幅一〇・六メートル、高さ一メートルであった。墳の周囲に深さ〇・三～一・一メートル、幅一・五～二メートルの周溝が巡らされていた。遺物は、墳丘盛土と周溝から土師器片が検出された。

横穴墓は六基中二基が調査された。

一号墓は完全な形で残されており、羨門《せん》から玄室奥壁までの長さ二・八メートル、羨道の長さ一・〇五メートル、玄室の長さ一・七五メートル、天井の高さ一メートルであった。

一号横穴墓の北東に隣接して二号横穴墓があった。天井は崩壊していたが、羨道から玄室奥壁までの長さ二・七メートル、羨道の長さ〇・六メートル、玄室の長さ二メートルであった。

出土遺物は土師器の杯と鉢であった。

下山古墳群の南方、岩根川が東流する低台地に竹ノ内古墳がある。古墳は円墳一基で、古墳時代の集落跡である竹ノ内遺跡に付随するものと考えられる。このほか遺跡の範囲内に直径六～

八メートル、高さ〇・七メートルの円墳状の塚が一〇基以上現存している。

三つ目の群集墳は、長沼地区との境の大久保集落南側の丘陵一帯にある祝言坂横穴墓群で、ここは横穴墓のみとなる。

祝言坂横穴墓群につながる長沼側の横穴墓群は、長沼地区では洞山《ほらやま》横穴墓群と呼んでおり、両方合わせると四二基の横穴墓が確認されている。

下山古墳群２号前方後円墳発掘時（『岩瀬村史』）

下山横穴墓群１号墓（『岩瀬村史』）

下山横穴墓群２号横穴墓玄門（『岩瀬村史』）

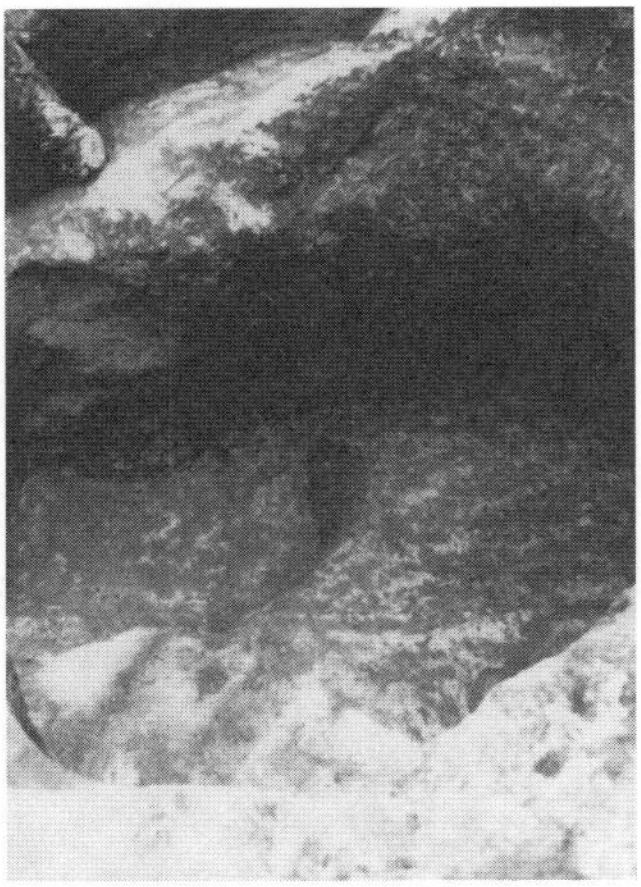

祝言坂横穴墓遺構の一部
（『岩瀬村史』）

横穴墓の構造は、玄室と玄門部に「く」の字形の屈曲部を持つ両袖式のもので、玄室は隅丸方形のものと袖の造りが明瞭でないものがあった。出土遺物は須恵器甕・杯、土師器、鉄鏃、直刀、刀子があった。

うなぎだ古墳群は、祝言坂横穴墓群のある丘陵の東側にある。この丘陵は、戦後広く開墾が行れたところで、作業中古墳の副葬品である馬具の鐙《あぶみ》が発見された。この一帯は古墳跡であることが確実視されているが、試掘が実施されていないため、古墳群の実態は分からない。

うなぎだ古墳群のある丘陵の北裾を稲川が東流するが、その北側の丘陵の頂部付近に、径六〜七メートルの塚状に見える二基の円墳がある。これが北ノ内A古墳で、その南側に北ノ内B遺跡があり、小高く土盛りしたように見える円墳一基がある。

一般に古墳の造営には、多量の労働力を必要とすることから、近くに古墳の造営能力を持つ集落の存在が不可欠である。岩瀬地区には、古墳時代から奈良・平安時代にかけての集落遺跡に、守屋の二本木遺跡・笹山遺跡（城館跡）・土合池遺跡・岡ノ内遺跡、北横田の山下遺跡

（土師器杯・甕・鉢・椀・手づくね土器など大量の土器が出土）、柱田の照光寺遺跡・下柱田遺跡、畑田の畑田遺跡（縄文時代の土器を含む）・北向A遺跡・北向B遺跡、大久保の向遺跡（縄文時代の土器を含む）、矢沢の竹ノ内遺跡・和久遺跡・火燈壇遺跡、今泉の川田館遺跡があり、これらの遺跡から土師器と須恵器が表面採集され、遺跡登録がされている。

ここでは発掘調査が行われた竹ノ内遺跡を詳説する。

竹ノ内遺跡は、県道郡山・矢吹線（五五号）と県道須賀川・中野線（六七号）が交差する矢沢字花畑にあり、北側を流れる滑川と南側を流れる岩根川の間に形成された低台地上に営まれた集落遺跡で、その規模は東西約一キロメートル、南北約二〇〇メートルの広さに及ぶ。この遺跡は古墳時代から奈良・平安時代にかけて営まれた県内有数の大規模遺跡である。

岩瀬村教育委員会は、平成三年遺跡範囲のうち花畑A地区約八〇〇平方メートルとその西側花畑B地区約三〇〇平方メートルに限定して発掘調査を実施した。その結果、古墳一基、二か所の竪穴住居跡、井戸状遺構、馬蹄形周溝跡二条、溝八条、近世の土坑墓とみられる土坑跡八基が検出された。

古墳は盛土が削平されており、初めは古墳と分からなかったが、幅一・二〜一・三五メートル、深さ二七〜三一センチの周溝が確認されたことから、その内側に径三・九五メートル、北

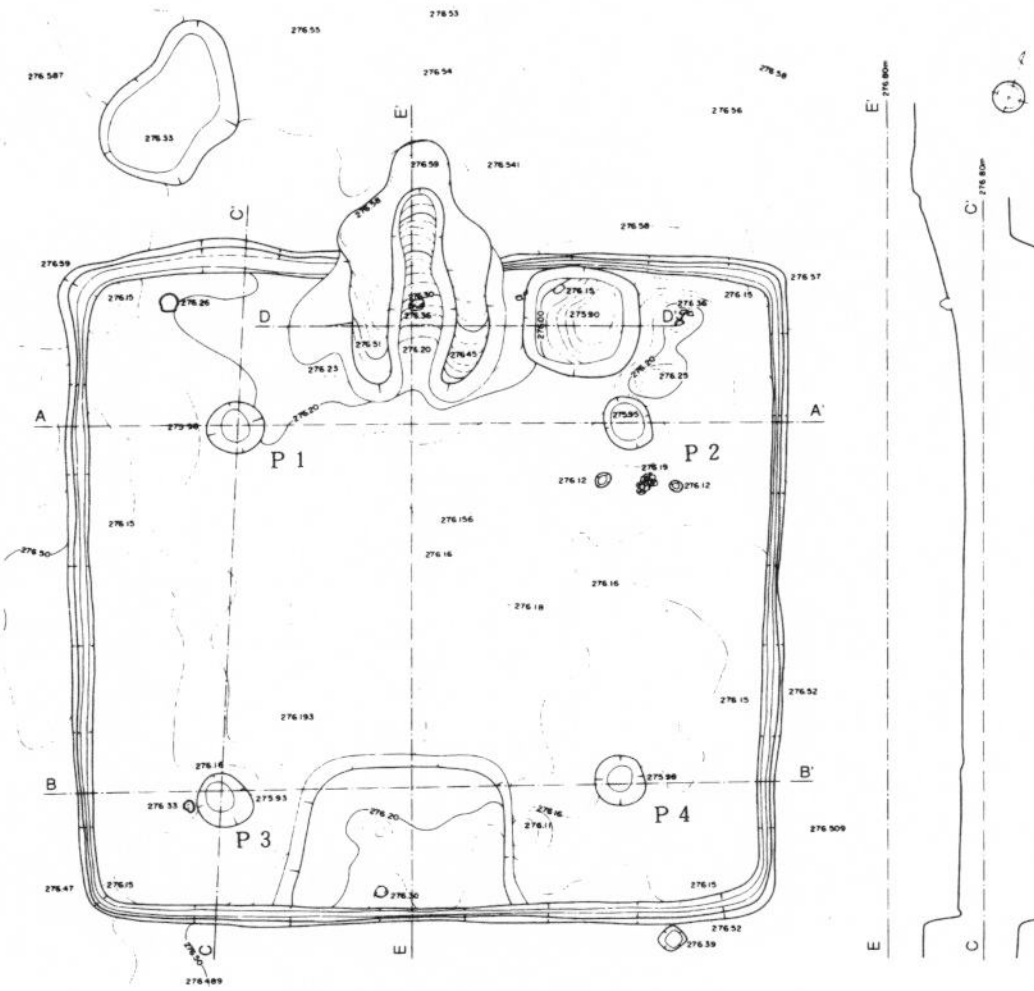

花畑Ｂ地区１号竪穴住居跡模写図（『岩瀬村史』）

東方向から南西方向に長い径を持つ楕円形の円墳であることが分かった。

竪穴住居跡は花畑Ｂ地区から検出された。竪穴の掘り込みは三〇センチほどで、床面は固く締まっていた。柱穴跡らしい穴が七個あり、うち四個は方形住居跡の四隅の柱跡と思われる。

住居には壁が設けられ、壁の長さは南北に六・一メートル、東西に五・八メートルで、ほぼ方形に近いものであった。

カマドは北西壁際中央に、長さ二・三メートルの大きさに粘土で構築されていた。貯蔵穴はカマド右袖に設けられ、長径一メートル、深さ〇・二五メートルの隅丸方形に近い平面を持っていた。

住居跡からの出土遺物は完形のものはなかったが、土師器の杯形土器、鉢形土器、壺形土器、小型甕などで、その他仕上げ砥石を含むおびただしい量の土器片があった。

岩瀬地区の中世城館跡 ―― 川田館と今泉城

岩瀬地区には次のとおり一一の城館が遺跡として登録されている。

城館名	所在地	遺跡の状況など
笹山城跡	守屋字笹山	笹山に城があったとの伝承がある。山中に山城特有の段差のある道跡や土塁がある。山中から土師器杯や鉢・皿が出土。
愛宕山城跡	守屋字愛宕山	奥羽山脈の裾野部の緩やかな傾斜地にあり山中に道跡や土塁がある。城主は坂東左馬之頭との伝承がある。
膳並古城跡	畑田字膳並	膳並地内に大正初期まで城を巡る土塁や堀が残っていたとの伝承がある。城主など不明。
西畑館跡	梅田字西畑	所在地の山中に観音堂と六面石があり、観音堂の前付近から東にかけて堀跡がある。愛宕山城主坂東左馬之頭の家臣が築いたといわれる。
東久手《ひがしきゅうで》館跡	梅田字東久手	東久手の集落の南側に土塁が残存。昭和五十三年試掘調査時、石棒、擦石、鉄片が出土した。城主など不明。
牛池館跡	梅田字牛池	梅田集落の南方の丘陵上にあり、城中心部は観音平と呼ばれ、広さは六〇アールほどある。土塁・空堀・腰郭・虎口跡が残っている。城主など不明。

城館名	所在地	遺跡の状況など
岩瀬館跡	梅田字岩瀬	江戸時代成田村の庄屋渡辺家の宅地とその周辺に方形の館跡があり、その周りに幅七メートルの水濠があったと伝える。また四〇〇メートル南方の山頂に山城があったといわれる。城主など不明。
松山城跡	北横田字風越	通称岩崎山と呼ばれる山中に山城特有の道跡や土塁跡がある。伊達政宗が長沼城を攻めた時陣を置いたという。城主など不明。
大久保館跡	大久保字宿	宿地内の割烹阿部を中心とした六〇アールの範囲にあった。所どころに土塁跡と濠跡が見られる。館主は二階堂資近といわれる。
川田館跡	今泉字古館	別途記載。
今泉城跡	今泉字館山	別途記載。

岩瀬地区の城館は、牛池館跡と松山城跡を除くと現況は畑・山林・宅地となっており、築城時とは全く変わっている。また今泉城跡を除くと城館の遺構、築城者、築造年代は明確でない。ここでは、発掘調査によりその遺構が明らかとなった川田館跡と往時の姿のままで残る今泉城跡を詳説する。

◇川田館跡とその遺跡

川田館は、滑川と本木川が洪積台地を浸食して形成した河岸段丘の突端の平坦地に築造された館で、単郭式で長方形をなし、外側に一条の水濠を廻している。

昭和五十九年に圃場整備の実施に伴い、県道安積・長沼線の南側二四〇〇平方メートルを対象として遺構確認調査が行われた。その後、館跡は壊されてその痕跡はなくなり、現在は記念碑のみが残されている。

川田館の内郭部は、南北七五メートル、東西五六メートルで、長軸を南北にとり、約四二〇〇平方メートルの面積があり、北西隅に幅四メートル、高さ二メートルの土塁が残されていた。

川田館跡

内郭をめぐる水濠は、幅一三メートルで、南部の一部では一五メートルあった。深さは最深部で二・五メートルあり、堀形はV字形薬研堀となっていた。水源は本木川から取水したと思われ、また、地区内に一か所湧水が激しい場所があった。

川田館の大手門は東側にあり、東側の水濠に接して二・四メートルの幅を持ち、直径三〇センチの柱穴が四個、六〇センチの間隔で相対状に出土した。柱穴は黄色粘土で突き固められていた。また大手門の東側の水濠底部からノミによるホゾ穴のある木材や丁寧な手斧調整の施された木根部が検出された。橋脚と思われ、ここに橋が架けられ出入していたものと考えられる。

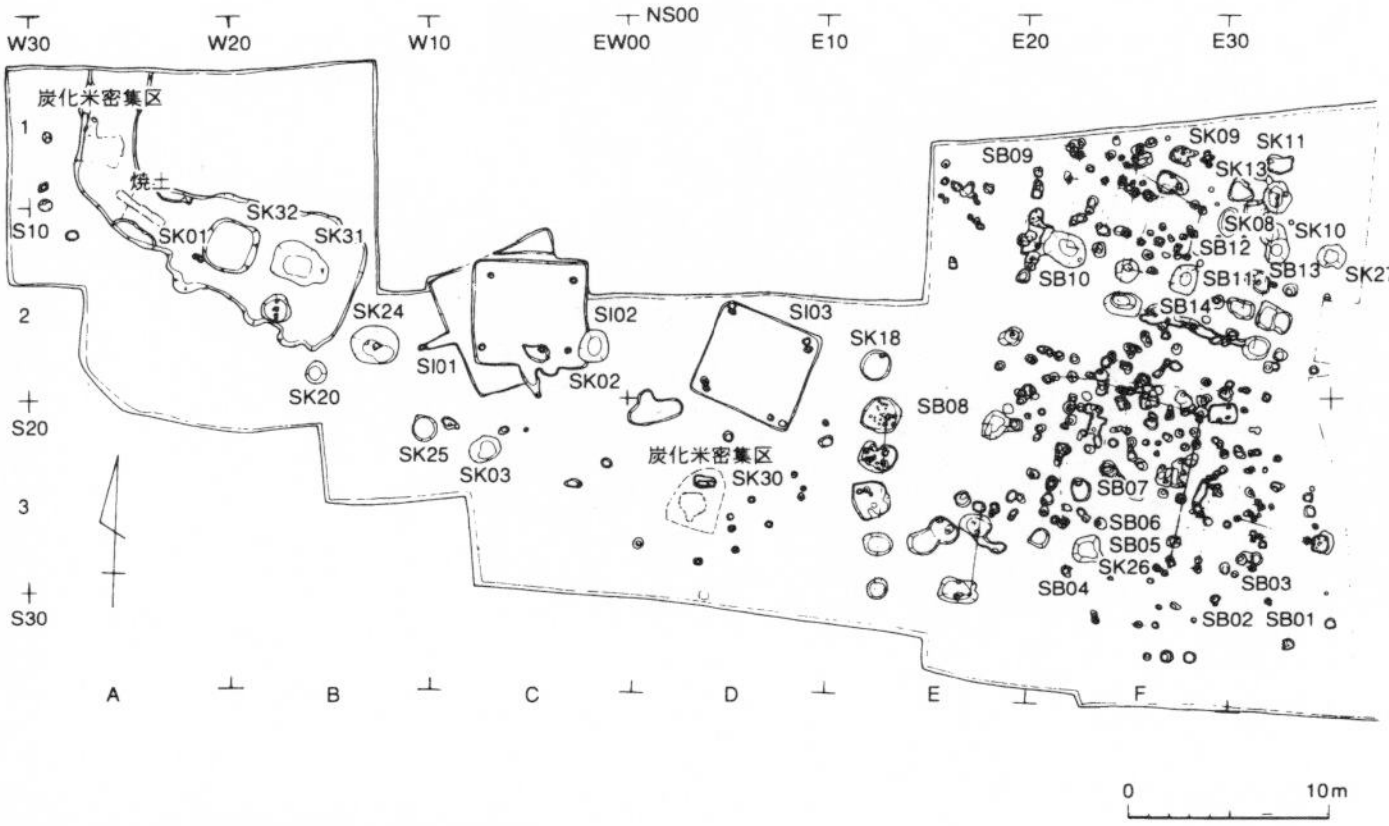

川田館跡遺構配置図（『岩瀬村史』）

郭内部から密集・重複して柱穴径の異なる掘立柱建物跡が三〇棟分検出された。ほとんどの建物は、方形あるいは長方形で、五・四×七・二メートルを最大として、五・四×一・八メートル、三・六×一・八メートル、三・六×三・六メートル、一・八×一・八メートルと様々であった。

　また、竪穴住居跡が三棟見つかった。そしてこの住居跡から丸底の土師器杯片を伴出したことから、この住居跡は六世紀頃のもので、川田館築造以前のものと考えられている。

　一号竪穴住居跡は一辺五メートルの隅丸方形で、径三五センチの柱穴が四個あった。壁際にカマドが設けられ、そこから外方に煙道が一・五メートル出ていた。煙道穴は径一八センチであった。

　三号竪穴住居跡は一辺が七メートルの方形の住居跡

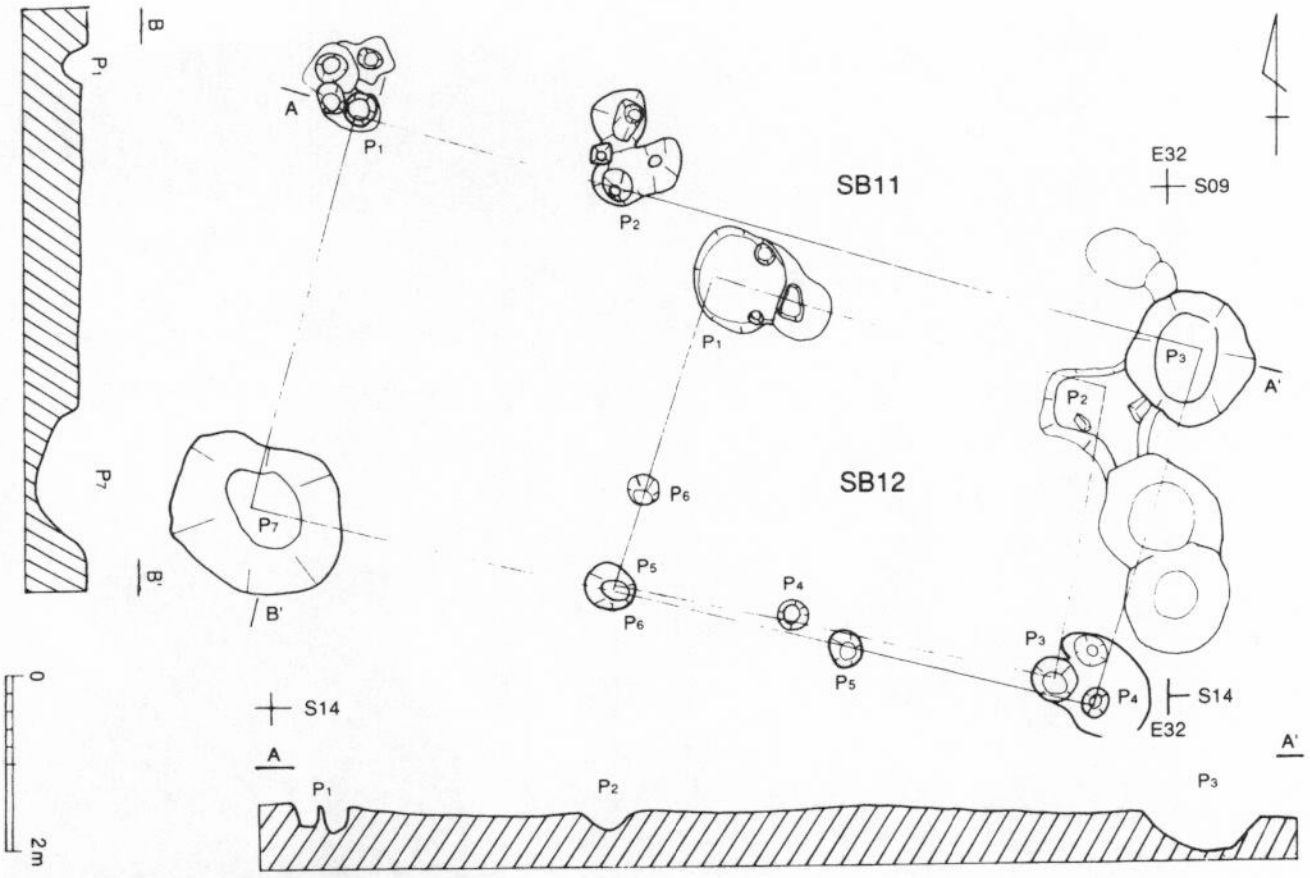

掘立柱建物柱穴模写図（『岩瀬村史』）

川田館跡１号竪穴住居跡（『岩瀬村史』）

で、一号住居跡上に築かれ、完全な切り合い（重複）状態で見つかった。二号竪穴住居跡は、川田館築造時か、それ以降に壊されたと思われ、隅丸方形の住居の痕跡と柱穴、カマド跡は認められたが、完全に削平されていた。

調査区域内から土坑が大小三七基検出され、中から土師器、須恵器が見つかった。

土師器の器種は、甕・杯・高杯・壺・皿で全部で三三点あった。土師器は全体的に胎土が精選され、赤褐色を呈し焼

川田館跡出土土師器皿（『岩瀬町史』）

川田館跡出土土師器甕
（『岩瀬村史』）

成は良好であった。甕・壺は輪積みロクロ工法で作られ、内外ともにヨコナデ・ヘラケズリされ、底部もロクロ水引き工法で切り離し、よく調整されていた。また高杯・杯は、いずれもロクロ水引き工法で成形し、底部は回転ヘラケズリの跡が見られ、ヘラによる調整が加えられていた。土師器の仕上げは赤褐色のままか、内外ともに黒色処理されていた。土坑を埋め、その上に館が築かれたためか、土師器類の損傷がひどく、完形に復元できたものは甕・皿の二点のみであった。

須恵器は七点見つかり、器種は甕・壺・杯で、いずれも焼成がよく、鼠色を呈し、内部は青海波文様のあるものと文様を持たないものがあった。

また、調査区域の西側に表面が黒土で覆われた幅二・八メートル、深さ二八センチの浅い土坑があった。これは半地下式の窯跡と考えられ、焚口を南に持ち、「し」状の屈曲部には焼成室と燃焼室の仕切りの石と焼土があった。焼成室の外部にも厚い灰層があったが、焼物などの遺物はなかった。

区域西側の水濠に近い個所にも長楕円形の土坑があった。これにも焼成室、燃焼室、厚灰が確認されたことから川田館築造前の須恵器窯跡と考えられる。

川田館の建物跡からは、北宋真宗（一〇〇八年頃）から徽宗（一一〇七年頃）までの一〇〇年間に鋳造された景徳元宝、大観通宝など一三種の北宋銭二四枚と唐銭（開元通宝）一枚、南宋銭（嘉定通宝）一枚、日本銭（寛永通宝）一枚が見つかった。日本の通貨の鋳造は江戸時代に入ってからで、その前の平安時代中期以降は中国大陸から入った銅銭が流通しており、川田館から出土した古銭は、源頼朝の奥州藤原氏征伐以降、この地方に下向した関東御家人が開発などに使った銭が川田館に残っていたと考えられる。

また、川田館の建物の内外から四〇点余の陶器片が見つかった。常滑・瀬戸系の日本製陶器で、器形は底部に高台のついた杯、甕、鉢、壺で、ロクロにより水引き成形され、焼成も良好であった。いずれも施釉されており、釉の色は灰褐色・青色・緑黄色・赤褐色・暗黒色であった。

同じく川田館の建物跡より、石製摺臼の上臼と下臼の各一部が出土した。出土した上臼と下臼は別個の摺臼の破片であった。上臼は四分の一片で安山岩質凝灰岩で作られ、残存の溝形で復元すると、直径四七センチ、ふくみ一・五センチあったと考えられる。下臼は二分の一片で、これも安山岩質凝灰岩で作られ、復元すると直径二八センチ、高さ八・五センチ、ふくみ〇・三センチであった。いずれも館内で穀物の挽き割りや製粉に使われたと考えられる。

また館跡から大型の砥石二個が出土した。灰青色の軟質水成岩で作られたもので、刃物砥石と考えられ、使用痕も残されていた。

川田館は南北朝の争乱以降、安積郡川田（現在の郡山市安積町川田）の伊藤左衛門尉祐義の子太郎左衛門尉が今泉に移り、応永年間（一三九四〜一四二八）に館を築造し、以来その子孫が居住したといわれる。

川田館は濠を一重に廻しているのみで、平地に築造されていることから軍事的意味はなく、川田氏が今泉の低湿地を開拓するための拠点的役割を持ったものと考えられる。

郭内に一三棟の掘立柱建物跡があったが、これらは領主屋敷・籾倉・物置蔵・馬舎・作業小屋・武器蔵・下人小屋などで主に農業用に使われた建物と考えられる。

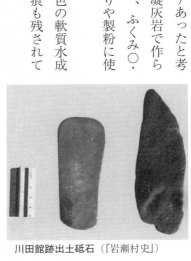

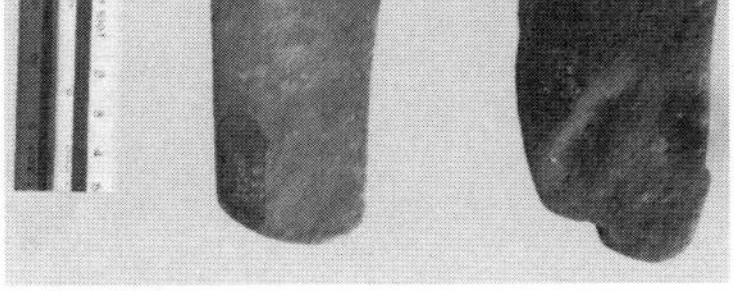
川田館跡出土砥石（『岩瀬村史』）

◇今泉城跡

須賀川市滑川から国道一〇九号を長沼の方向に向かって進むと、今泉集落の北側に館山と呼ぶ独立丘陵が見える。今泉城はその頂上にある。

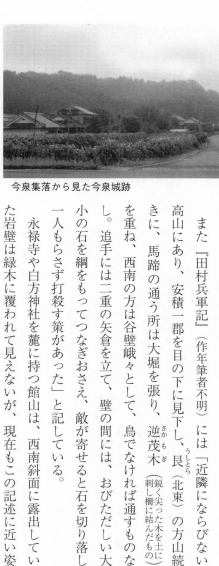

今泉城の確かな築城時期は分からないが、『岩瀬郡誌』には「文安年間（一四四四～一四四九）に二階堂氏の一族が築城し、永禄年間（一五五八～一五七〇）の初めに二階堂輝行が改築し、城代は内城に矢部《やべ》周防《すわ》、外城に娶川左衛門《すがわさえもん》を置いた」と書いている。

今泉集落から見た今泉城跡

また『田村兵軍記』（作年筆者不明）には「近隣にならびない高山にあり、安積一郡を目の下に見下し、艮《うしとら》（北東）の方山続きに、馬蹄の通う所は大堀を張り、逆茂木《さかもぎ》（鋭く尖った木を土に刺し柵に結んだもの）を重ね、西南の方は谷壁峨々として、鳥でなければ通すものなし。追手には二重の矢倉を立て、壁の間には、おびただしい大小の石を綱をもってつなぎおさえ、敵が寄せると石を切り落し一人もらさず打殺す策があった」と記している。

永禄寺や白方神社を麓に持つ館山は、西南斜面に露出していた岩壁は緑木に覆われて見えないが、現在もこの記述に近い姿

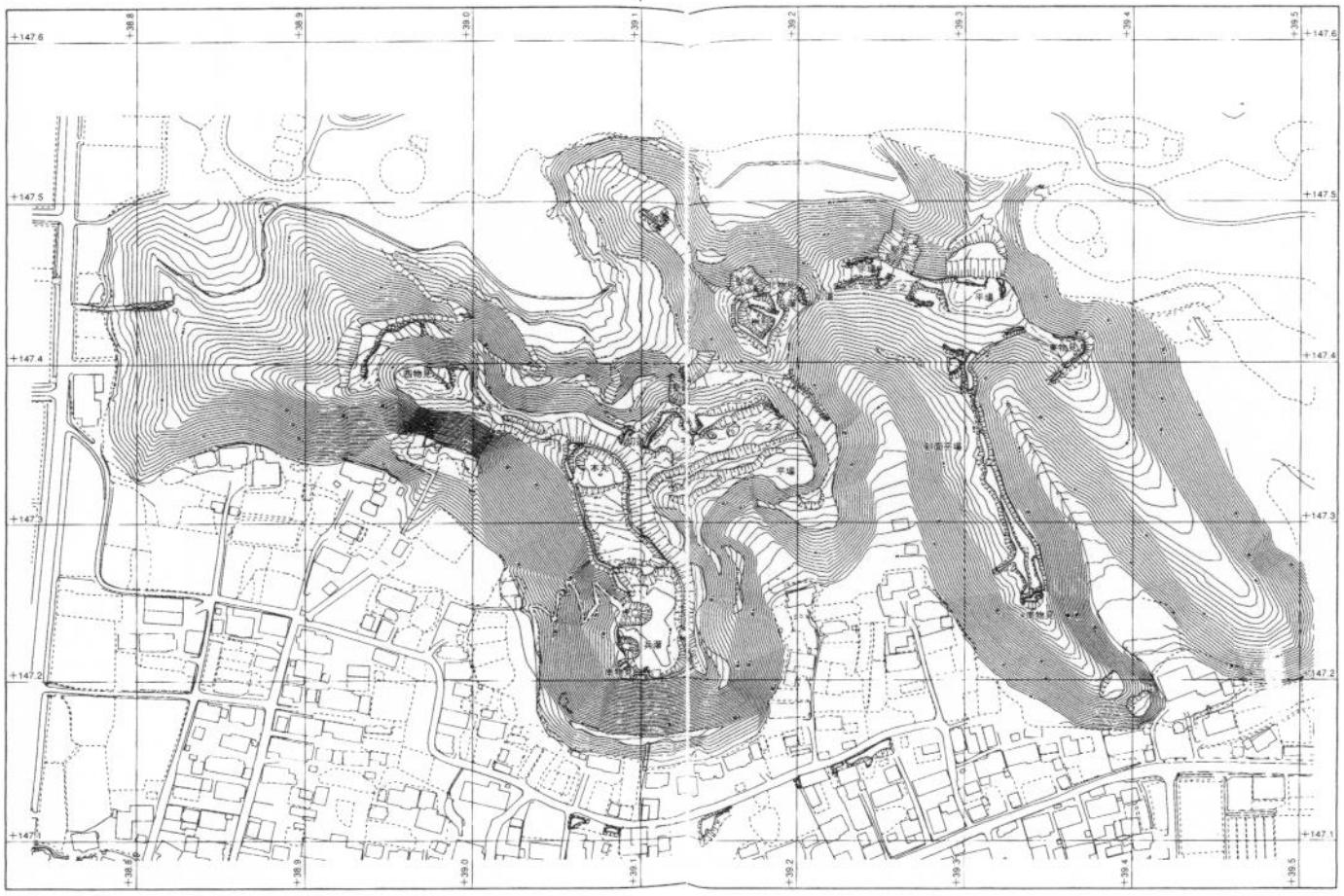

今泉城縄張図（『岩瀬町史』）

を残している。

今泉城跡は、白方神社裏の尾根より永禄寺墓地の北側尾根にかけて東西に広がり、今泉集落裏側に散在する土塁まで合わせると、東西五〇〇～六〇〇メートル、南北三〇〇～四〇〇メートル程度の範囲と考えられ、本丸・二の丸・三の丸・物見跡などが確認される。

館山の山頂は、西から東にかけて、三段に階段状に削平されており、本丸は西側の一番高い削平地に置かれ、南北約一六〇メートル、東西約五〇メートルで、その北側部分約四〇〇平方メートルが一メートルほど高くなっており、ここに館が建っていたといわれる。現在は館山公園になっている。本丸の西側に西物見台、南側に兵溜《へいだまり》か桝形と思われる平場があった。

二の丸は本丸東側下段に設けられ、周辺は帯曲輪や空堀がある。

三の丸は、二の丸の東約一〇〇メートルの平場に置かれ、二の丸にかけて犬走り（曲輪の斜面に設けられた連絡道）が巡り、東側尾根にかけて二か所の堀切があった。二の丸と三の丸の中間には、安積方面を見張る北物見台があり、三の丸の南には長沼方面を見張る南物見台があった。大手門は二の丸の北側の村道七号線付近にあったといわれる。また虎口は、本丸下の七曲り道を登った所にその跡がある。

岩瀬郡最北端にある今泉城は、永禄の初め頃に三春田村氏との戦場になり、また、天正十三年（一五八五）の本宮人取橋合戦の折には、佐竹・白河・石川・岩城・二階堂氏ら連合軍の出撃拠点として使われた。

今泉城本丸跡（『岩瀬町史』）

天正十七年（一五八九）の伊達政宗の須賀川城攻撃にあっては、今泉城主浜尾駿河守盛泰は政宗に加担し、十月二十五日に黒川城を出発した政宗は今泉城に宿り、須賀川城攻撃に出発した。

須賀川城落城後、浜尾氏をはじめ政宗に味方した岩瀬西部衆は、いったん岩瀬郡の所領が安堵《あんど》されたが、豊臣秀吉の「奥羽仕置」により政宗の会津の所領は没収され、政宗が会津から岩出山を経て仙台に移封になると、岩瀬西部衆は仙台近郊に知行所を賜り、岩瀬郡から移っていった。蒲生氏郷が岩瀬郡を領有すると、今泉城は一国一城令により廃城となった。

石背国名起因の霊石がある白方神社

白方神社は今泉字町内《まちうち》の通称磐座山《いわくらやま》の麓にある。祭神は天照大神《あまてらすおおみかみ》、天津彦根命《あまつひこねのみこと》、建弥依米《たてやよりめの》命《みこと》である。

建弥依米命は、天津彦根命の十三世後裔建許呂命《たけころ》（岩城国造）の子で大和朝廷からこの地方を賜り、磐座山の霊石（石背石といい国名起因の石という。「くぐり石」ともいう）を楯《たて》（館と同じ）に仮住いして磐瀬郷を治めたので、後に霊石の場所に社を建て、天津彦根命と建弥依米命を祀ったのが神社の始まりといわれる。また一方の祭神の天照大神は、神武天皇が東征の折、河内国草香村《くさかむら》（現在の兵庫県枚方市）の青雲白肩之津《あおぐもしろかたのつ》に至り、神楯を立てて祀った枚岡神社の祭神で、それを勧請したといわれる。白方の社名は青雲白肩之津（青雲は白にかかる枕言葉）に因んだものといわれ、そのため往古は青雲白方神社と称していた。

建弥依米命は石背地方平定後、開発した田圃に八重の白梅を植えて梅田と名付け、更に五田を開発して成田・柱田・畠田・母衣田《もえだ》・品田と名付けたといわれる。

白方神社はその「由諸書」によると、東夷征伐で功のあった坂上田村麻呂をはじめ、岩瀬地方を治めた二階堂氏や江戸時代長沼地方を治めた旗本三枝氏から厚い崇敬を受けたといわれる。

白方神社は明治初年まで、白方郷一四か村の鎮守として郷民から崇拝を受け、明治五年（一八七二）に郷社、同八年以降は村社となった。

境内には、大雷神社・小知柄稲荷宮・菅原宮・三輪宮・日枝宮・愛宕宮・疱瘡宮など一三の石宮がある。神社の献燈や石宮に天保、弘化、文化などの建立年が彫られており、白方神社が古くから厚く信仰されていたことが分かる。

白方神社の祭礼は、春・夏・秋

白方神社くぐり石（右）

白方神社（今泉）（『岩瀬村史』）

の三回あり、現在も祭り保存会によりしっかりと守られている。

春は四月一日が春祭りで、氏子に神社の御札が配られる。夏は神社後《うし》ろの山上にある雷神様の祭りで、七月三十日（古くは旧暦七月十七日）に行われ、氏子に土用餅が配られる。かつてはこの日神社前の広場で草相撲が行われた。

秋祭りは十月一日で、青年団の担ぐ神輿が今泉の集落中を巡る。この時「ザゴビツ」が行われ、各家では新米で搗いた餅を神輿に奉納する。

かつては秋祭りの御神輿渡御は二日間にわたって行われ、一日目は集落内に御仮屋を設けて神輿を泊《と》め、柱にくくり付けた太鼓を叩きながら岩瀬甚句ともいわれた「野郎節」に合わせ、夜中まで踊ったといわれる。

野郎節

〽アーアアー　踊り見に来たが野郎エ
立ち見に来たかあ　アーラヨー
ここは立ち見の野郎エ　場所じゃない
チョイ　ヤッショ　ヤッショ　ヤッショ

長命寺の板碑群

畑田字橋本地内の低台地上に、文禄元年（一五九二）に祐教上人が開山した真言宗長命寺がある。この寺の境内から道路に下りる急斜面に、幅三メートル余りの平地があり、九基の板碑が直角に並んで立っている。二基が阿弥陀如来三尊来迎石仏、七基が梵字による阿弥陀如来三尊石仏である。

長命寺板碑群

ひときわ目を引くのは、覆屋の中にある阿弥陀三尊石仏で、高さは一七三センチ、幅八五センチの大きな板碑で、弘長二年（一二六二＝鎌倉時代）の紀年銘がある。この石仏は、素材の規模や彫塑の精微さから昭和四十二年に県重要文化財に指定された。この石仏は、元は畑田字山崎の阿弥陀山にあったが、県重要文化財に指定されたのを機に、長命寺境内に移されたもので、阿弥陀山には他に五基の梵字板碑が残されている。

板碑は供養塔婆の一種で、鎌倉時代に始まり、室町時代を経て一部江戸時代にかけて造立された。主に地方豪族や僧侶が、死者である肉親や先師の菩提を弔うため年忌追善供養として行われた。

一般的な形状の特徴は、板石の頂上を山形に削り、その下に二条の切り込みを入れて額部を作り、体部は上下左右に広くして、供養の対象となる仏像または梵字の種子（種子は特定の仏菩薩を表す文字のこと）を銘記する。そしてその下方に願文、願主名、造立年月日などが刻まれる。

肉彫阿弥陀三尊来迎像（永禄寺境内）（『岩瀬村史』）

福島県内には、福島市陽泉寺の正嘉二年（一二五八）の来迎石仏を最古のものとして、板碑は概数で三〇〇〇基以上あるが、中通り地方に多く、安積・岩瀬地方で八二基、そのうち岩瀬村だけでも三二基の板碑がある。

村内の板碑は、長命寺板碑群のほか、今泉字町内の永禄寺境内（二基）・守屋字縁光寺の縁光寺境内（梵字石仏一基）・柱田字吉丁内の石田供養塔群（九基）・柱田字南谷地前の梅ノ木供養塔（二基）・柱田字中地前の跡見塚供養塔（四基）・畑田字山崎の平山供養塔群（梵字仏五基）などがあり、寺院、個人宅地や村道沿いなどに置かれている。

岩瀬郡内の二つの幕府旗本知行所 ―― 今泉陣屋跡と横田陣屋跡（長沼地区）

岩瀬郡には、東北では珍しい二人の幕府旗本の知行所があった。

江戸幕府において、知行所を持つ者は大名か高禄の幕府旗本に限られていたが、元禄十年（一六九七）に幕府は、蔵米取（浅草蔵前の米倉から禄高に応じ米を貰うこと）五〇〇俵以上の旗本を地方知行（地方領地）に切り替える大規模な改革（「地方知行見直し」という）を行った。幕府は、旗本三枝守輝《さえぐさもりてる》に岩瀬郡長沼領と伊豆国加茂郡の内から六五〇〇石の知行所を与え、また、旗本溝口宣就《みぞぐちのぶなり》に岩瀬郡長沼領と伊豆国加茂郡の内から六〇〇〇石の知行所を与えた。

長沼領は寛永二十年（一六四三）以来白河藩領であったが、慶安二年（一六四九）藩主榊原忠次が播磨国姫路に転封の後は幕領となっていた。寛文十三年（一六七三）に実施した総検地により、長沼領は総石高二万九〇〇〇石余りを生み出し、俗に「長沼三万石」と呼ばれていたのである。

その後、播磨明石六万石本多政利が減封のうえ、長沼領の内から一万石が与えられ、大久保藩が成立したが、元禄六年（一六九三）に改易となり、領地は没収され、長沼領は再び幕府領に復帰していた。

昭和30年代の今泉陣屋跡（岩瀬村今泉）
（『郷土須賀川－原始古代より現代まで－』）

現在の今泉陣屋跡

三枝氏知行所は、里守屋《さともりや》・上柱田・下柱田・北横田・稲《いな》・越久《おっきゅう》・今泉の七か村で、その合計石高は六五〇五石あり、今泉領と称して陣屋を今泉村に置いた。

旗本三枝氏の経歴を見ると、先祖は甲斐国山梨郡能路において武田氏に仕えていたが、武田氏滅亡後は徳川氏に仕え、安房国で封地一万石の大名となった。しかし三枝守全《もりあきら》が遺領継承の時自分は七〇〇〇石を知行し、残り三〇〇〇石を弟に分与したので、ともに旗本となり蔵米取となった。守全の子守輝は六五〇〇石を継承し、五〇〇石を弟に分与した。守輝は幕府内で小姓組番頭、書院番頭、大番頭を歴任した後、元禄十年今泉領初代領主となり、以後守英、守万と続き、幕末まで十一代に及んだ。

今泉陣屋は、今泉集落の北側にある通称「舘山」と呼ばれる山の麓にあった。現在、今泉集落の集会施設となっている「むそう庵《あん》」の敷地一帯五三〇坪の範囲が陣屋跡である。
建物は昭和四十年頃まで現存していたが、むそう庵が建てられる時に取り壊されたという。その頃を知る集落の人は「建物は二階建で、昔の役場の建物に似ていた。陣屋前には濠があり、裏庭に池もあった。陣屋入口に代官の屋敷があり、今も当時の蔵が残っている」と語っている。

溝口氏知行所は、岩瀬郡内では堀込・木之崎・泉田・松塚・舘ヶ岡・南横田・牛袋の七か村で、合計石高は六六〇四石、横田領と称し、陣屋は南横田に置いた。

溝口氏の経歴を見ると、越後新発田藩主溝口宣直《のぶなお》は、寛永五年（一六二八）に父宣勝《のぶかつ》の遺領を継ぐ時、弟宣秋《のぶあき》に越後蒲原郡新田六〇〇〇石を分与したので、宣秋は幕府旗本寄合となった。
宣秋の子宣就は父の遺領を継ぎ、定火消役、百人頭に就いたが、元禄七年蒲原郡新田の知行所を返上し蔵米取になった。そして元禄十年の「地方知行見直し」により、再び知行所を長沼領に

横田陣屋跡

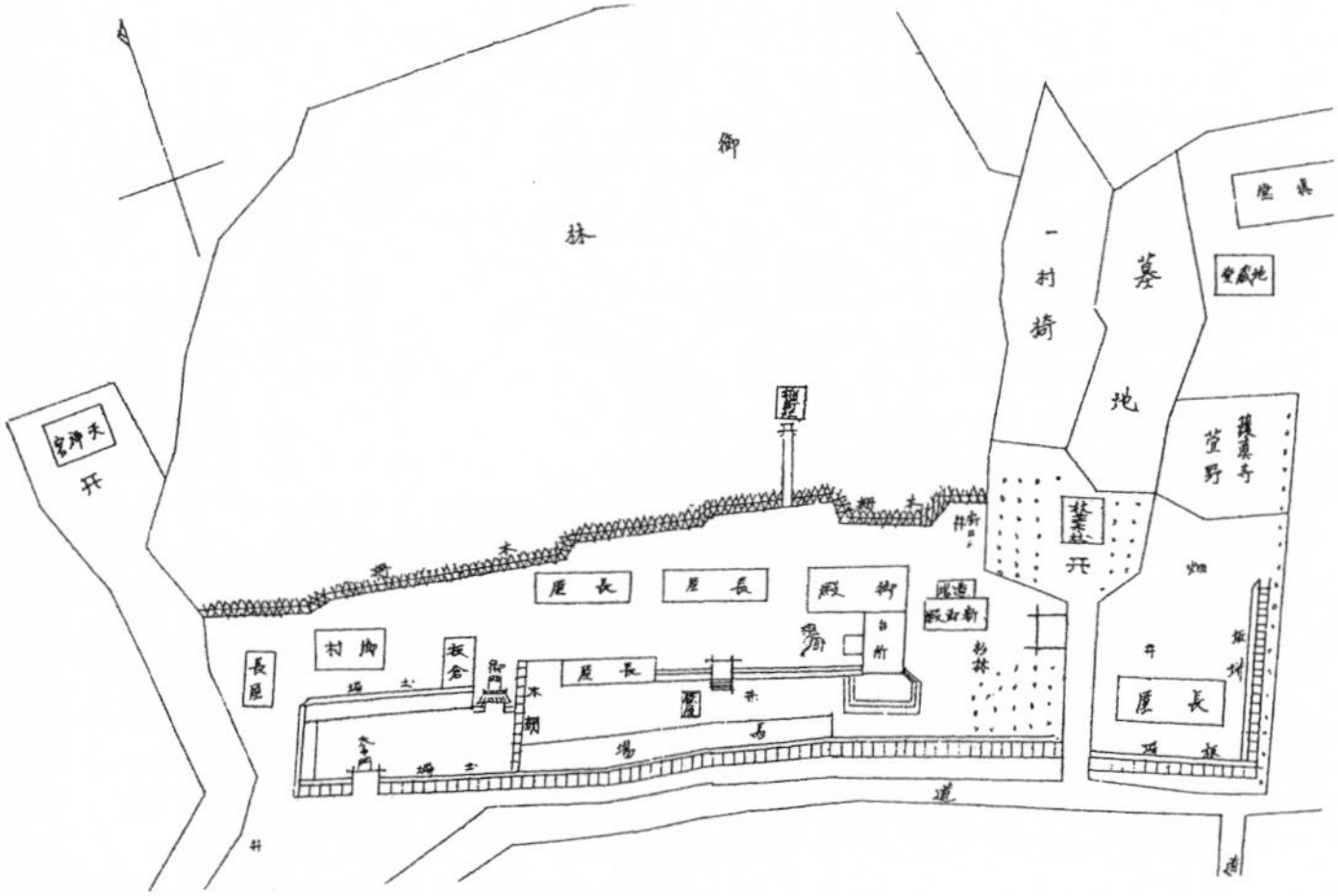

横田陣屋略図（家老子孫大岡氏作成）

与えられ、溝口領初代領主となったのである。

横田陣屋は南横田の北方丘陵の山麓にあり、「護真寺の桜」で知られる護真寺と並んで建っていた。

陣屋は、約一五〇〇坪に及ぶ広大な面積を有し、前方を土塀と板塀で囲み、後方山際には柵を巡らし、正面に大手門を置いた堂々たる屋敷構えであった。

代官の住む御殿や家来の住む長屋は、二メートルほど高い上段の敷地に建てられていた。最奥の新御殿には道場も造られ、その前の庭には今も「横田陣屋の桜」として有名な樹齢四〇〇年の桜の老樹があるが、これは代官が新御殿の座敷から眺めたいとして、代官自ら植えた桜樹であるといわれる。

横田陣屋は、戊辰戦争の際兵力少数のため戦いには参加しなかったが、陣屋は会津兵により焼き払われてしまった。

今泉領における支配形態は、当主は江戸に住み、江戸屋敷から派遣された代官が陣屋近くに居住し、領内有力者の中から「割元」を任用して領内支配の要とした。割元は、白河藩で採用した「大庄屋」と同じで、代官の上意を村々に伝達し、村々の下意を代官に取り次ぐ、いわば各村の名主と代官をつなぐ役割を持ち、代々今泉村の有力者がその任に就いた。

溝口領では割元制を取ったかは不明だが、各村の名主を重用し、名主に年貢米の徴収や軽微な訴訟の裁決に当らせていたといわれる。

八幡太郎義家に因んだ八幡岳

八幡岳は、郡山市湖南町との境界にある標高一一〇二・二メートルの山で、岩瀬地区での最高峰である。

『新古今和歌集』（恋ノ二）に、

かくとだに思う心を岩瀬山
　下行く水の草かくれしつ　後徳大寺左大臣

と、歌の中にある岩瀬山はこの山だといわれる。

八幡岳はこれまで、麓の梅田集落の共有地として大きな役割を果してきた。

八幡岳は、近世以来白方村の共有地であったが、明治三十六年に梅田村の共有地になり（梅田地内に「八幡岳引戻記念碑」がある）、以来八幡岳は柴山《しばやま》・干草山《ひぐさやま》・萱山《かややま》として、梅田の人たちに薪炭材・秣《まぐさ》・屋根葺《ふき》用の萱を供給してきたのである。

しかし、昭和三十年頃から馬・牛の便役が止み、また薪炭の需要がなくなってしまうと八幡岳の共有地は必要がなくなってしまった。

八幡岳へは梅田から登ることができる。登山道はよく整備され、頂上には八幡神社がある。頂上からは安積・岩瀬・白河地方を見渡すことができる。

八幡岳は、天喜・康平年間（一〇五三〜一〇六五）に八幡太郎義家が東征の際、この山の頂上に陣を敷き、戦勝を八幡大神に祈ったことから山の名になったといわれる。天喜・康平年間といえば、天喜

梅田から見た八幡岳

元年から康平五年まで奥六郡を領有する安倍頼良と陸奥守源頼良、八幡太郎義家親子が戦った「前九年合戦」を指すが、義家はこの戦いの戦勝をここで祈願したものと思われる。

岩瀬地区には八幡岳のほか、山・石・水などに関し、八幡太郎義家の伝説が数多く残されている。

鞍掛岩（畑田字鞍掛）（『岩瀬村史』）

八幡岳に登る途中、鞍掛石という巨岩があるが、これは義家が東征の際、この岩の上に馬の鞍を置いたためこの名になり、この丘陵一帯を鞍掛山と呼んでいる。
八幡岳の北方に笠ヶ森山がある。「後三年の合戦」に敗れた義家がここまで逃げて来て、追手に対し自軍の武威を誇示するため、この山の木々に笠を結びつけたところ、敵軍はその笠の数を兵の数と見間違いして退却してしまったので、これ以降この山を「笠ヶ森山」と呼ぶようになったといわれる。
梅田に「七ツ石」という場所がある。これも義家東征の際、八幡岳の頂上から七つの大石を投げ下ろした場所とも、大石七つを七曜星にかたどって並べ戦勝を祈願した場所ともいわれる。

七ツ石（梅田字七ツ石）（『岩瀬村史』）

守屋の「八幡清水」は、「後三年の合戦」に敗れて退却して来て、食糧も尽きて餓死寸前になった時、義家が矢の根で清水を掘り、飢えを凌いだことから名付けられたといわれる。

梅田の熊野神社の前にある「七色清水」は、義家が軍馬のため清水を掘り、七つの馬槽に入れたことからこの名が付いたと伝えられる。この清水は日照りが続いても決して渇れないといわれる。「白清水」は白方小学校の校庭にあったが、今は埋め立てられてない。この清水は昔、義家が東征の時にこの清水で斎戒沐浴し、白方神社に戦勝祈願をしたと伝えられている。

この他、八幡神社の北にある毒《ぶす》清水、守屋の豆塚にも義家の伝説がある。

須賀川市長沼地区
（旧岩瀬郡長沼町）

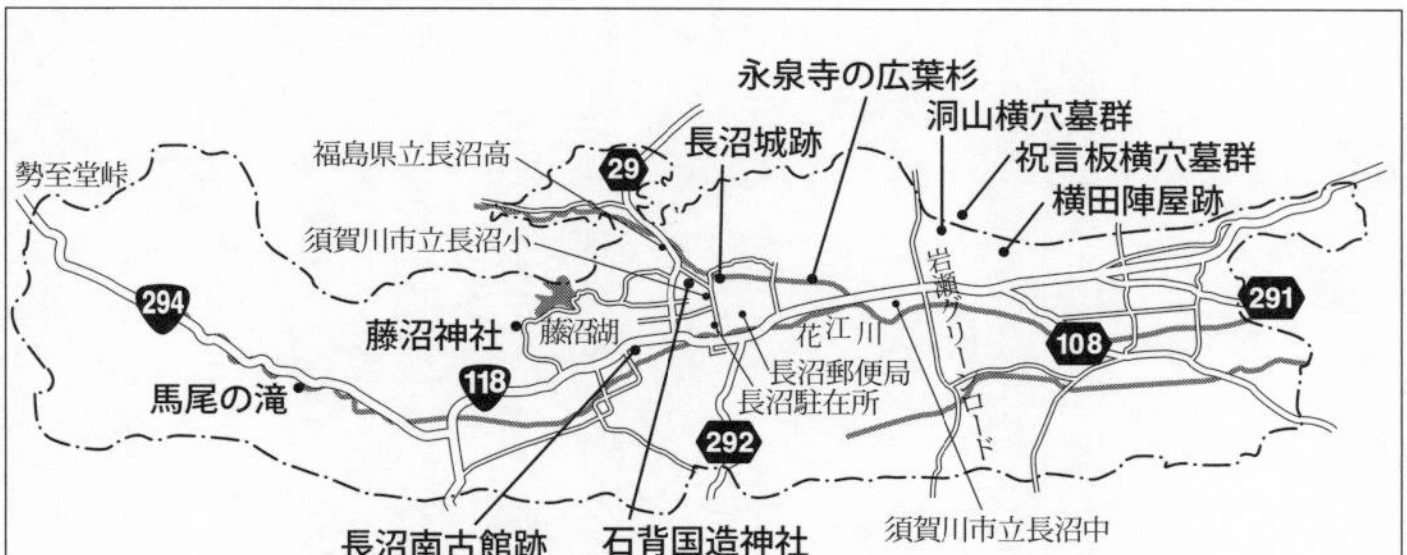

長沼地区の縄文時代の遺跡 ―― 県内屈指の大遺跡塚越遺跡

長沼地区の縄文時代の遺跡は、ほとんどが奥羽山脈から枝状に延びた丘陵地の縁辺部か江花川の河岸段丘上に立地する。

縄文時代早期の遺跡では寺山遺跡・宮ノ前遺跡・永光院浅ノ内遺跡・ジダイ坊遺跡・中ノ町遺跡、前期遺跡では薊《あざみ》ノ内《うち》遺跡、中期遺跡では塚越遺跡・ヒラバ遺跡・平藤内《へいとううち》遺跡・門無遺跡、後期遺跡では三夜様遺跡・境ノ内前遺跡、晩期遺跡では弁天前遺跡がある。長沼地区の縄文時代の遺跡の多くは、弥生時代から古墳時代、奈良・平安時代にまで継続する。

ここでは発掘調査された遺跡について詳説する。

◇寺山遺跡（江花字寺山）

この遺跡は長沼の中心部から西に五キロメートルほど離れた上江花地区にあり、以前より江花川南岸段丘の広い範囲に遺物が散在するのが見られていた。長沼町教育委員会は、国道二九四号の改良工事に伴い、新設される道路計画に基づいて調査地区をA、Bの二区に分けて平成二年から四年にかけて発掘調査を行った。

その結果、A地区からは竪穴状遺構二基、土坑二六基、時期不明の土坑九基、ピット群一か所、風倒木跡七か所が検出された。

竪穴状遺構は平面形が不正な隅丸方形をしており、床は平坦でなく凸凹があり小規模な住居跡と考えられる。炉跡は検出されなかった。

土坑は、断面形が浅い皿状を呈するものと、掘り込みの中ほどが膨《ふく》らむ袋状をしたものの二形態があった。

出土遺物は縄文時代早期の撚糸文《よりいともん》土器のほか、沈線文や条痕文が施された縄文時代前期から弥生時代までの土器と石斧などの石器類が出土した。

B地区では土壌の堆積層ごとに調査が行われた。

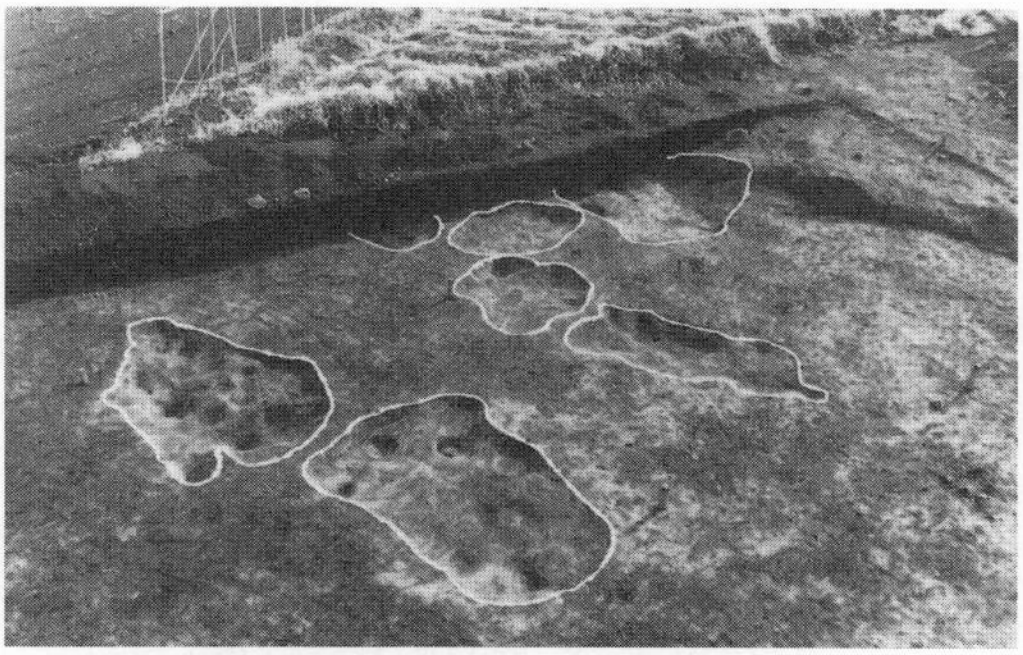
寺山遺跡１号竪穴状遺構周辺（『長沼町史』）

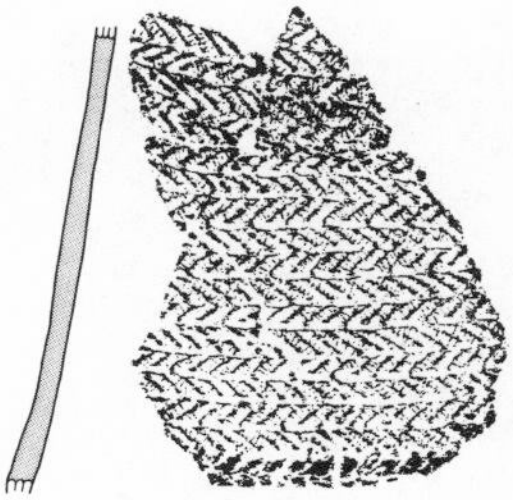
寺山遺跡出土撚糸文土器片
（『長沼町史』）

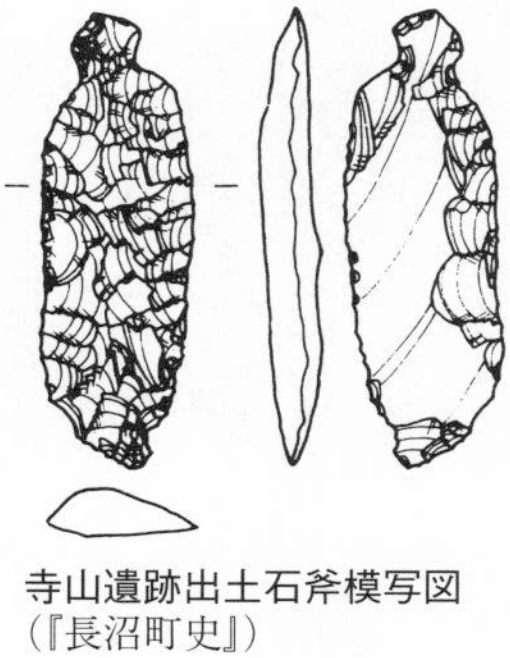
寺山遺跡出土石斧模写図
（『長沼町史』）

寺山遺跡出土土師器甕
（『長沼町史』）

寺山遺跡出土土師器鉢
（『長沼町史』）

　最下層の第三層と第四層からは、土坑一基とピット群一か所が見つかった。土坑は長楕円形の浅い皿状を呈し、床面は平らであった。ピット群は、第四層の上面にまとまって六基のピットが確認された。これら遺構の覆土からも、縄文時代晩期の土器片がまとまって出土した。また弥生時代のものと思われる沈線で重弧文が描かれた壺形土器片が出土した。

　上層二層からは焼土跡を取り囲むようにまとまって土師器が出土した。完形のものはなく、復元できたものでは大、中、小の甕形土器と鉢形土器であった。これら土師器は、ヘラナデ・ヘラケズリが施され、ミガキの痕跡のあるものもあった。

　これら土師器は古墳時代後期のものと考えられる。

◇永光院浅ノ内遺跡（長沼字浅ノ内）

　この遺跡は、長沼の中心部から北東に約一キロメートル離れた長沼字浅ノ内の丘陵地にある遺跡で、県営圃場整備事業の実施に伴い昭和六十一年に発掘調査が行われた。

その結果、遺跡範囲の北西側の平坦地から縄文時代早期中葉の竪穴住居跡一棟と土坑四基が検出された。また南側の斜面からも、平安時代の竪穴住居跡一棟、土坑一基、溝跡二条が検出された。

縄文時代の竪穴住居跡は、長軸三・一メートル、短軸二・九メートルの不整の楕円形の掘り込みがあり、掘り込みの外と東側部分に二個の柱穴があった。また、住居跡の中央に地床炉（地面を掘って炉として使用するもの）があった。

住居跡周辺から縄文土器が出土した。土器は撚糸文のあるもの、貝殻腹縁による圧痕文のあるもの、半截竹管や棒状工具による沈線文や刺突文のあるものなど縄文時代早期から中期までの土器片であった。また三角形の棒状磨石や石皿・石鏃・削器《さっき》・掻器《そうき》などの石器類も出土した。

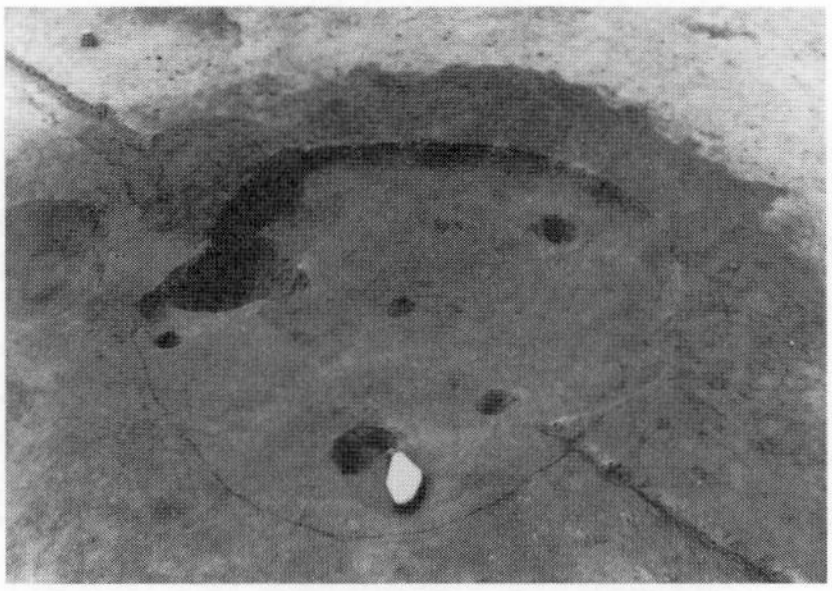

永光院浅ノ内遺跡住居跡（縄文時代）（『長沼町史』）

永光院浅ノ内遺跡出土縄文土器（『長沼町史』）

土坑は貯蔵穴とみられ、中から貝殻沈線文のある土器とともに、凝灰岩製の石核とその剥片がまとまって出土した。

平安時代の住居跡は一辺三・五メートルの方形を呈し、北側壁中央部にカマド跡が確認された。また、住居跡内から内面黒色処理された杯、小型甕、筒形土器が出土した。これらは九世紀後半の土師器と考えられる。

◇ジダイ坊遺跡（長沼字ジダイ坊）

この遺跡は、長沼の中心部から南へ五〇〇メートルほど離れた江花川南岸の氾濫原に位置する遺跡で、昭和六十一年に県営圃場整備事業の実施に伴い、永光院浅ノ内遺跡、京塚遺跡（遺跡内から縄文土器、土師器、須恵器など幅広い時期の土器が出土したが遺跡の時期は不明）とともに発掘調査が行われた。

その結果、縄文時代早期頃の竪穴住居跡一棟・土坑群五か所・土坑一三基・陥し穴状土坑三基、平安時代の竪穴住居跡

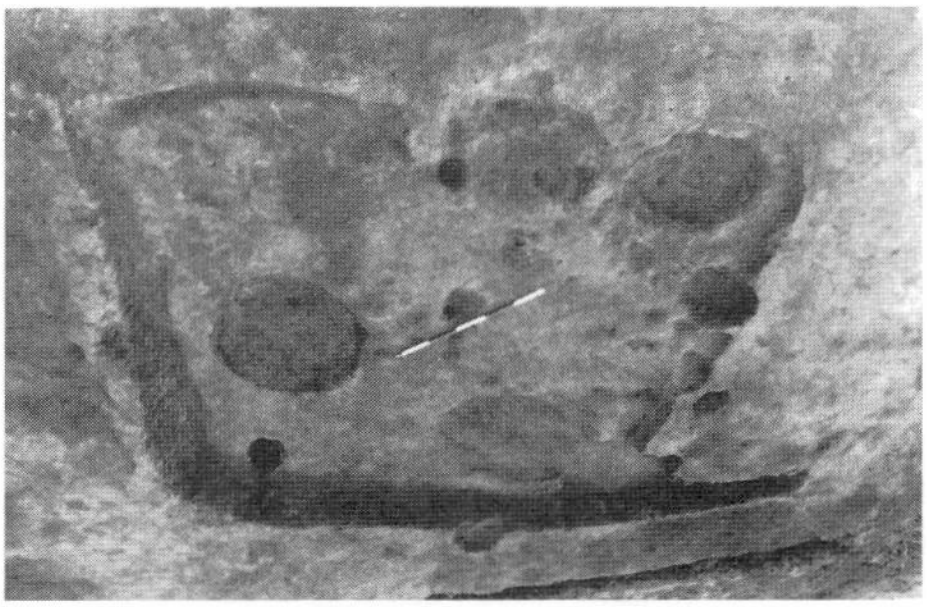

永光院浅ノ内遺跡の平安時代の住居跡
（『長沼町史』）

ジダイ坊遺跡出土貝殻腹縁圧痕文土器
（『長沼町史』）

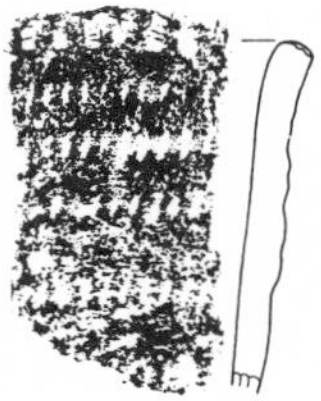

ジダイ坊遺跡出土絡条体圧痕文土器
（『長沼町史』）

ジダイ坊遺跡平安時代の建物跡（『長沼町史』）

ジダイ坊遺跡出土土師器甕（『長沼町史』）

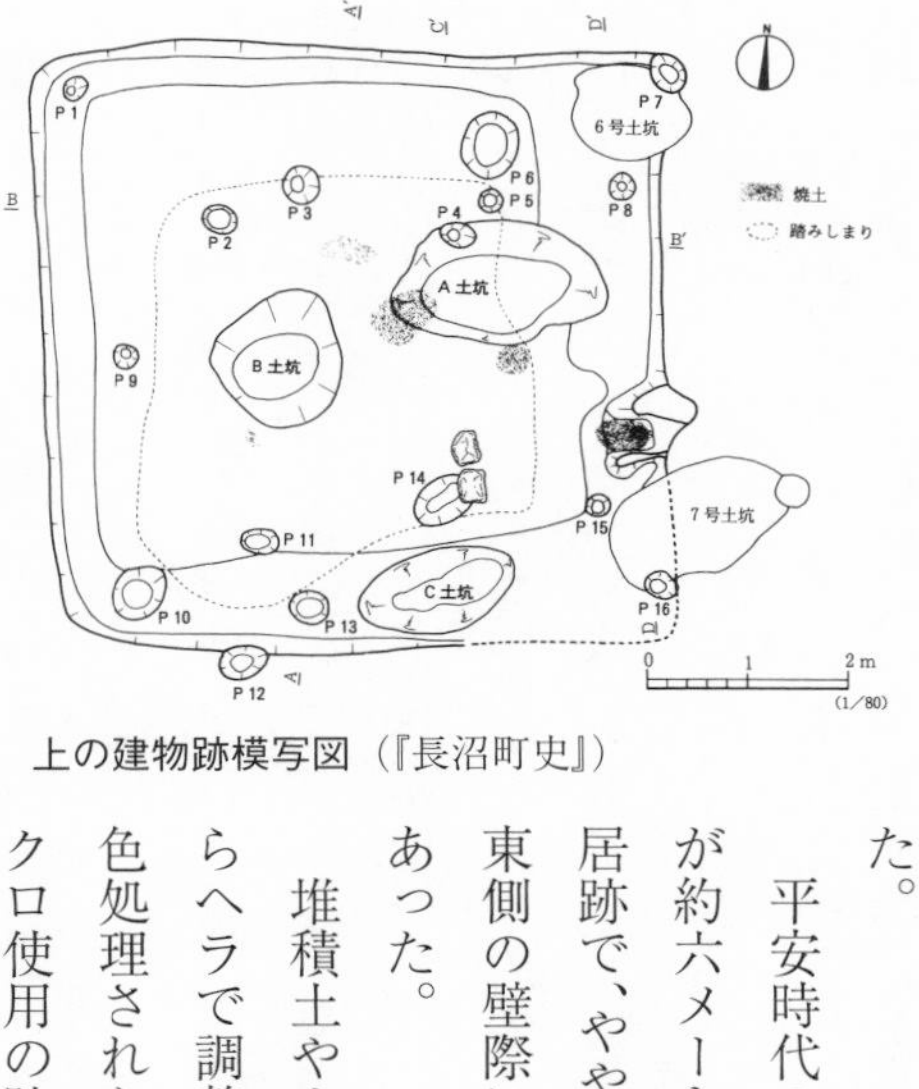

上の建物跡模写図（『長沼町史』）

一棟、時期不明の竪穴状遺構三基・溝跡一条・井戸跡一基・土坑一一基・ピット多数が確認された。

縄文時代の住居跡は、西側の土坑によって壊されているが、楕円形をしていたと思われる。この住居跡から貝殻腹縁による圧痕文が施された土器や絡条体圧痕文のある土器が出土した。

平安時代の建物跡は一辺が約六メートルの方形の住居跡で、やや規模が大きい。東側の壁際にカマド一基があった。

堆積土やカマドの周辺からヘラで調整され、内面黒色処理された土師器杯やロクロ使用の跡のある土師器甕・筒形土器、須恵器の長頸壺の破片が出土した。

◇**ヒラバ遺跡**（小中字宮の前）

この遺跡は、天栄村との境界に近い小中字観音前の丘陵地上にあり、昭和五十二年の岩瀬広域農道建設に伴い、またその後の平成六年のゴルフ場建設に伴い、二度の発掘調査が行われ、その結果、縄文時代の竪穴住居跡四棟、土坑十数基、ピット複数が検出された。

一号住居跡は長軸六・二メートル、短軸三・八メートルの隅丸長方形を呈し、長軸線に対し線対称になるように、片側に三か所ずつ等間隔に六個の柱穴が配置されていた。炉の有無は不明である。

土坑はフラスコ状を呈しており、貯蔵穴と思われる。

住居跡や土坑内から、あるいはその外側から、縄文時代中期の土器がまとまって出土した。完形のものはなく、器種はほとんどが深鉢形土器で、浅鉢形土器の割合は少なかった。文様は交互刺突文が施された土器、Y字状隆帯が貼付された土器、半截竹管などによって刺突文や押圧文が施された土器、有節沈線が施された土器など多彩なものであった。

また、土器片に混じって土偶らしき物も見つかった。

◇塚越遺跡 （長沼字塚越・南塚越）

この遺跡は、長沼の中心部から東方一キロメートルの簀子《すのこ》川と江花川に挟まれた長沼字塚越の河岸段丘上にあり、遺跡の範囲は段丘全体に広がり、面積はおよそ一万五〇〇〇平方メートルにも及ぶ。遺跡の北東で塚下古墳に隣接する。

この遺跡が立地する段丘一帯は、古くから土器片が数多く出土することで知られており、昭

ヒラバ遺跡出土１号住居跡（『長沼町史』）

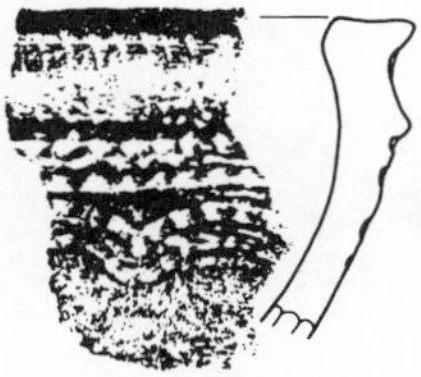

ヒラバ遺跡出土有節沈線のある土器（『長沼町史』）

ヒラバ遺跡出土交互刺突文土器（『長沼町史』）

ヒラバ遺跡出土Ｙ字状隆帯貼付土器（『長沼町史』）

ヒラバ遺跡出土土偶表（上）と裏（下）（『長沼町史』）

和五十九年県営圃場整備事業実施に伴い、遺跡範囲のうち盛土工法による保存のできない約一七〇〇平方メートルについて発掘調査が行われた。

　遺跡に堆積する土壌は七層の土層からなり、うち第一層から第三層までが水田土層で、第四層が有機質の黒色土層、第五層がローム質の褐色土層、第六層が灰色の砂質土層、第七層は礫層となっていた。遺構・遺物があったのは第一層から第五層までで、住居跡などは第四層もしくは第五層の上部で検出された。

　検出された遺構は竪穴住居跡二一棟、土坑一四六基（土器埋設土坑七基を含む）、立石遺構一一基、溝跡三条、井戸跡一基、焼土遺構四基であった。溝・井戸跡は中世のもので、住居跡のうち一一棟は奈良時代のものであった。

塚越遺跡５号住居跡（『長沼町史』）

　住居跡は多数の土坑と交錯し、その構造のほとんどが分からないが、五号住居跡のみ、その詳細が分かった。

　五号住居跡は隅丸長方形を呈し、炉をほぼ中心に設け、長軸を挟んで線対象になるように四本の柱穴が配置されていた。出土遺物はなかったが、炉の形状などから縄文時代の住居跡とみられる。

一五号住居跡は、奈良時代の住居跡で、溝によって破壊されていて住居の構造は不明だが、カマドを有する一辺約五メートルの方形の住居跡と考えられる。

ほとんどの住居跡の構造が不明な中で、多くの住居跡から炉跡が検出された。炉の種別は地床炉、石囲炉、複式炉、カマドと縄文時代から平安時代までのすべての時代の炉跡が見られた。石囲炉でも、炉縁石が馬蹄形に並ぶもの、二重、三重に配列されているものなど種々の平面形を見せており、時代による炉の変遷がうかがわれた。

一四六基ある土坑はその用途により貯蔵穴、墓坑、土器埋納

塚越遺跡２号住居跡炉（『長沼町史』）

塚越遺跡９号住居跡炉（『長沼町史』）

塚越遺跡出土埋設土器（9・10坑）（『長沼町史』）

塚越遺跡出土立石遺構（『長沼町史』）

土坑に分類できる。

　貯蔵穴として使われた土坑は一一九基あり、その分布は、調査地区の西側に住居跡や墓坑と重複しながら集中的に発見された。土坑は直径が一・五～二メートル、深さが〇・八～一・五メートルの円形のもので、開口部から内面が広いフラスコ状の断面形をしていた。貯蔵穴内には木の実などの内容物は残存していなかったが、磨石、凹石、石皿が大量に出土した。

　墓坑と推定される土坑は二〇基あったが、長さ一～一・五メートル、深さ〇・六メートル前後の楕円形、または隅丸長方形を呈していた。幾つかの土坑の底面から琥珀《こはく》製の玉類がまとまって出土した。また堆積土中に骨片が含まれていた。

　土器を埋設した土坑は合計七基あった。幼児の埋葬施設と推定され、土器は斜位あるいは横向きに埋設しているものが多かった。

縄文時代の集落とみられる住居跡から一一基の立石遺構が見つかった。立石の下に土坑のあったものがあったが何らかの標識なのか、この遺構の性格は分からない。

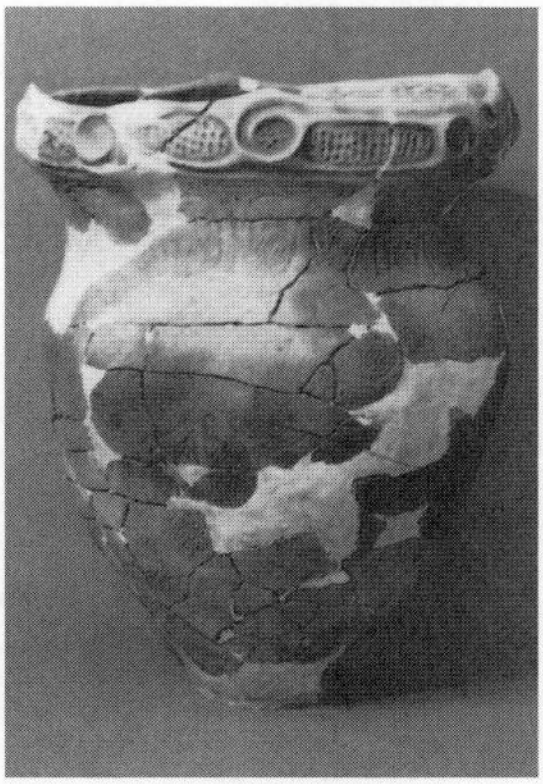
塚越遺跡出土鉢形土器
(『長沼町史』)

左の模写図(『長沼町史』)

土器は主に土器埋設土坑から多量に出土し、その量は中型コンテナに約二〇〇箱もあった。主なものは、縄文時代早期から中期頃までの縄文を地文として有節沈線が施された鉢形土器、人面把手付きの鉢形土器、縄文中期後葉のミニチュア土器などで、ほかに弥生時

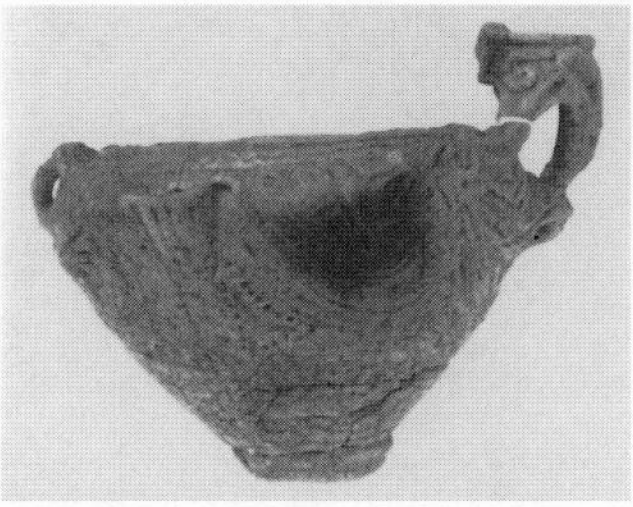
塚越遺跡出土人面把手付土器
(『長沼町史』)

塚越遺跡出土スタンプ状石冠
(『長沼町史』)

代中期の土師器蓋と浅鉢、奈良時代の内外面黒色処理された土師器杯があった。石器では、有茎鏃・無茎鏃・石椎・スクレイパー・石錘・磨製石斧・スタンプ状の石冠のほか、多量の磨石と凹石が出土した。

塚越遺跡は縄文時代中期・後期・晩期、弥生時代中期、古墳時代、奈良・平安時代にわたり断続的に営まれた遺跡で、これまでの調査は全体面積の一割強の範囲の調査であり、今後全体を調査すれば、縄文中期の集落跡では県内屈指の規模の遺跡と考えられる。

◇三夜様遺跡（小中字宮ノ前・境ノ内）

この遺跡は、長沼の中心部から南東に三キロメートルほど離れた境ノ内集落の西側の水田部に位置する。土地耕作者によって土器数片と土偶頭部分が採集されていたが、昭和五十二年県営圃場整備事業の実施に伴い発掘調査が行われた。

調査範囲は東西約二二メートル、南北一二メートルと小範囲であったため、住居跡などの遺構は見つからなかったが、多数の土器片と石鏃、石斧、石錘、土錘、土器片製円盤が見つかった。

土器片は縄文時代早期から晩期までのもので、主体は縄文時代後期のものであった。これら土器の文様は幾何学的構図による横帯文的文様を持つもの、四〜五本の沈線で入組文的な文様が描かれその中に縄文が充填されたもの、縄文を地文としてその上に平行沈線で文様が描かれ

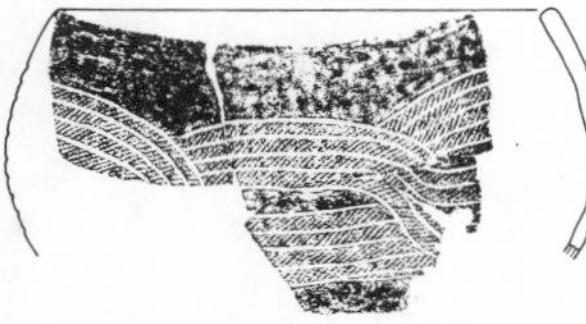

四本の沈線による入組文様の土器（『長沼町史』）

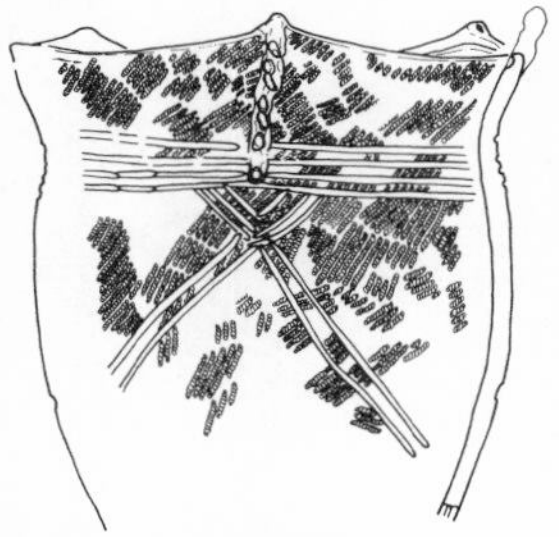

縄文を地文とし平行沈線での文様のある土器（『長沼町史』）

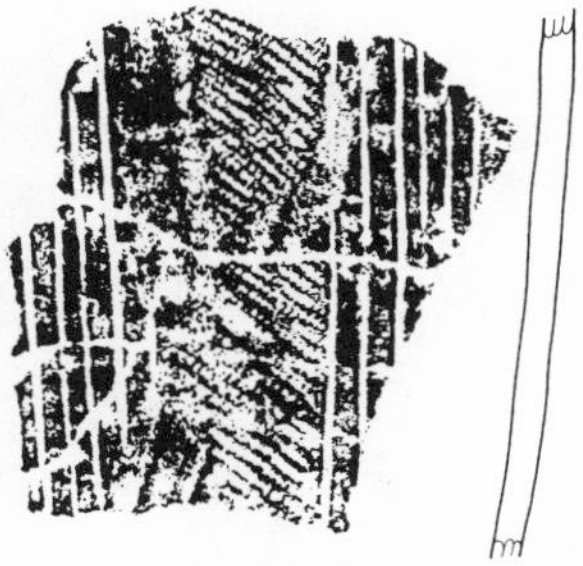

密集した集合沈線で器面が装飾された土器（『長沼町史』）

たもの、密集した集合沈線で器面が装飾されたものなど多様な文様があった。

土器片製円盤は、破損した土器片を利用し辺部を研磨して円盤状に整形したもので六点出土した。直径は二・五〜三センチで、縄文後期の土器片が用いられていた。この用途は不明である。

◇境ノ内前遺跡（小中字境ノ内）

この遺跡は、長沼の中心部から南東に三・一キロメートル離れた境ノ内集落の南側の河岸段丘上に位置する。遺跡の西側で三夜様遺跡と隣接する。昭和五十二年に県営圃場整備事業実施に伴い、長沼町教育委員会が発掘調査を実施した。

土器片が散乱していた丘陵一帯が調査対象となるが、丘陵の東側部分約二〇〇×八〇メートルはトレンチ調査（地面を掘るように切り開き調査する方法）、西側約三〇〇〇平方メートルの範囲は面的は発掘調査が行われた。

その結果、竪穴住居跡二棟、掘立柱建物跡三棟、石囲炉二基、土器埋設遺構二基のほか多数の土坑とピット群が発見された。

一号住居跡は長径四・一メートル、短径三メートルの楕円形の住居跡で、炭化材や炭化物の集中が著しく、火災に遭った住居跡の可能性が高い。

二号住居跡は長径八メートル、短径七・六メートルのほぼ円形の住居跡であった。周溝を巡らし、内部に多数のピットが存在したが、どのピットが柱穴か確認できなかった。住居跡の中央付近に炉跡らしい、やや大きいピットがあった。

掘立柱建物では、一号建物跡は長軸三・八メートル、短軸三・一メートルの長方形を呈する。

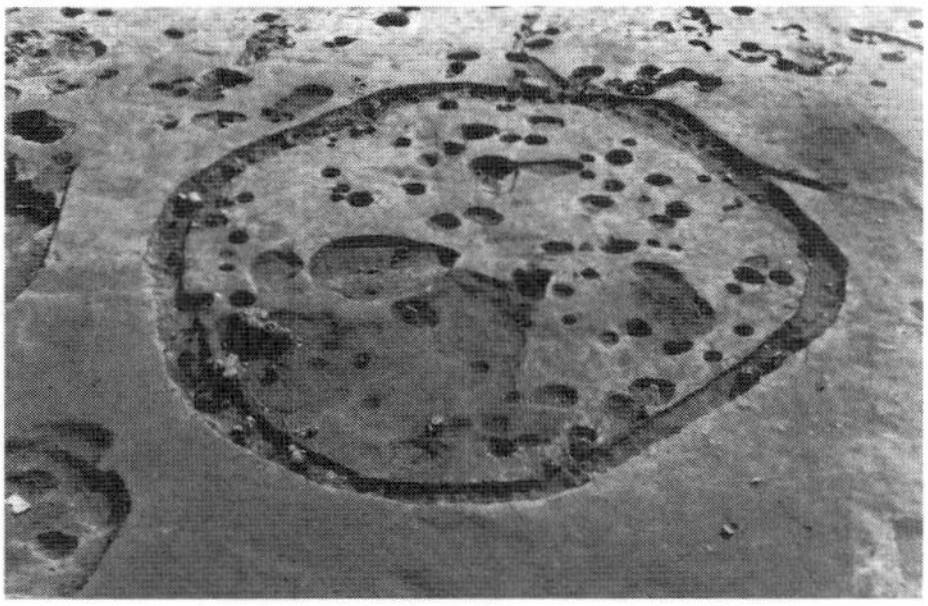

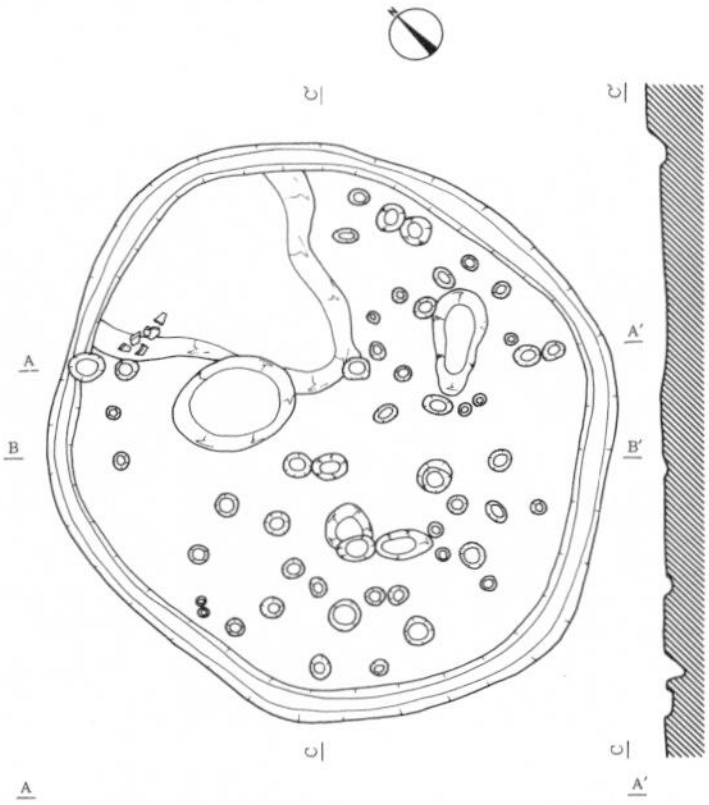

境ノ内前遺跡２号住居跡（上）と模写図（下）（『長沼町史』）

柱の掘形は円形で、上端の径は八〇～九〇センチ、底面までの深さは一・六～一・九メートルであった。柱根跡が残っていた。

二号建物跡は南北方向にやや長い一間×一間（二・八メートル）の方形の建物跡で、四個の柱穴が確認できた。柱の掘形は円形で、上端の径は一～一・一メートル、底面までの深さは七〇～七五センチで、柱根はすべて遺存しており、いずれも径七〇センチ以上の巨木であった。

三号建物跡は八本の柱で構成される二間×二間（三・八メートル）の正方形の建物で、すべての柱穴に柱根が遺存していた。柱穴の掘形は円形で、直径三五～五〇センチと柱の規模も小さいことと七尺等間となっていることから平安時代以降の建物跡と考えられている。

出土遺物は、多量の土器と石鏃・石剣・石匙・石箆・磨製石斧・石錘・線刻礫（棒状の石に線刻を加えたもの）などの石製品、土器片製円盤、銅鏡破片であった。

境ノ内前遺跡２号建物跡の巨木柱
（『長沼町史』）

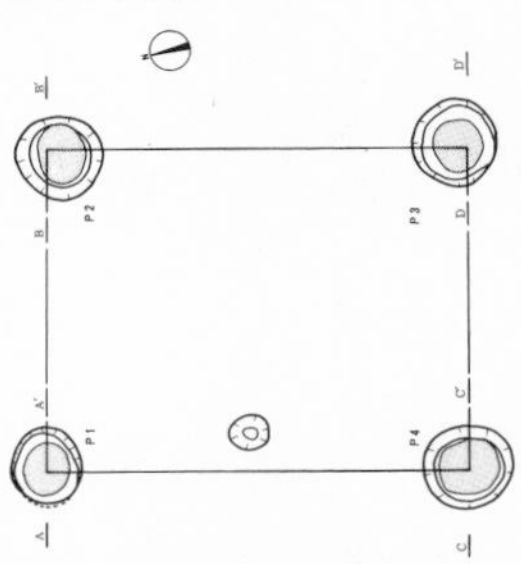
境ノ内前遺跡２号建物跡柱穴図
（『長沼町史』）

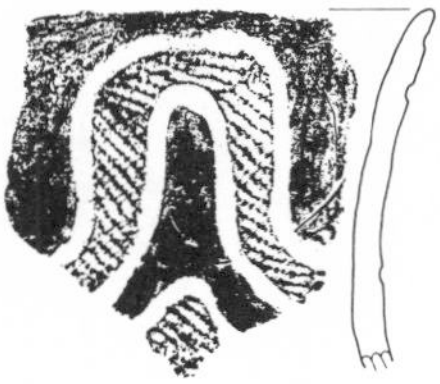

境ノ内前遺跡出土大木式系土器片（『長沼町史』）

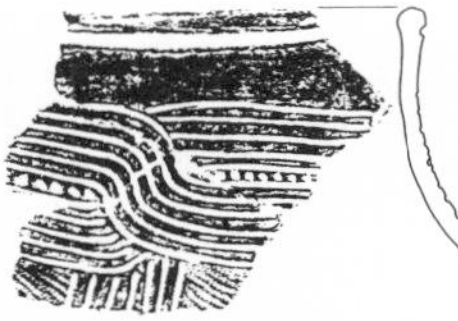

境ノ内前遺跡出土加曾利式系土器片（『長沼町史』）

境ノ内前遺跡出土新地式系土器片（『長沼町史』）

土器は縄文時代中期から弥生時代中期までのもので、この遺跡の西側に隣接する三夜様遺跡から出土した土器と類似するものが多かった。器種が注口土器・深鉢形土器・浅鉢形土器・壺形土器などで、土器様式で見ると関東地方の大木《だいぎ》式土器（栃木県那須塩原市槻沢遺跡出土の土器様式で胴部に半隆帯でつる草のような渦巻文様がある）、加曾利式土器（東京都東久留米市自由学院南遺跡出土の土器様式で口縁部に二本の隆帯線があり、ワラビの芽のような渦巻きが横に連なる）、曾利式土器（山梨県甲州市安道寺遺跡出土の土器様式で環を重ねて隆帯させ把手と曲線で隆帯文様が連続するのが特徴）、新潟県から会津にかけて分布する三十稲葉式土器（新潟県三十稲葉遺跡出土の土器様式で胴部全面に刺突文が施されている）、東北北部地方の十腰内《とこしない》式土器（縄文後期の土器で巴文や入組文を発達させた土器様式）、新地式土器（福島県新地町の新地貝塚出土の土器様式で瘤付土器が多い）などの多様な系統を引く土器があった。

またこの遺跡からも人面状の突起のある鉢形土器片が見つかった。人面は鉢の内側に顔を向けるように付けられていた。

土偶は六体出土した。内訳は足が表現されない板状の土偶、頭部の眉と鼻がT字状に接続し、目と口がドーナツ状に貼り付けられた土偶、ハート型土偶の胴部などである。

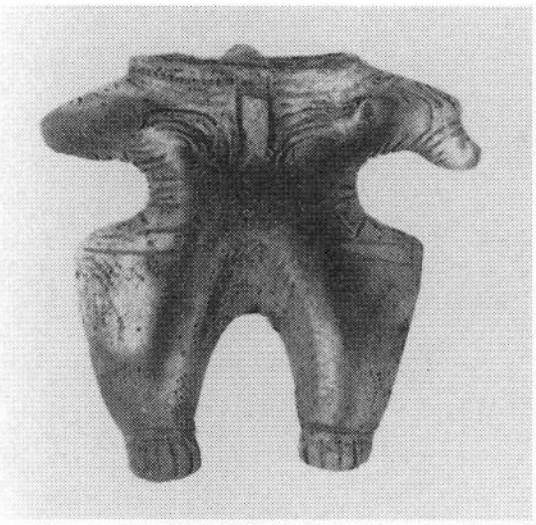
ハート型土偶の胴部

土偶の頭

板状土偶

境ノ内遺跡出土土偶
（『長沼町史』）

◇平藤内遺跡（小中字平藤内）

この遺跡は長沼の中心部より南東へ約三キロメートル離れた、奥羽山脈から続く丘陵の突端部に位置する。昭和五十二年に県営圃場整備事業の実施に伴い、発掘調査が行われた。

その結果、縄文時代中期の竪穴住居跡一棟、奈良時代の竪穴住居跡二棟、ピット一五基が検出され、遺物として縄文土器と土師器が出土した。

一号住居跡は平面形が一辺約六メートルの隅丸方形を呈し、北壁の中央部にカマドと煙道が認められる。床面からピットが五基確認され、カマド左側のやや大きいピット以外は配列に規則性が認められることから柱穴と考えられる。床面から炭化材も検出されており、焼失住居跡の可能性がある。

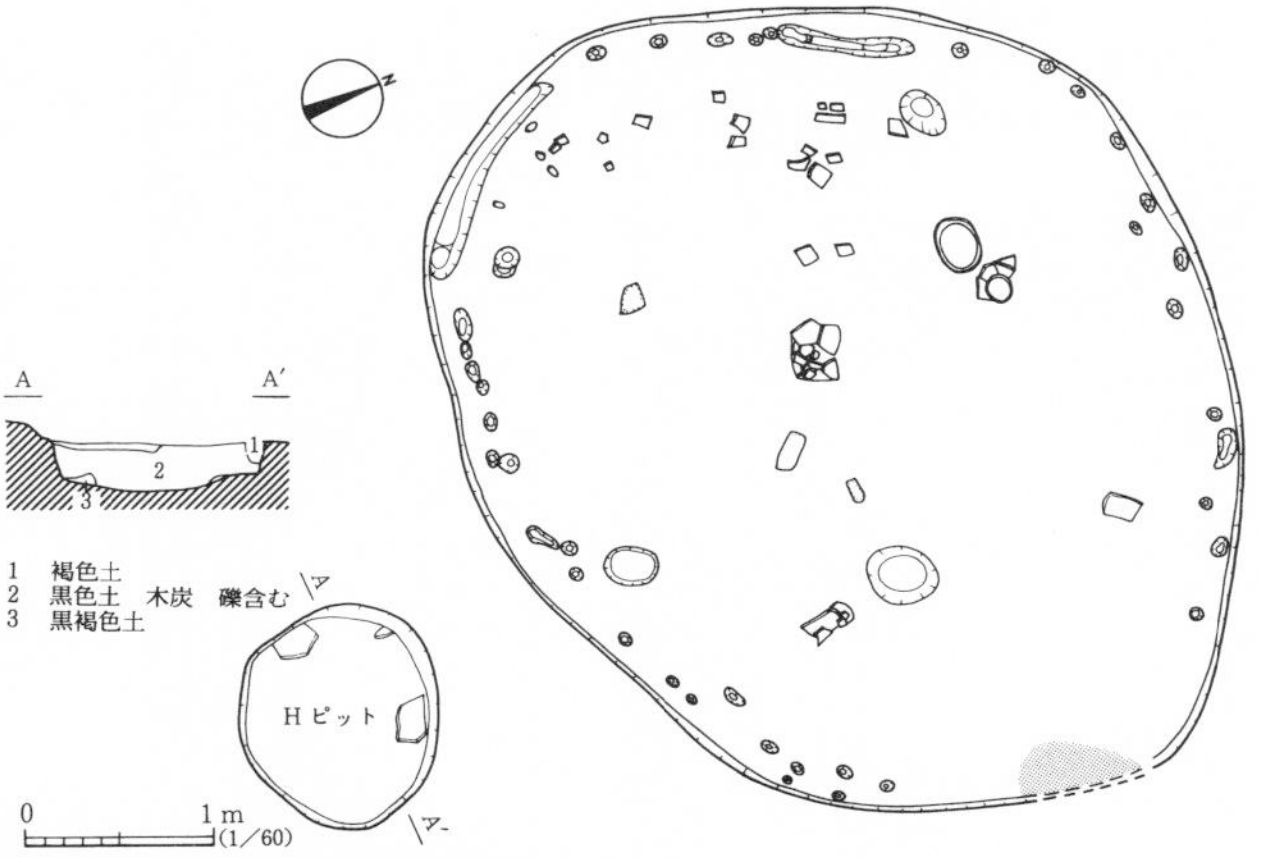

平藤内遺跡２号住居跡模写図（『長沼町史』）

平藤内遺跡２号住居跡（西から）（『長沼町史』）

この住居跡からは、底部外面に墨書跡のある土師器杯と小型甕のほか、粘土紐を渦巻状にして仕上げた深鉢形土器が出土した。この住居跡は土師器類を主体とすることから、奈良・平安時代の住居跡と考えられている。

二号住居跡は平面形が楕円形を呈し、長軸は約五メートルである。

壁沿いに小ピットが並び、部分的に側溝も認められる。床面には比較的大きいピットも認められるが、配列に規則性がなく柱穴かどうかは分からない。

住居跡から、隆帯によって加飾された土器や沈線で文様が描かれた土器などが出土しており、縄文時代中期の住居跡と考えられる。

三号住居跡は平面形が一辺約二・五メートルの隅丸方形を呈し、床面から炭化材が検出されたことから、この住居も焼失住居跡の可能性がある。住居跡から底部をロクロで回転糸切りした土師器杯が出土したことから平安時代の住居跡と考えられる。

調査地区の土坑状ピットからは、頸部がくびれた深鉢形土器や剥片石器、磨製石斧、棒状磨石が出土した。いずれも縄文時代のものと認められる。

◇弁天前遺跡（小中字観音前・穴山）

この遺跡は、長沼の中心部から南東約三キロメートルの平藤内集落の西側水田内にある。

遺跡の北側に接する農道付近に湧水地があり、水の神様の弁財天が祀られているため、この付近は弁天前と呼ばれる。

平藤内遺跡出土深鉢形土器
（『長沼町史』）

平藤内遺跡出土
石斧（上）
剥片石器（下）
（『長沼町史』）

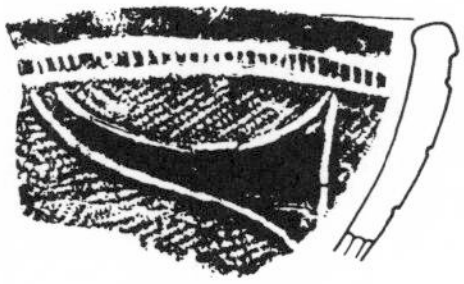

縄文土器片（加曾利式）

土師器高台付杯

土師器皿

弁天前遺跡出土土器類
（『長沼町史』）

　この辺りは土器片や磨石などが出土することで知られていたが、昭和五十二年に県営圃場整備事業の実施に伴い、長沼町教育委員会が発掘調査を行った。

　調査はトレンチ調査であったため、遺跡の全体像は明らかにならず、また住居跡の遺構も発見されなかったが、多量の土器と自然流路跡二条が検出され、その中から多量の木製品が出土した。

　土器類は縄文時代早期から晩期までと弥生時代の土器であったが、その多くは土師器あるいは土師器質土器（土師器でも焼きが弱いもの）であった。

　土師器は高台付杯でロクロで整形が施され、底部や体部下端にかけて回転ヘラケズリがなさ

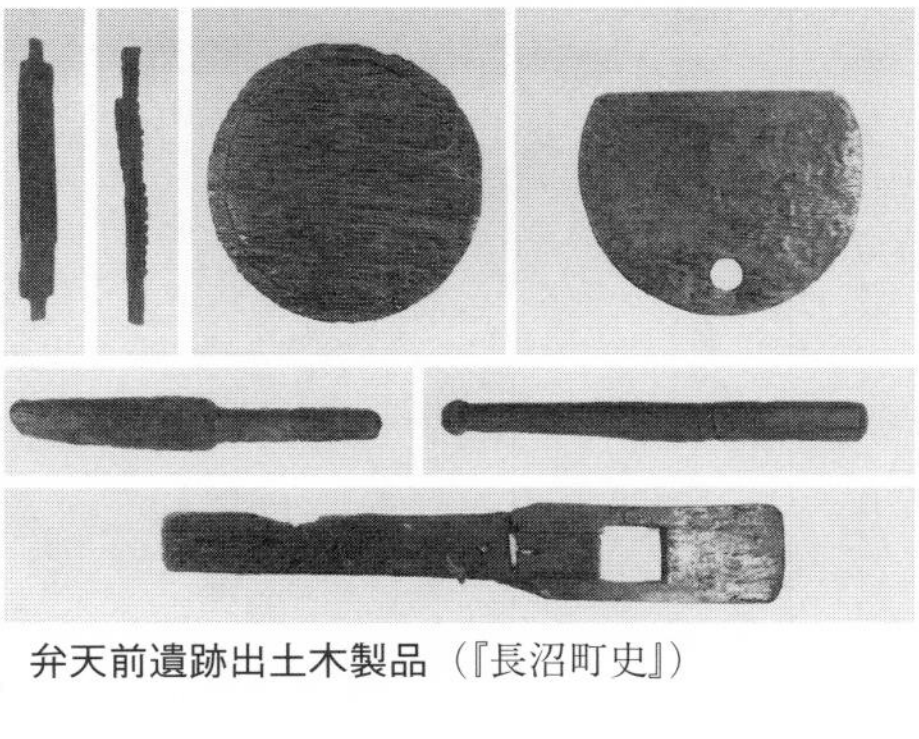

弁天前遺跡出土木製品（『長沼町史』）

れていた。また同時代のものと思われる須恵器杯もあった。土師器質土器はすべて高台付の杯や皿で、これらは祭祀行為に使われた可能性が高い。

二本の流路跡は、弁財天を祀る湧水地から流れ出たもので、水量が豊富なため、たびたび流路を変えたものと思われる。木製品はこの二本の流路から出土したもので、種類は手桶の柄《え》・底板、杵、艪《ろ》のような形態の木製品、曲物《まげもの》の底板などであり、用途不明のものもあった。木製品の年代は伴出遺物がないため不明だが、中世以降のものと考えられる。

◇その他の縄文時代の遺跡

昭和五十年代に長沼地区の各地で、県営圃場整備事業や岩瀬広域農道整備事業が実施されたことに伴い、遺跡の発掘調査が行われた。小中《こなか》地区では三升蒔《さんじょうまき》遺跡・戸ノ内遺跡・上台《うわだい》遺跡、桙衝《ほこつき》地区では古町遺跡・大久内《だいきゅううち》遺跡・門無《かどなし》遺跡・日照田遺跡である。

三升蒔遺跡は昭和五十二年にトレンチ調査、平成六年に発掘調査が行われた。

その結果、奈良・平安時代の竪穴住居跡一棟のほか、住居跡などから縄文土器、弥生土器、土師器杯（中には刻書や墨書のある杯があった）・甕、手づくね土器、少量の須恵器が検出された。

住居跡は一辺が約四メートルの方形を呈しており、東壁際にカマドが構築されていた。床面にピットが四か所あり柱穴と考えられる。

戸ノ内遺跡は、昭和五十一年に記録保存を目的として発掘調査が行われた。

その結果、奈良・平安時代の竪穴住居跡五棟が確認された。住居跡は五棟のうち三棟が重複していた。いずれの住居跡も一辺約六メートルの隅丸方形を呈し、ほとんどの住居跡にカマドがあり、煙道が遺存していた。カマドは壁の中央に位置し、カマドの袖は「ハ」の字形に開き、袖の先端に石が埋められていた。

遺物は土師器の杯・鉢・甕などで、これらにはヘラケズリ・ヘラナデ・ハケメが施され、杯は内面が黒色処理されていた。

戸ノ内遺跡出土カマド（『長沼町史』）

上台遺跡は昭和五十一年に記録保存を目的として発掘調査が行われた。この結果、一五基の塚が確認された。塚の規模は直径約二～三メートル、高さ約一メートル強と推定された。塚は盛土と判断され、人為的な構築物と分かったが、内部には特別な施設も発見できず、遺構の性格は不明である。

大久内遺跡は江花川の南岸、宮本の集落の南方約三〇〇メートル付近の水田内に位置し、県営圃場整備事業実施に伴って昭和五十四年に長沼町が発掘調査を行った。

その結果、竪穴住居跡三棟、ピット群、井戸跡、溝跡が検出された。住居跡はいずれも隅丸方形で、四本柱構造となっていた。カマド、周溝を持ち、カマドに隣接して貯蔵穴があった。住居跡から土師器杯・甕・高杯や手づくね土器、石製紡錘車が出土した。杯は体部に段を持つ有段丸底で、口縁部が直立気味に立ち上がっていた。高杯も杯の形態を踏襲していた。

土師器甕は、胴部中央が最大径を持つものや、口縁部が最大径を持つものなどがあった。調査地区の北側からおびただしい数のピットが検出されたが、形状や並びに規則性はなく性格は不明である。

大久内遺跡は土師器甕の出土量が多いことから、古墳時代後期を中心として縄文時代から奈

大久内遺跡出土有段杯
(『長沼町史』)

大久内遺跡出土有段高杯
(『長沼町史』)

大久内遺跡出土土師器甕
(『長沼町史』)

良時代まで断続的に続いた遺跡と考えられる。

日照田遺跡は境ノ内集落南東に広がる水田内に位置する遺跡で、昭和五十二年に長沼町教育委員会がトレンチ調査やグリット調査（大きい範囲の一部を小区画に区切って発掘調査すること）を行った。

その結果、竪穴住居跡二棟、建物跡とみられるピット群、溝四条、井戸一基が確認された。住居跡は一辺約五メートルの隅丸方形のもので、カマドはなく中央に径六〇センチの地床炉があった。

溝は「コ」状に配置されており、溝に囲まれた内側にピット群があることから建物の周囲を取り囲む周溝と考えられる。

遺物は縄文時代早期の条痕文土器のほか、縄文各期の土器、六世紀頃のものと思われる土師器や須恵器小壺・大甕の口縁部分が出土した。

以上からこの遺跡は、縄文、古墳、奈良時代にかけて断続的に営まれた遺跡と考えられる。

長沼地区の弥生時代の遺跡――薊《あざみ》ノ《の》内《うち》遺跡

長沼地区には弥生時代の土器類が採取されていることにより、一一か所の弥生遺跡が確認されている。

江花地区の寺山遺跡・イサバ遺跡、滝地区の林の越遺跡、長沼地区の塚越遺跡・塚下古墳周辺、志茂地区の東兎内《ひがしうさぎうち》遺跡、小中地区の弁天前遺跡・三夜様遺跡・境ノ内前遺跡・薊ノ内遺跡、矢田野地区の西町遺跡で、縄文時代から続く遺跡が多くすでに発掘調査されたものが多いが、ここでは弥生時代の遺跡で発掘調査された薊ノ内遺跡について詳説する。

薊ノ内遺跡は、江花川の南岸の丘陵地と釈迦堂川北岸の丘陵地との間に形成された沖積平地内に位置する遺跡で、長沼の中心部から南東に約四・五キロメートルの地点にある。

遺跡の中央を南北に村道が通り、西側に境ノ内集落、東側に少し離れて新田《しんでん》集落がある。発掘調査は昭和五十二年と五十三年にわたり行われたが、五十二年に調査された区域をA遺跡、五十三年に調査された区域をB遺跡と呼び区別する。

この調査は県営圃場整備事業実施に伴い、長沼町教育委員会が実施したもので、調査後遺跡はサンドマット工法（発掘調査後に砂を敷きその上に耕土を盛土して保存する工法）により盛り土保存された。

調査の結果、A遺跡からは弥生時代の再葬墓跡とみられる土坑群と平安時代初期の掘立柱建物跡が検出された。そのほか年代がはっきりしない数棟の竪穴住居跡と多数のピットが見つかった。

土坑は二〇か所前後が確認され、そのうち土器の露出していた八基が発掘調査された。

　発掘された土坑は、開口部の大きさ〇・五〜一・二五メートルで、形は円形、楕円形、方形を呈し、その中に一個から六個の大型壺が埋設されていた。文様は縄文、磨消縄文、撚糸文、条痕文が施され、それに加えて幅の広い沈線や平行沈線で文様が描き出されていた。これらの土器には棚倉式土器（胴部が膨んでいる壺で「の」字状の文様を磨消縄文で描いている）や関東地方の須和田《すわだ》式土器（平行沈線で四段に文様を区画し胴部上部と頸部中段に屈曲した波状沈線を描く）の影響が見られた。

薊ノ内遺跡出土棚倉式系土器模写図（『長沼町史』）

薊ノ内遺跡出土須和式系土器　右は模写したもの（『長沼町史』）

　これらの土坑は、弥生時代前半に東日本を中心に盛んに行われた再葬墓に使用されたものと考えられる。再葬墓とは一度遺体を埋葬し、その後掘り起こして骨を集め、これを壺に入れた後また穴を掘り、単独または複数の壺を「土器棺」として埋納するものである。福島県内では棚倉町崖の上遺跡のほか二〇か所以上の遺跡で検出されている。

一号掘立柱建物跡は東西四間×南北二間の長方形の建物跡で、南北にそれぞれ廂《ひさし》を持っていた。柱列は廂を含めて南側九・六メートル、東側八・四メートルの大型の建物であった。建物跡からロクロで回転ヘラケズリを施した土師器が出土したため、この建物は九世紀以降に建てられたものと考えられている。

薊ノ内遺跡出土建物群（『長沼町史』）

このほか、一号建物跡と同規模の建物跡や倉庫らしき建物跡が検出されたが、そのまま埋め戻し保存したので、正確な規模は不明である。
薊ノ内B遺跡は、A遺跡の北東五〇〇メートルの所にあり、その範囲は約二〇〇〇平方メートルに及ぶ。これを三メートル幅に連続して南北方向にトレンチを行って発掘し、掘立柱建物跡三四棟、竪穴住居跡一三棟、大型ピット六基、井戸跡一基、土師器焼成窯二基が検出された。
竪穴住居跡は重複して建てられており、また伴出土器も少ないため棟数や建築時期は不明確だが、六号住居跡のみ遺構が分

薊ノ内Ａ遺跡６号住居跡（『長沼町史』）

薊ノ内Ｂ遺跡１号掘立柱建物跡柱穴群（『長沼町史』）

かっている。六号住居跡は一辺七メートル前後の方形の住居跡で、七本の柱穴があった。そしてこの遺構から、天栄村舞台遺跡から出土した舞台式土器に似た土師器杯・鉢・甕・甑《そう》（こしき）が出土した。これらの土器は九世紀前半のものであることから、この住居跡は平安時代のものと判断される。

掘立柱建物跡も柱穴が重複して正確な棟数は確認しにくいが、確実なものは一号掘立柱建物跡のみである。この住居跡は三間×四間（五・四×七・二メートル）の長方形の建物跡で、やや不規則の径一メートル前後の円形または楕円形の柱の掘穴があった。

このほか遺構の中から縄文早期・前期・晩期の土器と弥生時代の土器が出土した。このことから、この遺跡は縄文時代から、弥生時代、平安時代にかけて断続的に営まれた集落跡と考えられる。

長沼地区の古墳（群）と
それを築造した集落遺跡

長沼地区には、横穴墓（横穴古墳）も含めて一一か所の古墳が遺跡登録されているが、他にも古墳を伴う遺跡があるので、古墳は全体で一四か所ある。

主に丘陵地に築造された高塚古墳は、江花川北岸の丘陵地に多く、三ツ壇古墳群（江花字下原）・諏訪ノ入古墳（長沼字諏訪ノ入）・ジダイ坊古墳群（長沼字ウルイ原）・塚下古墳（長沼字下塚下）・片岸古墳群（志茂字片岸）・末《すえ》津《つ》久《く》保《ぼ》古墳群（志茂字末

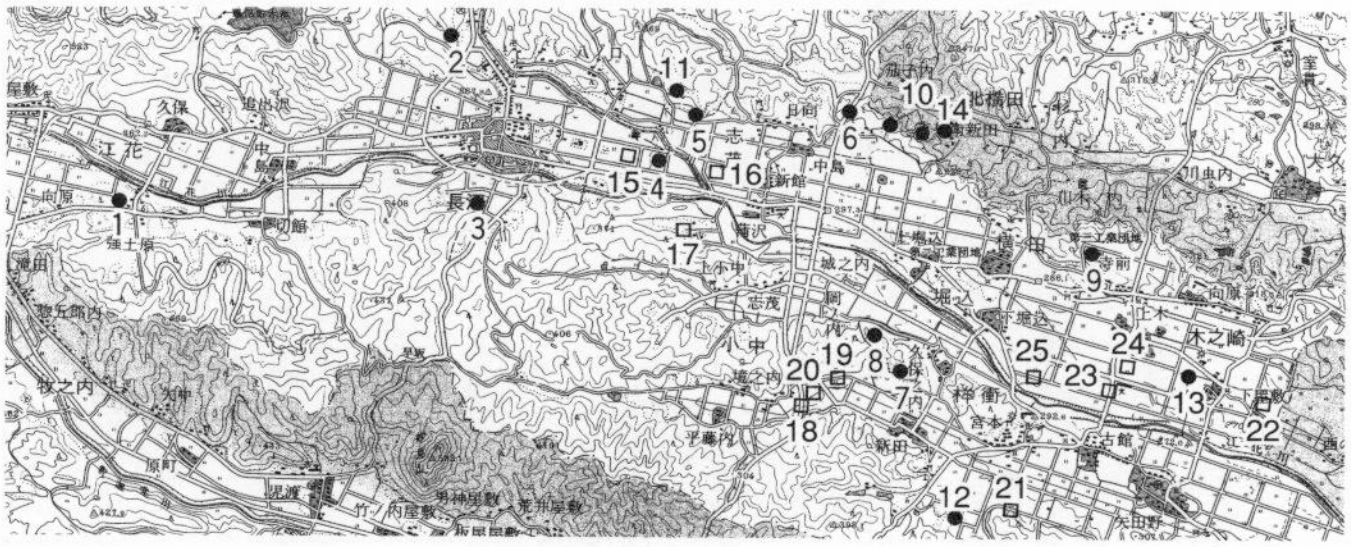

（1/100,000）

●古墳
1　三ツ壇古墳群
2　諏訪ノ入古墳
3　ジダイ坊古墳群
4　塚下古墳
5　片岸古墳群
6　末津久保古墳群
7　才合地山横穴墓群
8　城之内横穴墓群
9　岩崎山横穴墓群
10　洞山横穴墓群
11　東兎内遺跡
12　鍛冶屋古墳群
13　二塚古墳
14　洞山B遺跡

□集落
15　塚越遺跡
16　鶏渡遺跡
17　御宅A遺跡
18　日照田遺跡
19　薊ノ内B遺跡
20　薊ノ内A遺跡
21　大久内遺跡
22　中ノ町遺跡
23　梓塚遺跡
24　善福遺跡
25　九郎五郎内遺跡

長沼地区の古墳の分布（『長沼町史』）

津久保）・東兎内古墳《ひがしうさぎうち》（志茂字東兎内）があり、江花川南岸丘陵地には鍛冶屋古墳（梓衝字鍛冶屋）がある。これら古墳群の多くは未調査であるため、築造年代・築造者は不明確である。平地に築造された古墳は、大半が圃場整備などで消滅してしまったが、塚下古墳と二塚古墳は事前に発掘調査が行われたので全容が明らかになっている。

◇塚下古墳と隣接する鶏渡《にわたり》遺跡

この古墳は長沼字塚下の国道一一八号の北側にあった古墳で、周辺は江花川の氾濫原となっているが、古墳付近はわずかな高台となっている。

昭和五十四年の県営圃場整備事業実施に伴い発掘調査が行われた。墳丘は削平されていたが、周溝を持つ円墳であることが分かった。

全体の規模は、周溝も含め直径三一・五メートルである。周溝は平均すると幅四・五メートル、深さは西側で一・四五メートル、東側で一・五メートルあった。墳丘西側の周溝は一部が高く橋状になっており、これは古墳外部からの渡り橋と考えられる。

石室は横穴式石室で、墳丘南西部に二基検出された。北石室は自然石をT字形に積み上げたもので、長さ三・三メートル、幅一・一メートルであった。側壁は平らな自然石を並べ、裏込めに大きな石を使っていた。羨道《せんどう》は長さ二・二メートル、幅〇・七五メートルで、平らな自然石を積み上げ、裏込めに粘土と砂利を詰めてあった。羨道と石室の間には大きな河原石を使って閉塞石としていた。

南石室は北石室より南に四・六メートル離れた位置にあったが、基底部付近が残存するのみで規模などは分からない。

出土遺物は、北石室内に管玉・丸玉・切子玉などの玉類と鉄刀と思われる鉄器片があった。

発掘時の塚下古墳（『長沼町史』）

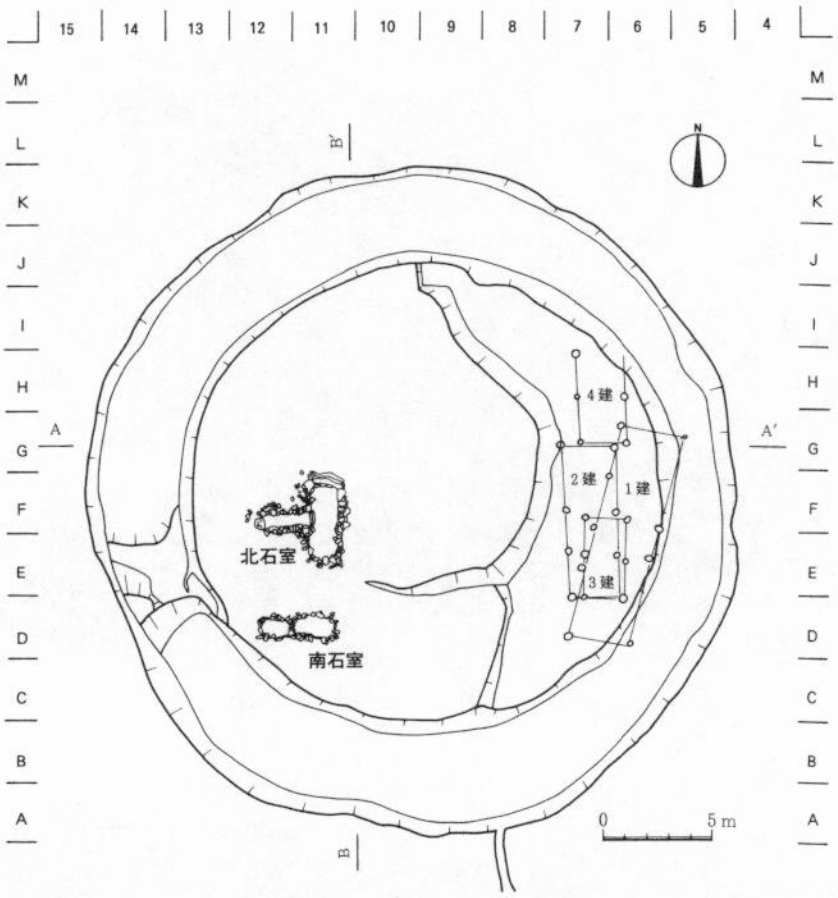

塚下古墳模写図（『長沼町史』）

また古墳封土や周辺から石斧、線刻入り石器、縄文・弥生土器片（器種は長頸壺・甕・蓋など）が見つかった。

塚下古墳は、出土遺物から六世紀後半頃の造営と推定される。

鶏渡遺跡は江花川と簀《す》ノ子川の合流点の志茂字鶏渡にあり、塚下古墳とは五〇メートルも離れていない近距離にある。

昭和五十三年に県営圃場整備事業実施に伴い、記録保存を目的として発掘調査が行われ、竪穴住居跡九棟、掘立柱建物跡一棟、土坑が検出された。

住居跡はほとんどが隅丸方形を呈し、規模は一辺が三・五〜六・五メートルである。住居の柱穴はおおむね四個で、正方形の配置になっていた。三棟の住居跡からカマド跡も見つかった。

出土遺物は土師器杯、須恵器杯・鉢、ミニチュア土器で、これらの遺物から、この遺跡は古墳時代後期から奈良・平安時代の集落跡と考えられる。

塚下古墳北石室（東から）（『長沼町史』）

鶏渡遺跡全景（『長沼町史』）

◇二塚古墳と周辺の集落遺跡

二塚古墳は木之崎の下木集落の西側、県道木之崎・岩渕線の南側の江花川北岸の低い河岸段丘上にあり、周辺は水田となっている。

県営圃場整備事業の実施に伴い、昭和五十六年から五十七年にかけて発掘調査が行われた。その結果、調査地区内から円墳二基、古墳の周溝一基、掘立柱建物跡二棟、竪穴住居跡一棟、陥し穴とみられる土坑四〇基、溝跡一条が検出された。

二塚古墳１号墳全景（『長沼町史』）

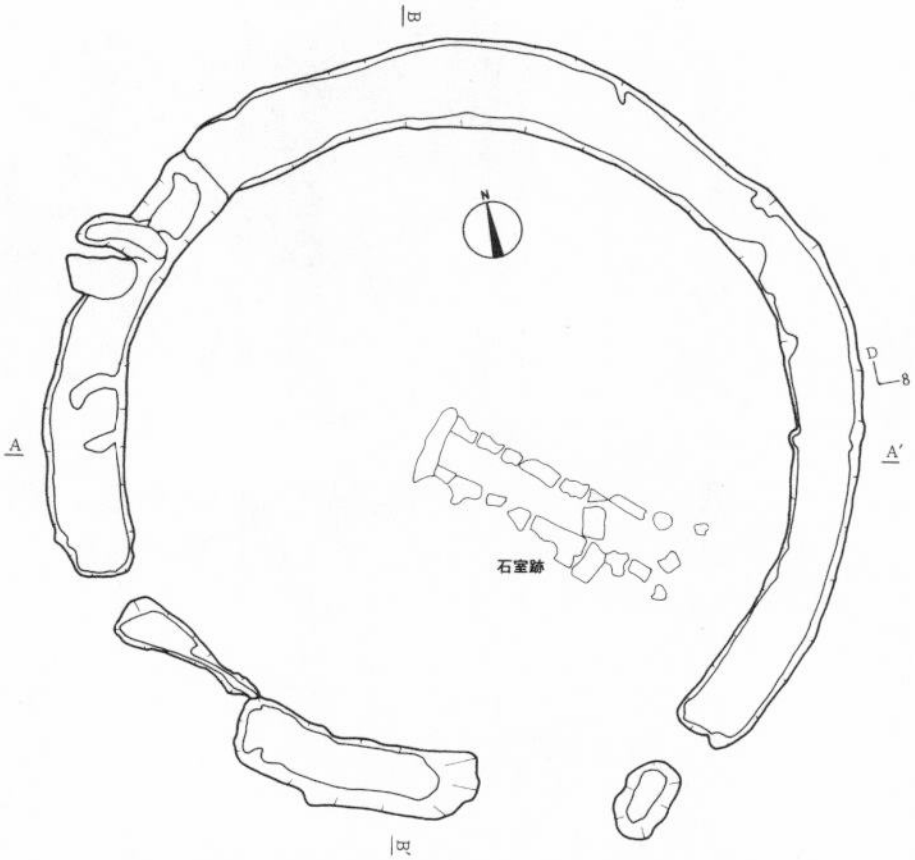

二塚古墳１号墳模写図（『長沼町史』）

一号墳は円墳で、周溝のほか横穴式石室の基底部が検出された。古墳の規模は、周溝外側からの測定で、直径一六メートル、周溝の深さ四〇

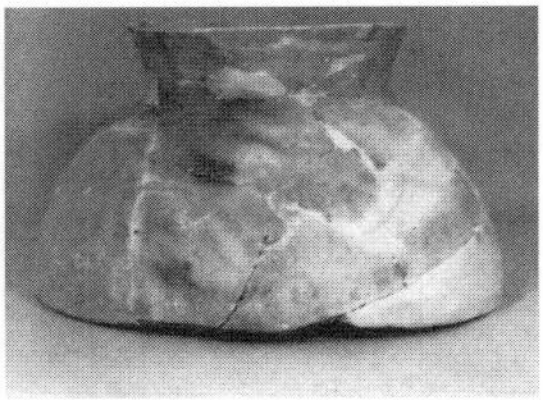

二塚古墳出土土師器椀
（『長沼町史』）

二塚古墳出土須恵器高杯
（『長沼町史』）

センチであった。

基底部の痕跡から推定される石室の規模は、長さ六メートル、幅一・八メートルで、玄室部分は長さ三・四メートル、幅一・二メートルであった。玄室と羨道の間には閉塞石の痕跡が確認された。

二号墳も円墳で、周溝のみが検出された。円墳の直径は周溝外側で二二メートル、周溝の幅は三メートルであった。

県道側の調査区域から掘立柱建物跡と竪穴住居跡が検出された。掘立柱建物は二棟とも二間×三間（三六×五四メートル）の大きさで、梁行方向に一間分の張り出し（建物から突き出た部分）が設けられていた。

竪穴住居跡は南北に長い長方形を呈し、南北壁の長さは四・六メートルであった。柱穴は四本で北壁にカマドを付設し、住居内から外に一・四五メートルの煙道が延びていた。

出土遺物は筒形土器、土師器杯・椀・甕、須恵器高杯で、土師器杯には「昆」「水」と墨書されたものや「加」と刻書されたものがあった。

二塚古墳の周辺には、二塚古墳の築造にかかわったと思われる多くの集落遺跡がある。東側に中《なか》ノ町《まち》遺跡、西側の段丘面に善福遺跡・梓塚遺跡・九郎五郎内遺跡がある。これらの遺跡は連続する集落遺跡とみられ、二塚古墳の被葬者はこれら集落の有力者であったと考えられる。

中ノ町遺跡１号住居跡（『長沼町史』）

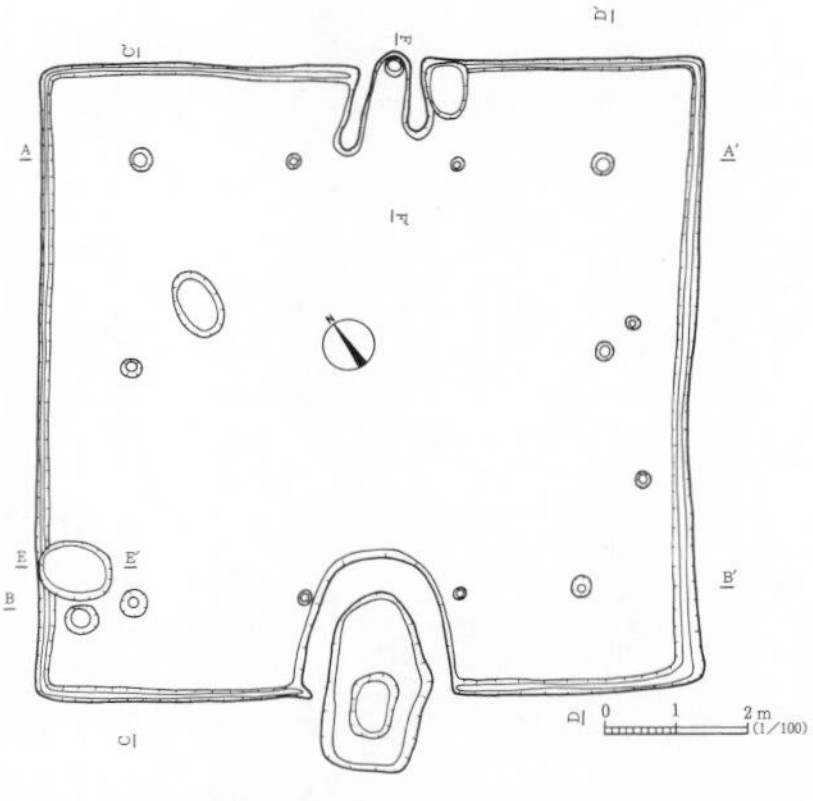

中ノ町遺跡１号住居模写図（『長沼町史』）

中ノ町遺跡は木之崎の下屋敷集落の北側にある遺跡で、昭和三十二年に耕作中に土師器甕が出土して遺跡の存在が知られていたが、昭和五十五年に県営圃場整備事業の実施に伴い発掘調査が行われた。その結果、古墳時代後期の竪穴住居跡四棟、掘立柱建物跡二棟、溝跡、土坑が検出された。

　竪穴住居跡は古墳時代後期に属し、住居跡はいずれも整然とした方形を呈し、規模も他の時期に較べても大型で規格性が高いという特徴を持っている。住居跡は柱穴が四本のもの（二〜四号住居跡）と六本のもの（一号住居跡）があり、いずれも北壁中央に大型のカマドを付設し、左右どちらかに貯蔵穴を持っていた。

　一つの掘立柱建物跡は二間以上の梁行を持ち、一〇個の柱穴が確認できた。他の一棟の形状は分からない。

　遺物は住居跡などから少量の縄文土器と多量の土師器が出土した。縄文土器は完形のものはなく、破片の文様は神奈川県三戸《みと》遺跡の様式とする細い沈線を集合させて格子目状にしたり、あるいは平行沈線を描いたりするもので、県内では類例の少ない貴重な土器である。

　土師器の器種は杯・椀・甕で、その文様は様々である。

中ノ町遺跡出土縄文土器片
（『長沼町史』）

　善福遺跡は木之崎の上木集落南側の江花川北岸の段丘上にある遺跡で、昭和五十七年に県営圃場整備事業実施に伴い発掘調査が行われ、古墳時代後期と考えられる竪穴住居跡三棟、土坑二五基、溝跡四条、時期不明のピット多数が検出された。

住居跡は一辺が四メートルの方形もしくは隅丸方形を呈し、西側もしくは北側にカマドが設けられ、うち一棟には南壁隅に煙道が確認された。床面で確認したピットは六〜一三個あったが、柱穴となるピットは四個で四角形の配置になっていた。

出土遺物は、土師器杯・甕・鉢・高杯、鉢形土器、赤焼き土器小皿があった。土師器杯の一つに底部外面に墨書と線刻の跡があった。

善福遺跡出土住居跡（『長沼町史』）

九郎五郎内遺跡16号住居跡（『長沼町史』）

九郎五郎内遺跡は善福遺跡の西側にあり、大きな集落遺跡と考えられる。

昭和五十九年に県営圃場整備事業実施に伴い発掘調査が行われ、古墳時代後期を主とする竪穴住居跡二四棟、掘立柱建物跡一棟、土坑一二基、溝跡六条が検出された。

住居跡はおおむね隅丸方形を呈するものが多く、規模は一辺の長さが最大八・二メートル、最少四・三メートルであった。カマドの位置は北側にあるもの一一棟、西側六棟、東側三棟、南側一棟であった。カマドの袖は、粘土を積んで築き、その中に石や土師器の甕を埋設していた。

九郎五郎内遺跡出土土師器甕
（『長沼町史』）

柱穴は四本柱が多く、壁溝のあるものも少数あった。

出土遺物は圧倒的に土師器が多く、器種は杯・高杯・甕・鉢・甑・筒形土器で、須恵器杯・甕・壺・高杯が少量出土した。

桙塚遺跡は木之崎字上沖の江花川の段丘上に位置する遺跡で、北側に善福遺跡、西隣に九郎五郎内遺跡があり、桙塚遺跡はこれらの集落遺跡と連なる一大集落跡であると考えられている。昭和五十八年に県営圃場整備事業の実施に伴い発掘調査が行われ、竪穴住居跡四一棟、掘立柱建物跡と思われる小穴群一か所、土坑一六基、円形状溝跡一条、溝跡一二条が検出された。

住居跡はおおむね方形を呈し、一辺が二～六メートルで、中でも一辺四メートルの住居跡が多く、次いで五メートル前後のものが多かった。カマドはどの住居跡にもあり、壁の中央に付設されていた。

円形状溝跡は円塚（古墳かは不明）に伴う遺構と推定される。その他の溝跡は、住居群を区画する溝か古墳の周溝かは発掘範囲が少なかったため、解明されなかった。

出土遺物は住居跡などから、土師器杯・高杯・甕・甑、須恵器の壺・甕・長頸瓶と土製勾玉、

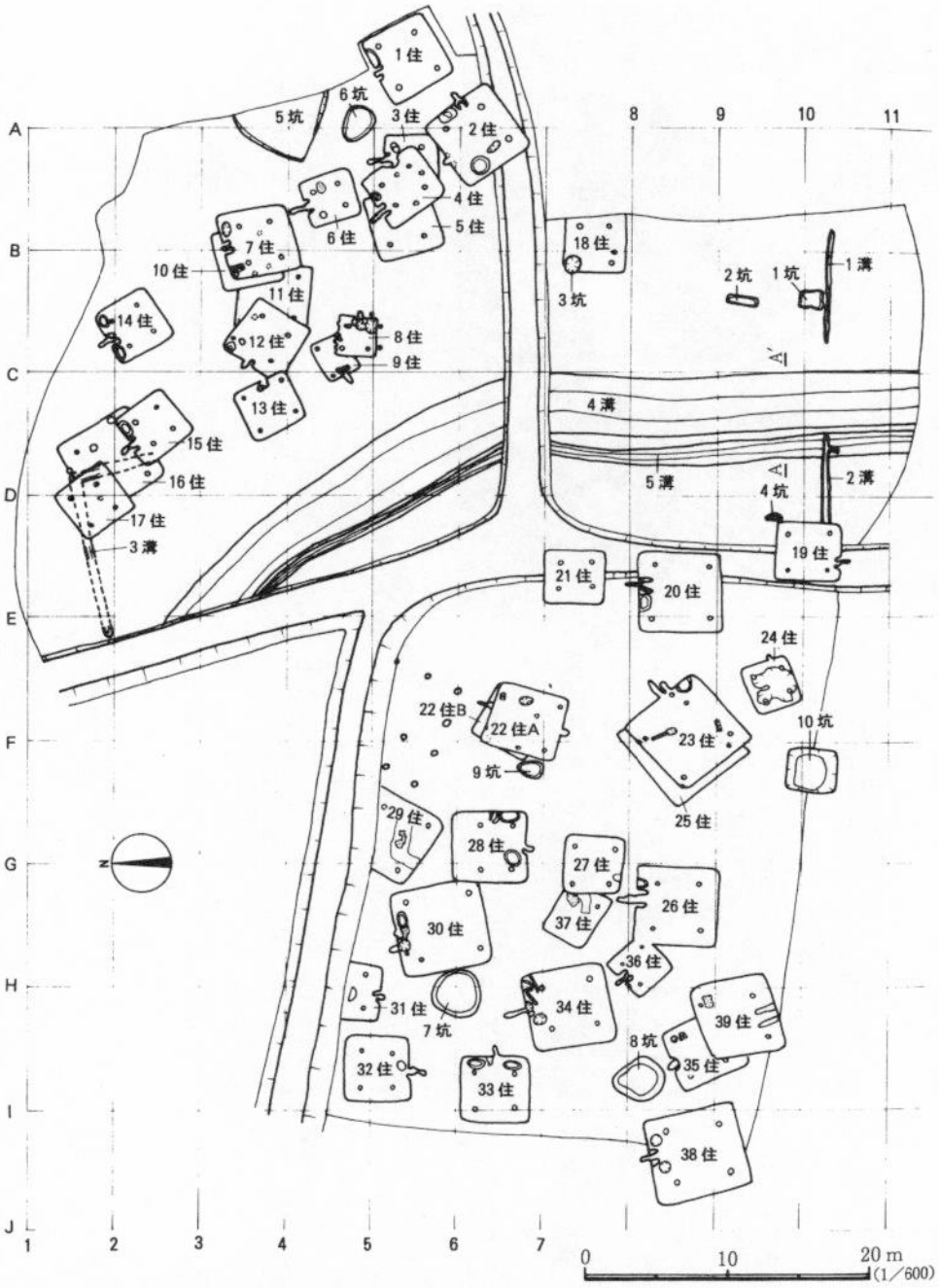

桙塚遺跡遺構配置図（『長沼町史』）

桙塚遺跡２号〜６号住居跡（『長沼町史』）

土製紡錘車、金銅製耳環が出土した。土師器は平底に近い丸底で、体部に段を持つものが多く、内面はミガキと黒色処理され、外面はケズリとヨコナデにより仕上げられていた。

長沼地区の横穴墓は、江花川を挟んで北岸に洞山《ほらやま》横穴墓群・岩崎山横穴墓群、南岸に才合地《さいごうち》山《やま》横穴墓群・城之内横穴墓群がある。これらは江花川流域で稲作を営み、富を蓄えた有力農民が、家族の墓地をここに築造したものと思われる。

才合地山横穴墓群１号横穴墓・玄門と副室
（『長沼町史』）

◇才合地山横穴墓群（大字桙衝字才合地山）

この横穴墓群は桙衝神社の西方、江花川南岸の通称才合地山と呼ばれる丘陵地の南斜面に築造されていた。

昭和四十三年に長沼町教育委員会が発掘調査を行った。その当時は横穴墓は三基と推定され、うち一基のみ調査された。他の二基は調査が行われず、現在は所在が不明である。

調査された一号横穴墓は南斜面の凝灰岩に掘削されたもので、ほぼ南西に開口した両袖式の横穴墓である。

玄室は東壁の奥行が短い不整の四角形で、西壁の長さ二一・六四メートル、東壁は二・三二メートル、東西の幅は最大部

才合地山横穴墓群出土台付き直口壺
(『長沼町史』)

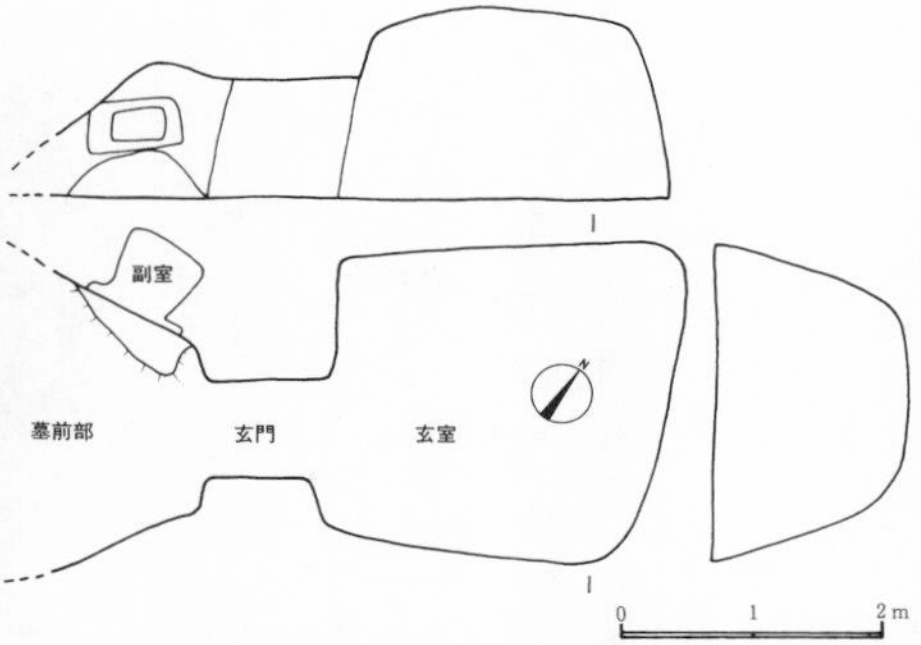

才合地山横穴墓群１号横穴墓模写図(『長沼町史』)

で二・六メートル、天井はドーム型を取り、床面から天井までの高さは最大で一・五四メートルあった。

玄門は東側に偏《かたよ》って設けられ、高さは一メートル前後であった。玄門の前方には八状に開いた墓前部が造られ、その長さは二・三五メートルであった。墓前部の西壁には、入口部幅〇・六四メートル、奥行〇・七二メートルの副室があった。

玄室内や玄門部付近の堆積土中から鉄鏃・鉄刀・刀子・馬具・ガラス製小玉・土師器・須恵器などが出土した。注目すべき遺物は鉄製馬具で、轡《くつわ》と兵庫鎖が出土した。轡は馬を制御する用具で、環状の鏡板を持ち、銜《はみ》は二連式で引手の引手壺《ひきてつぼ》は外傾していた。また、兵庫鎖は鞍壺と腹帯を結ぶ用具である。

この古墳は、このような副葬品の特徴から六世紀後半から七世紀初期にかけて築造されたものと考えられている。

◇洞山横穴墓群（横田字洞山）

この横穴墓群は横田集落の北西にある丘陵地の南斜面に位置する。横穴墓は丘陵から張り出した小さな枝脈によって形成された谷戸（谷の入口）により、二つのブロック（A地区、B地区）に分かれて群を形成している。

この横穴墓群は古くからその存在が知られていたが、平成二年に民間の大規模開発事業に伴い分布調査が行われ、二八基の横穴墓が確認された。そしてその後の追調査により新たに一四基の横穴墓が確認された。

A地区の横穴墓は、谷戸西側の小枝脈南斜面の標高三〇〇～三〇五メートルの間に分布する

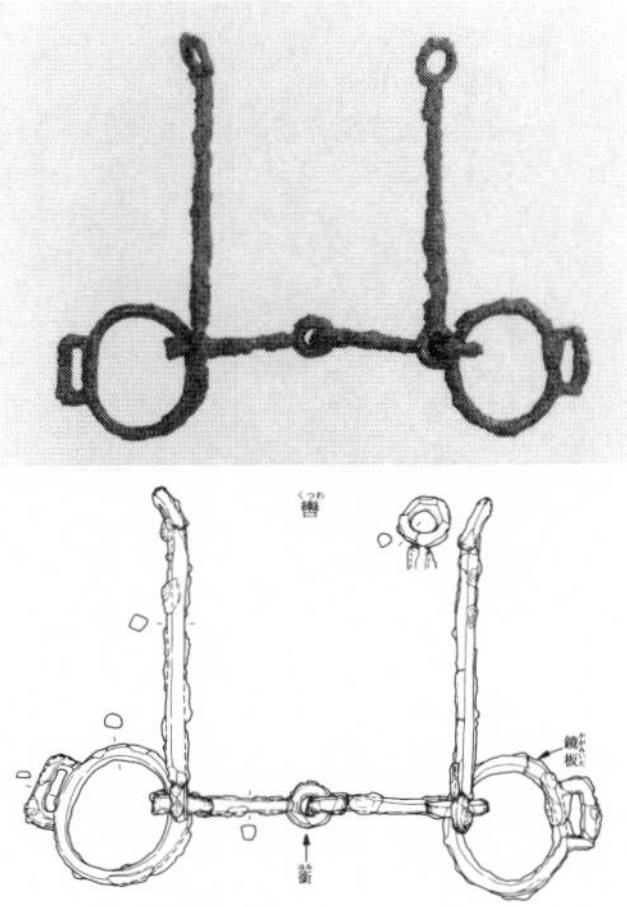

才合地山横穴墓群出土銜
写真（上）　模写図（下）
（『長沼町史』）

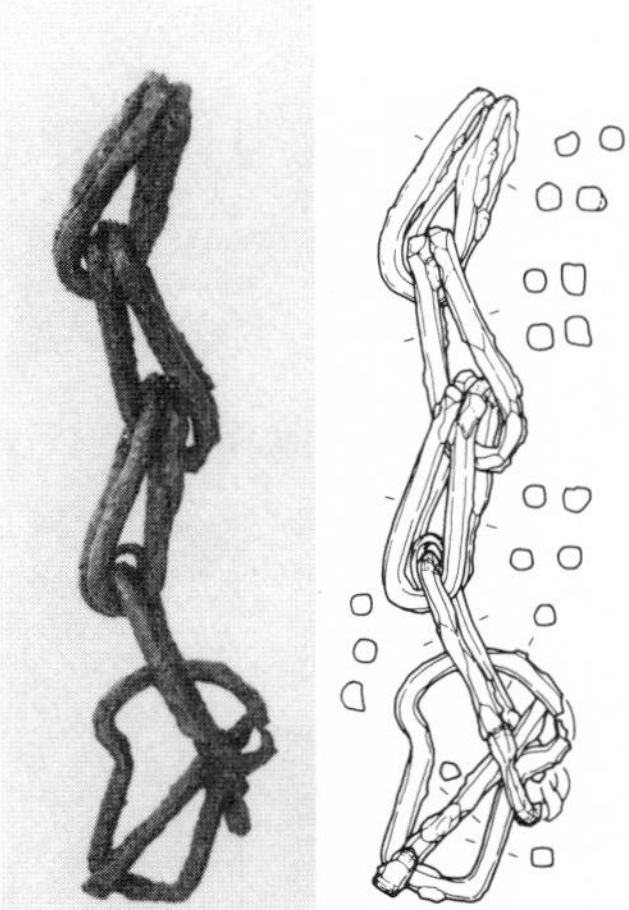

兵庫鎖　写真（左）　模写図（右）
（『長沼町史』）

もので、現在一五基確認されている。その内訳は開口五基、陥没五基、埋没五基で、横穴墓は等間隔で直線状に並び、二段ないし三段になっていたと考えられている。

三号横穴墓は調査以前に開口が確認されていたもので、玄室内に多量の土砂が流入し、天井の一部が崩壊していた。玄室は一辺が約二メートルの隅丸方形の平面形を呈する。天井は扁平なドーム型で玄門は短く、玄室と羨道をつなぐ床面には区切りの段があり、段上に閉塞に使った河原石が数個残存していた。羨道部の左側壁には方形のテラスを有する副室が掘り込まれていた。

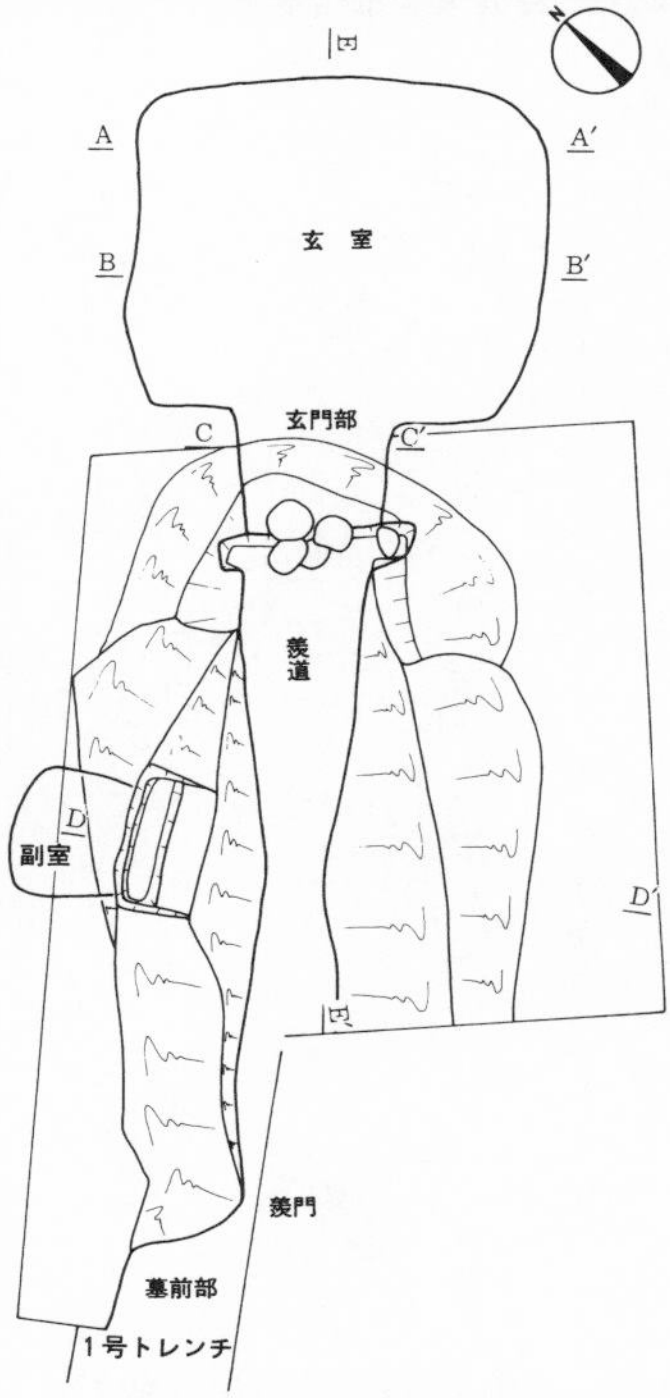

洞山横穴墓群３号横穴墓　写真(上)
模写図(下)（『長沼町史』）

洞山横穴墓群１号横穴墓完掘状況
（『長沼町史』）

副室の平面形は丸みを持った方形である。
玄室内には副葬された遺物はなかったが、玄門部と羨道部の堆積土中から、須恵器杯・甕、土師器杯・𤭯《はそう》、有茎鉄鏃、刀子、直刀鐔《つば》が出土した。

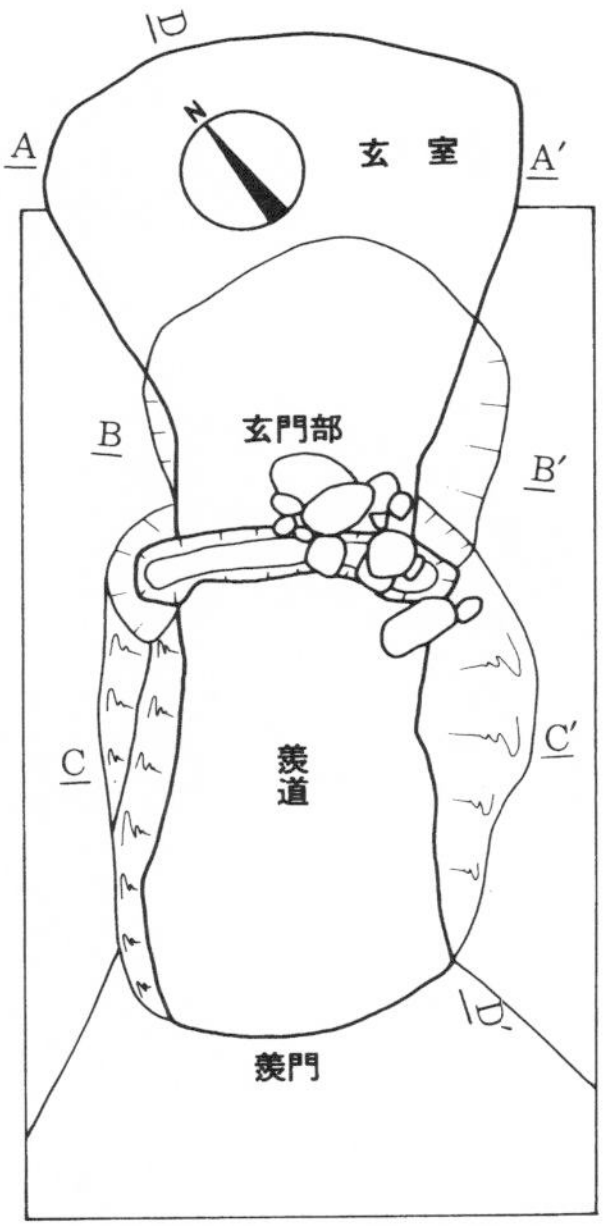

洞山横穴墓群１号横穴墓模写図
（『長沼町史』）

B地区の横穴墓は谷戸の東の小枝脈南斜面に位置し、標高三一〇～三二〇メートルの間に分布する。ここも昔から横穴墓の開口が知られており、字名の「洞山《ほらやま》」もこれに由来する。横穴墓は丘陵の稜線に沿って直線的に配列されており、二、三段あるいはそれ以上の段構成をなしていたと考えられている。

Ｂ地区一号横穴墓は斜面の頂上付近に構築され、玄室の平面形は奥壁側に開く逆台形をなし、奥行一・八メートル、天井までの高さ一・二メートルで天井は扁平なドーム型を呈している。玄門部は短く、玄室と羨道との区別は明確でない。玄門部と羨道の境には溝が掘られ、その周辺には閉塞石の一部が残存していた。

出土した遺物はほとんどなく、羨道部の堆積土中より土師器杯の小片が出土したのみである。

洞山横穴墓群は、石室の形から六世紀末から七世紀初頭にかけて築造されたものと考えられる。

洞山横穴墓群の横穴墓は現在全部で四二基確認されているが、洞山横穴墓群の立地する丘陵の南斜面ばかりでなく、他の範囲にもはるかに上回る数の横穴墓があるのではないかと推測されている。

長沼地区の中世城館跡 ―― 昔の姿をそのまま残す長沼城跡

長沼地区には以下のとおりの中世城館がある。

城館名	所在地	遺構の状況など
松山城跡	横田字松山	城の沿革は不明。比高五〇メートルの高地を利用して築城され、山頂を中心に階段状に郭が構築されている。主郭のある尾根の東端に幅一二メートルの空堀を設け侵入を防いでいる。
木之崎城跡	木之崎字南北《みなみきた》	江花川北岸に位置し、通称館屋敷と呼ばれる平城。永禄年間木之崎筑後守の築城といわれる。館は約二五〇メートルの方形の規模を持ち、館の西側に幅七・五メートル、高さ三メートルの二条の土塁を置き、その外側に幅一三～一四メートルの水堀があった。外側には西郭や館屋敷があった。
桙衝館跡《ほこつきだて》	桙衝字古館	館は江花川を自然の外堀として築城され、東西一六三メートル、南北二四〇メートルの規模を持ち、水田面より三メートル高い。館跡は現在、宅地にされているが遺構の北側に幅一四メートルの水堀跡とその内側に幅一七メートル前後の土塁が残されている。戦国期に須賀川二階堂時藤の家臣塚原伊予が居城した。
矢田野城跡	矢田野字藤原	水田より二メートル高い微高地に築城された輪郭式平城。道路工事などにより削り取られ、旧観は失われているため地籍図により復元すると、内郭（主郭）は東西約一二〇メートル、南北約一〇〇メートル、面積約一万二〇〇〇平方メートル（一町二反）の規模を持ち、北・西・南に土塁を巡らし、その外側に幅五～六メートルの内堀があった。外郭は東西約二八〇メートル、南北約二〇〇メートル、面積約五万六〇〇〇平方メートル（五町六反）であった。永禄年間二階堂為氏の二男二階堂阿波守が居城した。
岩瀬長沼城跡	長沼字日高見山	別記
長沼北古館跡	江花字古館	別記
長沼南古館跡	江花字弘法田	別記

臼ケ堂山陣場跡	長沼字臼ケ堂山	長沼城の南東約一・五キロメートルにある江花川南岸の半島状丘陵先端部に構築された陣場跡。 山頂を削平して主郭を置き、南・北・西側の三面は急崖をなし、南側は土塁や空堀が取り囲んでいる。
東山陣場跡	志茂字東山	志茂の日向集落の背後の丘陵地にあり、館跡は山頂と中腹、南麓に下る尾根筋に構築されている。本郭は東西約一〇〇メートル、南北約一〇〇メートルの規模で、西側に自然の地形を利用して空堀が設けられ、各所に土塁が置かれている。築城の沿革は不明だが、戦国時代長沼城防備のため築城されたと考えられている。

ここでは昔のままの姿で残る岩瀬長沼城、および発掘調査が行われた長沼南古館と長沼北古館について詳説する。

◇岩瀬長沼城

長沼城は、長沼町北部、半島状に西から東に張り出した丘陵の先端部の日高見山に主郭がある。西北部の地蔵堂のある山陵は、日高見山との間の窪地を利用して空堀を設けて切断され、日高見山は一つの独立丘陵の形をとっている。城は丘陵の山頂と中腹を巧みに利用して郭部を置き、山麓の平地を組み合わせ、自然の地形を最大限に利用した縄張りを持つ平山城である。

本丸の平面は三角形に近い台形をなし、規模は東西六五メートル、西辺一八メートル、東辺六一メートルで、現在も西・北・南側の一部に石塁が残っている。西側の石塁の高さ二・四メートル、塁上の幅は最も広い所で五・三メートルである。南・北側の石塁は高さ一・三〜二・四メートル、幅は二・三〜三・九メートルである。東北部の土塁上部に石積みがあるが門跡と思われる。

二の丸は本丸の西面に張り出し、本丸石垣より六・七メートル低く、東西三〇メートル、東辺一八メートル、西辺四〇メートルの台形である。北・西・南西側は四五度の角度の芝土塁となっており、南西の角から北に長さ一四メートル、高さ一・三メートル、幅二メートルの土塁跡がある。その構造は上半分は

岩瀬長沼城跡

土、下半分は川原石による野面《のづら》積みとなっている。

本丸と二の丸の南側と北側に、帯郭がある。北帯郭は本丸より一二メートル、二の丸より六メートル低く、長さ五四メートル、幅一八メートルである。

南帯郭は長さ一〇〇メートル、幅一六メートルで、西方がやや広く、東方はやや狭い。

西櫓は二の丸の西南にあり、二の丸より五メートル低く、面積約四八〇平方メートルの不整

四角形の平場になっている。櫓のある平地は西南角に突き出ており、西部方面を展望しやすい構造となっている。二の丸とは板橋でつながっていた。

東三の丸は本丸の東に張り出し、二段になっている。下段の平場は本丸より一二メートル低く、本丸東北端にある東櫓より六メートル低い。上段の平場から本丸土塁づたいに急坂を登ると本丸東門跡に至る。

東櫓は東三の丸北東に張り出し、南帯郭と対をなしている。この櫓は東北角に突き出て南側に開く狭長な五角形をなしている。櫓の東・北二面に石塁があり、石塁の下は絶壁となっている。しかし、ここは昭和四十八年に水道の貯水池が造られ、原形がなくなってしまった。

大手は、県道長沼・喜久田線の通る北城下側から南に三二メートルの地点に確認できる。

このほか、長沼城には付帯施設として、城下防衛や物見のための坂下郭や稲荷郭があった。

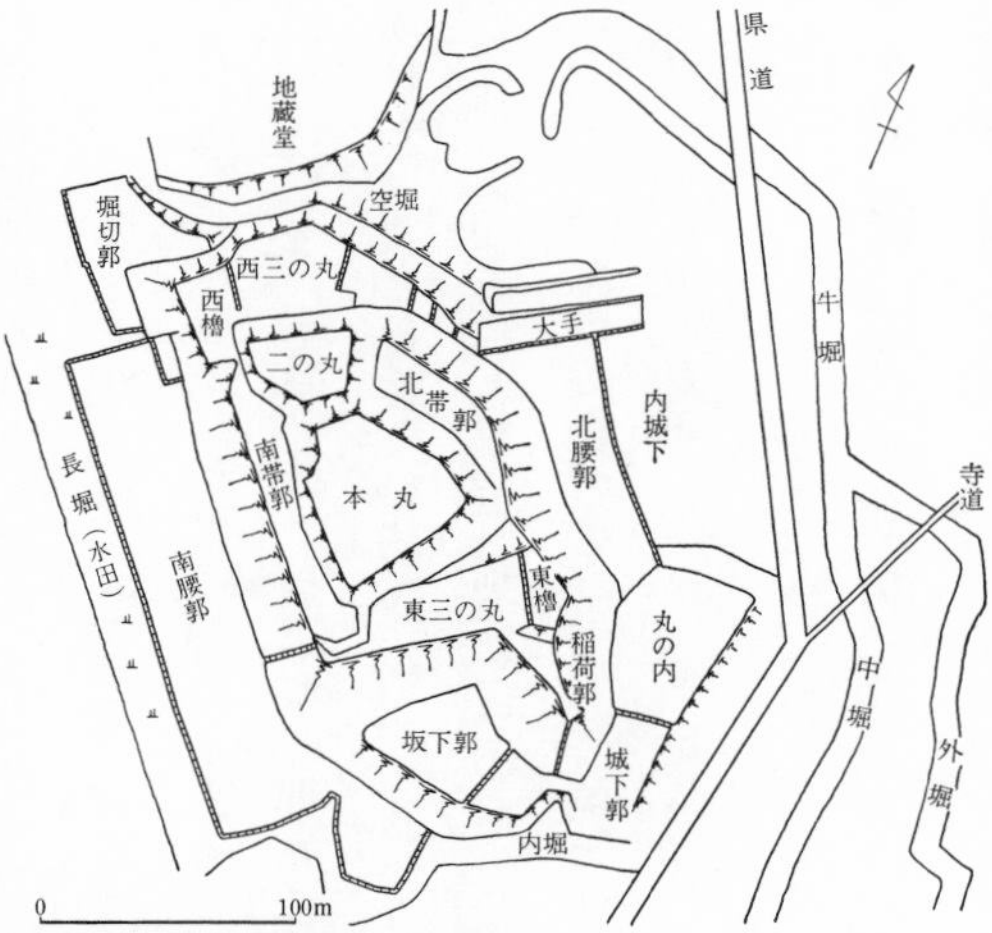

長沼城縄張図（松岡進原図）
（『図説須賀川・石川・岩瀬の歴史』）

また平地には内堀・外堀を巡らし、それらを守るための堀切郭や城下郭があった。

長沼城は、南北朝時代に長沼氏が拠ったと伝えられている。長沼城は、石背国造神社が所蔵する元和三年（一六一七）と記銘の「長沼城古図」の裏書に「長沼城沿革の覺」があり、その中に「文応二年（一二六一）平隆時が築いた」と書いている。平隆時は「長沼城口碑」によれば「平姓長沼氏で、その子孫が七世に亘り長沼に居住した」と伝えている。

長沼氏は小山政光の子宗政を祖とし、下野国長沼荘（現在の栃木県芳賀郡二宮町の西半分）に居住していて、文治五年（一一八九）に源頼朝に従って戦った奥州合戦の功で、陸奥・武蔵に所領を賜り、観応三年（一三五二）に宗政五代の孫秀直が奥州に下向するが、平隆時はその一族と思われる。

長沼城は長沼氏の一族平（長沼）隆時により文応二年頃に森崎山（明治以降「日高見山」と呼ぶ）に築城され、森崎城、千代丑城《ちょうしがじょう》、千代城と呼ばれた。

長沼氏はその後、須賀川城主二階堂氏に攻められ、一族もろとも南会津の長江荘に去り、長沼城は二階堂氏に帰属した。天文元年（一五三二）に葦名盛高の岩瀬郡進出が始まり、長沼城の争奪を巡って長く対立が続いたが、永禄九年（一五六六）に二階堂盛義が葦名盛氏に降り、長沼城は葦名氏に割譲された。盛氏は長沼城主に中地城主新国上総介貞通を移駐させ、以後長沼城は、葦名氏の会津防衛と仙道進出の拠点として整備されていった。

天正十七年六月、葦名氏と伊達政宗との摺上原の合戦で葦名氏が敗れ、葦名氏が滅亡すると、長沼城主新国貞通は伊達氏に服属した。翌年「奥羽仕置」のため、奥州会津に来る途中の豊臣秀吉は長沼城に宿営するが、この時新国貞通は本丸南東隅に新殿を造営し、能楽を催し秀吉を接待したといわれる。秀吉は大いに喜び新殿を「楽永閣」と名付けたといわれる。

黒川城に入った秀吉は、奥羽仕置で会津・中通り地方を蒲生氏郷に与えると、氏郷は新国頼基を会津尾岐に移し、長沼城主に蒲生主計助《かずえのすけ》を配置して一万石を与え、長沼地方を治めさせた。

慶長三年（一五九八）に上杉景勝が会津に移封になると、上杉氏の家臣信濃国長沼城主島津忠直が城代に配置された。石田三成と結んだ景勝は、徳川家康を迎撃する必要から長沼城の拡張整備を図ったため、今に見る堅牢無比の城郭に改築された。慶長六年（一六〇一）、上杉氏に代わり蒲生秀行が入部すると、長沼城は蒲生五郎兵衛郷治が城代となり長沼地方を治めたが、元和元年（一六一五）の一国一城令により、長沼城は廃城と決まり、寛永三年（一六二六）に破却された。

長沼城跡の登り口の右手に、大岩壁に黒御影石をはめ込み、中山義秀の小説『碑《いしぶみ》』の一節を刻んだ碑がある。

山間の小さな城下町に
初秋の風のおとづれを
聞くやうになった
〝碑〟より　中山義秀

中山義秀の先祖は、元禄十三年（一七〇〇）水戸藩の分家松平播磨守頼隆が常陸府中（現在の茨城県石岡市）と陸奥長沼二万石を領地として成立した長沼藩の家臣で、代々長沼陣屋に勤めていたといわれる。

藩主は水戸藩同様定府制で、藩主以下藩士も江戸藩邸におり、長沼村ほか一七か村の領地は、長沼村横町にあった長沼陣屋（後に火災により金町に移転）により領地支配を行った。義秀は小説『碑』の中で、長沼陣屋で働いていた先祖の人となりや小さな城下町の移り変わりを感慨こめて書いている。

中山義秀の碑（『長沼町史』）

長沼陣屋のあった金町付近

長沼城跡一帯は、奇巌怪石の間に山桜・彼岸桜・染井吉野桜など、樹齢一〇〇年を超える桜が三〇〇本以上もあり、それにツツジ類も加わり、春には全山花に包まれた見事な風景が出現する。

◇長沼南古館

長沼南古館は江花字弘法田・泥淵の国道一一八号南側に位置し、長沼城跡から南西に約八〇〇メートルの勢至堂峠への登り口になる江花集落の南側にある。

長沼南古館は、正和三年（一三一四）に長沼（旧小山）淡路守宗秀が岩瀬郡に下向して築城したといわれる。外端館《そとはたたて》あるいは西館とも呼ばれた。

昭和六十年に館跡の発掘調査が行われた。

館の本郭は南北八三メートル、東西六三メートルの不整四角形を呈し、面積はおよそ五二八〇平方メートルであった。本郭の西側と北側に水堀と土塁が確認できた。西側の堀幅は一五〜一六メートル、北側の堀幅は約一〇メートルで、その掘り土を

長沼南古舘現況

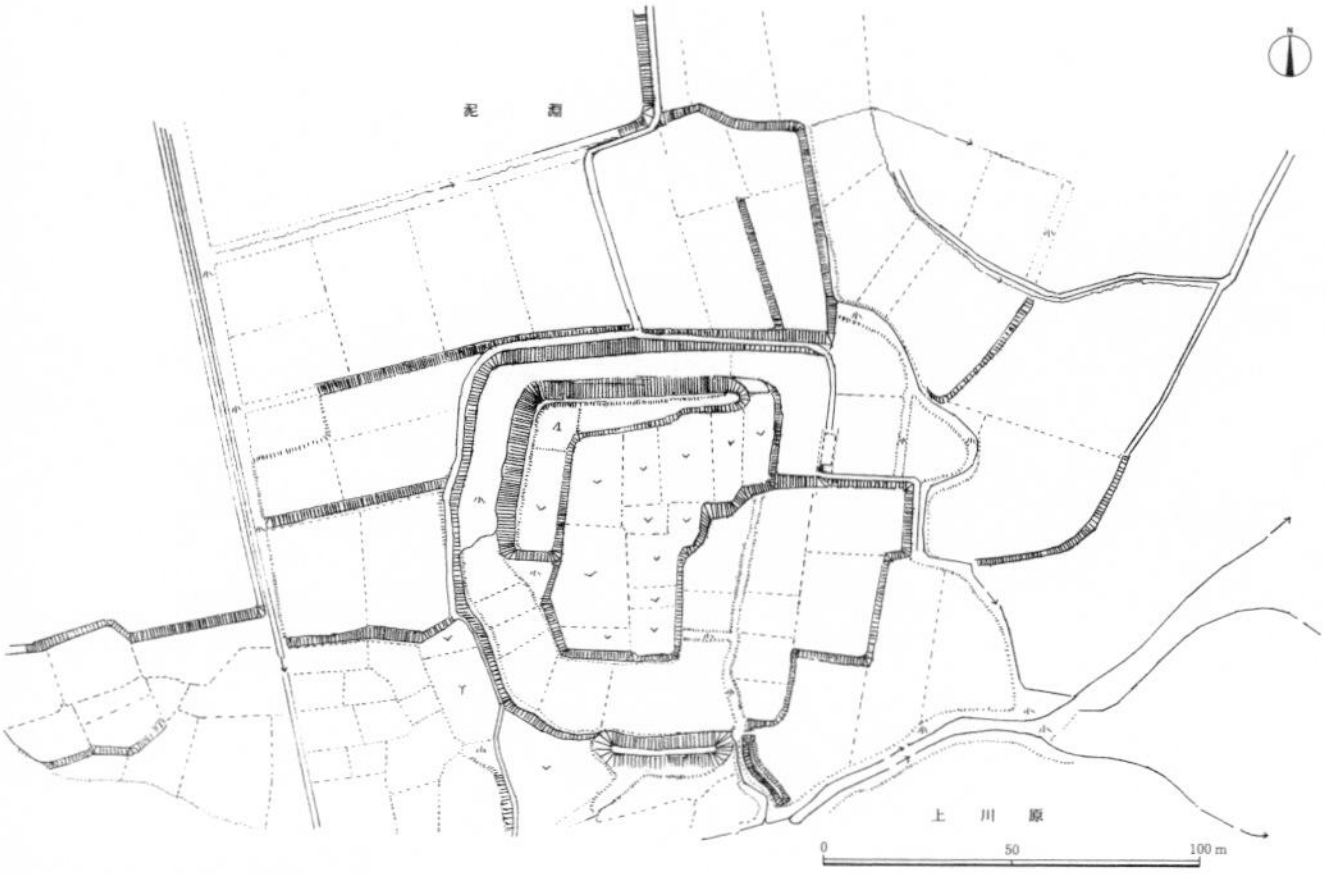

長沼南古館現況図（『長沼町史』）

利用して高さ約二メートルの土塁が作られていた。このほか、主郭を中心として東と北に曲輪を配置する複郭構造であることも分かった。

遺構は、主殿と思われる大型建物跡を含め六棟確認された。また主郭と曲輪を土橋状の畦で結び、その上に木橋を渡した橋跡も検出された。

出土遺物は土師器質土器、陶磁器類、鉄製品、石製品、銭貨のほかに木製品が多数出土した。

南古館跡は調査終了後耕地となる予定であったが、一部が現況のまま保存された。平成二年に「長沼南古館」として県指定史跡となった。

◇長沼北古館跡

長沼北古館は、長沼城の西南方約六〇〇メートルの江花字古館にあった。

この館は長沼氏が岩瀬郡に下向して築城した長沼

南古舘から、天文十年（一五四一）頃に新たに館を築いて移った城といわれる。中館あるいは岩背古城ともいわれた。長沼城が主城として機能した後は城主一族や重臣が住み、高い土塁、堀、泥田、横掛矢、櫓を持ち、堅い守備力を持って支城としての役割を果したものと考える。

昭和六十年にこの地区の圃場整備が行われ、古舘跡も破壊されることになったため発掘調査が行われた。

長沼北古館（発掘前）（『長沼町史』）

長沼北古舘跡現況図（『長沼町史』）

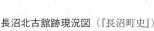

『長沼城古図』に記されていた「北古館図」の縄張りは、西より東へ緩い傾斜を持つ段丘を水堀で区画し、削平や盛土により、最西端の「一丸」（丸名はいずれも仮称）より「二丸」「三丸」、東出丸と連郭式に並べ、一丸の左右に南出丸と北出丸を構築し、これら郭の周囲を土塁と水堀が囲んでいる。三丸の大きさは、古図どおり南北四八間（八六・四メートル）、東西五〇間（九〇メートル）であった。

発掘された遺構は、掘立柱建物跡二九棟で、最大のものは一辺三間（五・四メートル）の正方形の建物跡であった。井戸跡四四基も検出された。

遺物は建物跡から、陶磁器類では鉄釉天目茶碗、緑釉皿、青磁破片、古瀬戸破片、石製品では茶臼、粉挽き臼、すり鉢片五〇点、砥石十数点が出土した。また銭貨では渡唐銭の大観通宝や永楽通宝などが出土した。

堀や井戸からは、曲物・漆塗木椀・木下駄の木製品が出土した。

石背《いわせ》国造《くにのみやつこ》を祀る石背国造《いわせくにつこ》神社

石背国造神社は、建弥依米命《たてやよりめのみこと》と建美名方命《たてみなかたのみこと》を祭神として長沼豊町に鎮座する。神社はかつて

「御乗の森」と呼ばれたほど境内も広く、木々がうっそうと茂っていたが、道路の拡張などにより狭められてしまった。

祭神の一人の建弥依米命は『国造本紀』の石背国造の条に、「志賀高穴穂《しがのたかあなほ》（成務天皇）の御代建許呂命の子建弥依米命を以て国造に定め賜う」とあるとおり、石背国の初代国造となってこの地方の開拓に尽くした。地域の人々はその遺徳をしのび、祭神に祀り国造戸上《こくぞうとがみ》大明神を建てた。戸上の名は、石背国造十七世豊足彦の孫吉弥候部人上《きみつこべひとかみ》に由来するといわれる。

石背国造神社社殿（『長沼町史』）

また、もう一人の祭神の建美名方命は、信州信濃の諏訪大明神の祭神で、天文三年（一五三四）会津黒川城主葦名盛舜《もりきよ》が長沼城再建の際、長沼城鎮護のため長沼城主の新国頼基に諏訪大明神の分霊を勧請させ、戸上大明神と相殿で諏訪大明神が祀られた。

明治四年（一八七一）に戸上大明神と諏訪大明神は合祀されて、現在の石背国造神社と改称され、明治五年には長沼地方の郷社となった。

現在の社殿（本殿神明造二坪、拝殿入母屋造二八坪）は、明治二

岩瀬地方の古文書を納める石背文庫

十三年に旧社殿が野火により焼失したため、氏子の寄進により再建したものである。

神社の境内には、重厚な土蔵造による石背文庫が建っている。この中には「長沼城古図」や「長沼町絵図」「岩瀬風土記」「長沼古事考」、石背国造神社にかかわる古文書など、岩瀬地方の歴史を知ることのできる貴重な古文書三〇〇〇点余が保管されている。

現在、石背国造神社の秋祭りは、九月三十日が宵祭り、十月一日が本祭りとなっている。

宵祭りには神社の拝殿で神楽が舞われる。演目は麻舞、大刀舞、扇舞の三種で、神楽笛、楽太鼓、締太鼓の演奏に合わせ終日舞われる。舞の上演は参拝者が数人集まれば、その都度行われ、参拝者がとぎれる午後九時頃に「閉扉」の神事を行い神楽は終了する。

翌日が本祭りで、午前十時の例大祭の神事の後に遷座式が行われ、神輿は地区の青年たち、いわゆる若組に担がれ、町内八か所に設けられた旗場を目指して町中を練り歩く。それぞれの旗場でも神楽が舞われ、夕方には還御する。この時町内の人々は、神楽に飾り付けられた榊の枝葉を引きちぎり、護符として家に持ち帰り神棚に供える。

石背国造建弥依米命を祭神とする神社は、岩瀬郡内に神炊館神社、石背国造神社、藤沼神社、白山比咩《はくさんくひ》神社、白方神社があるが、どの神社が根元社か、どの神社が分祀社かは全く分からない。

また、初代国造の建弥依米命が初め今泉の磐座山の大石を仮住いにして住んだことは、白方神社の記録ではっきりしているが、その後二十代も続いた国造がどこに住んだかは分からない。石背国造の墓と考えられる古墳には、蝦夷穴古墳（径三六メートルの東北地方最大の円墳）、塚畑古墳（全長四〇メートルの前方後円墳で天冠埴輪が出土した）、稲古舘古墳（金銅装突太刀が出土した）があるが、古墳の造営には多くの労力を必要とすることから、これら古墳のどこか近くの集落に国造が住んでいたと推測される。

岩瀬郡唯一の延喜式内社桙衝《ほこつき》神社と亀居山《かめいやま》祭祀遺跡

須賀川市内から国道二九四号（「長沼街道」と呼ばれた）を西に進むと、左手方向に頭を東にして亀の形に似た低い山が見えてくる。この山は亀居山と呼ばれ、桙衝神社はこの山の東側中腹に鎮座する。

参道入口から社殿に向かうと、両側に多数の石灯籠が並ぶなか、緩やかな石の階段を登ると壮麗な随身門に至る。門の中には、左右に狩衣姿の随身像が立っている。更に進み正面石段を登ると、右側に柊《ひいらぎ》の大木があり、正面に唐破風の入口を持つ社殿がある。

　桙衝神社は建御槌命《たけみかづちのみこと》と日本武尊《やまとたけるのみこと》を祀り、『延喜式神名帳』に「磐瀬郡一座　桙衝神社」と記された古社である。

　社伝によれば、景行天皇の御代日本武尊が東征の時、この地に柊の八尋矛《やひろほこ》を衝《つ》き立てたので桙衝の名が起こったといわれる。神社裏手の山頂の一丈余の立石を斎場として軍神建御槌神

桙衝神社社殿

を祀ったので神居山と呼び、後に亀居山に改められた。元正天皇の養老二年（七一八）、常陸国多珂郡からこの地に来た移民たちが、常陸国一の宮鹿島神宮の分霊を亀居山に勧請して鹿島大明神を祀った。

　天喜五年（一〇五七）、源頼義が前九年の役での誓願成就の際、鹿島大明神と桙衝神社を合祀したので、一社両号でその後は桙衝鹿島大明神といった。

明治三年（一八七〇）に桙衝神社の社号に復帰し、明治五年に郷社、明治二十九年に県社に昇格した。

現在の本殿は、慶安元年（一六四八）白河藩主榊原忠次により建てられたもので、桁行三間、梁間三間の切妻流造の三間社で、三方に縁が付けられている。この建物は妻飾《つまかざり》、大瓶束《たいへいづか》の結綿《ゆいわた》部分、紅梁の上下面、懸魚《けぎょ》の形などに江戸時代初期のこの地方の典型様式を残しているといわれる。

桙衝神社は代々の領主の崇拝が厚く、社殿の建立や修復にも力を貸したが、それを示す一二枚の棟札が現存する。本殿は昭和五十一年県の重要文化財に指定された。

桙衝神社の祭日は、かつては七月十四日と九月十八日の二日あったが、現在は九月三十日が宵祭り、十月一日が本祭りとなっている。そして閏年《うるうどし》の例大祭には御神輿渡御《おみこしとぎょ》が行われ、太鼓獅子が御神輿渡御行列の中で演じられる。

御神輿渡御の行事は次のとおり。

九月三十日は宵祭りで、この日午後七時に氏子や祭礼関係者が神社拝殿に集まり、祭典式が行われる。神官の祝詞奏上の後、「おかぐら」と呼ぶ神楽が奉納される。神楽は榊を持つ「神《かん》舞《まい》」と幣束を持つ「麻舞《ぬさまい》」の二座が舞われる。

その後遷座式が行われ、参道入口に設けられたお仮屋の中の神輿に御神霊が遷される。

翌十月一日が本祭りで、午後一時から始まる。発渡祭の神事の後、行列を組んで神社に向かって出発する。行列の順序は、先払い、道祖神（猿田彦命）、獅子、笛師、太鼓台（太鼓打ち三〇人以上）、神輿、神官、大鉾、御太刀三振（梓衡神社の神宝）

太鼓台の太鼓打ち（『長沼町史』）

の順序である。

この行列の見物《みもの》は、獅子舞の優美さと太鼓打ちの妙技である。

獅子は額の上部に一角を持つ伎楽風の獅子頭で、獅子のうしろ幕に若者数人が入り、一人が獅子頭を操り、最後尾の者が「又」型の青竹で幕を高く掲げる。「サードッコイ　ドッコイ」の掛け声がかかると、獅子はいっせいに左の足をゆっくりと高く上げ、次に右足を高く上げと交互に足を上げて足踏みを始め、足踏みを速くすると「サァーサァー」の掛け声で二、三歩前に進み、その後に二歩ほど退く、それを何度も繰り返す。うしろ幕に入っている人たちも同じ足運びをするので、見事な所作が見られる。

獅子の後に太鼓台が続くが、太鼓台には四つの車が付き、大太鼓一個、小太鼓二個を乗せ、屋根に紙の飾り花が数十本取り付けられている。太鼓打ちは顔に化粧を施し、女子が着るような紅絹《べにぎぬ》の長袖襦袢《ながそでじゅばん》を着て黄色の襷《たすき》をかけ、水色の腰帯をうしろで蝶結びした派手な姿で、両手に太鼓バチを持つ。大太鼓打ちは大太鼓の両側に一人ずつ立ち、踊りながら大太鼓の曲打ちをする。小太鼓は二人並んで打ち続ける。一つの行列の中で、獅子舞と太鼓打ちが同じ笛の音に合わせて演じることから、「太鼓獅子」と呼ばれるのである。

行列一行は随身門を過ぎて社殿前に達すると、社殿の左側から拝殿、本殿と踊りながらひと回りした後に、道祖神、獅子、神輿の順に拝殿に上がる。この間太鼓は「ちらし太鼓」に変わり、大太鼓、小太鼓とも打ち手を交替しながら、一〇分にわたり激しく連打する。これを「ボッコミ」と呼ぶ。

ボッコミが終り神輿が遷御すると、御神霊も神輿から本殿に遷され式は終了する。

御神輿渡御は、出発から神輿の昇殿まで距離は一キロメートル弱と短いが、踊りながらの渡御のため約三時間はかかっ

桙衝神社の太鼓獅子（昭和51年10月１日）
（『長沼町史』）

桙衝神社祭祀遺跡（亀居山）

発掘調査時土器集合写真（『長沼町史』）

てしまう。

太鼓獅子は、「桙衝神社の太鼓獅子」として昭和四十三年に長沼町（現須賀川市）無形民俗文化財に指定されている。

社殿の背後の亀居山の頂上に屹立した巨岩の露頭がある。昔、ここを磐座《いわくら》として祭祀が行われていたと伝えられている。

昭和三十一年に福島県教育委員会と福島県考古学会が共同で、要石《かなめいし》（磐座）周辺の発掘調査を行った。その結果丘陵西側区域から足の踏み場もないほどの多量の土師器が出土した。多くは小型の手づくね土器で、実用的でないことから祭祀に使われたと考えられ、祭祀遺跡であることが確認された。

出土した土師器の器種は、手づくね土器・壺・甕・盤・杯・高杯・甑など多様であったが、数量的に多数を占めていたのは、手づくね土器と小型甕であった。手づくね土器は口径一〇センチ前後のもので、内面はヘラナデし、外面にはナデや指頭圧痕が見られた。小型甕は口径一五センチ前後のもので、内面にヘラナデ、外面にハケメを施していた。この二つの土器に共通することは、底部に木の葉痕が多く見られたことである。

藤沼湖と藤沼神社

長沼の市街地から旧会津街道（現国道一一八号）を勢至堂峠の方向に進み、下江花の集落から東に一キロメートルほど上がると大きなダム湖が見える。これが藤沼湖である。

藤沼湖は昭和十二年に着工し、戦時中、戦後の資材不足の悪条件の中で高度な土木技術を駆使し、一二年の歳月をかけ、ようやく昭和二十四年に完成した人造湖である。

藤沼湖は標高七二九メートルの高士山の麓に広がる丘陵地にあり、周囲三・八キロメートル、最深部一五メートルの潅漑用

藤沼湖

「行雲流水」の記念碑

ため池で、須賀川西部八三八ヘクタールの田畑を潤している。周辺は自然景観の美しさから、藤沼自然公園として整備され、温泉施設やバンガローなどの宿泊交流施設をはじめ、ハイキング、サイクリング、パークゴルフなどが楽しめる総合的レクリエーション地帯で、県内外から年間約一〇万人の人々が訪れる。

ところが平成二十三年三月十一日に発生した東日本大震災により、藤沼ダムは決壊し、人的物的に多大の被害が発生した。二十五年十月から復旧作業に着手し、二十九年四月に見事に復興を果した。その復興の苦労を書いた佐藤雄平福島県知事の「行雲流水」の記念碑が湖畔に立っている。

藤沼湖の少し手前に、藤沼の地名の由来となった藤沼神社がある。境内は杉の大木がうっそうと茂り、周囲にはクリ、ミズナラ、コナラ、ヤマザクラなどが生い茂り、秋には美しい紅葉を見せてくれる。

藤沼神社は木花咲耶姫《このはなさくやひめ》と建弥依米命《たけやよりめのみこと》を祀り、境内には二荒山大神、熊野大神、三日月大神を祀っている。

藤沼神社の由来は、境内の掲示板によると次のとおりである。

成務天皇の御代、国造建弥米依命が当地に至り、国土を経営するのに先立ち、山野を眺望し、邪気を払い、沼を祀典して、木花咲耶姫を鎮祭したるを起因とする。

故に石背国造富士沼起元社と称し、藤沼郷二四か里、旧長沼領一八か村の総鎮守として崇められた。

文化十一年（一八一四）には神祇管領卜部良義より江原郷惣社富士沼大明神の神号を奉授、天保元年（一八三〇）藤沼庄二四か村の惣鎮守として、早霜の災害を除き、五穀豊穣、養蚕繁殖、家内安全を祈る信徒らが境内に充溢した。

文久二年（一八六二）富士沼大明神社を藤沼神社に改称した。

境内の四本の神木は、天正十八年（一五九〇）長沼城廃城の際、城主一族の堂守加藤氏が長沼を去る時植樹したもので樹齢七〇〇年の杉の木である。

藤沼神社　前に杉の神木

藤沼神社の大杉（スギ科）
（『長沼町史』）

また『岩瀬郡誌』では「国造建弥依米命がこの地を開拓の際、木花開耶姫命を産土神《うぶすながみ》として祀ったのが始まりで、貞観年中（八五九〜八七七）江花の黒沢から高鳥山を経て現在地に遷った。夏季に何日も雨が降ると、神社前の平地に水が湧き、数旬もの間水溜まりが出現する神異《しんい》がある」と書いている。

藤沼神社の不思議は『岩瀬郡誌』に書くとおり、ふだん何の変哲もない境内が、ある日突然一面水で覆われるという現象が起きることである。この時人々は「神様が来た」「自現太郎様がお出ましになった」といってこぞってお参りに訪れたといわれる。伝承によれば、自現太郎神は日光の男体山中腹に祀られている自現太郎神社の神様で、藤沼神社の神は女神であるため、出水は夫の自現太郎様が会いに来たしるしだといわれる。

水の溜まっている期間は、長い時で一〇〇日前後、短い時でも四、五〇日くらいあり、この間現れた沼の中に「オコケ」と称する貝状の虫が発生する。これは「龍の鱗」であるとされ、熱病や癪《しゃく》に効くといわれる。また、溜まった水を持ち帰り、身体の痛いところに塗るともいわれる。

境内に水が溜まると下江花の人々は、各自に卵やちくわなどを供物として持参し参拝に訪れたといわれる。

藤沼神社は深山にあったためか、自現太郎とお姫様（藤沼神社の神）の八石田・五斗畑の伝説や藤沼神社には大蛇が祀られているなど多くの伝説が残されている。

藤沼神社の境内には神木とされる三本の大杉がある。かつては四本あり桝形状に生えていることから「桝形杉《ますがたすぎ》」と呼ばれていたが、一本が落雷により枯死してしまった。残る大杉は幹囲四・七メートルあり、樹齢は六〇〇〜六五〇年と推定されている。

太閤秀吉も通った勢至堂峠と勢至堂宿

福島県の中通りから会津に出るには、海抜一〇〇〇メートルに近い奥羽山脈の鞍部を越えなくてはならない。これが峠道と呼ばれるもので、古代東山道や近世奥州街道が通っていた中通り南部から会津に出るには、安藤峠（羽鳥―安藤峠―二弊地―中湯川―若松）、馬入峠《ばにゅうとうげ》（羽鳥―馬入峠―福良―若松）、勢至堂峠（長沼江花―勢至堂峠―三代―福良―若松）、諏訪峠・鶏峠（長沼滝原―

勢至堂宿（「角屋」より西）昭和30年ころ
（『長沼町史』）

〈諏訪峠 鶏峠〉—中地—福良—若松）の道があった。

古代・中世においては、安藤峠と馬入峠が使われていたようで、馬入峠越えの道には延喜式内社隠津島神社が建てられている。また文明六年（一四七四）葦名盛高が岩瀬郡に侵攻して二階堂氏と戦ったり、天文三年（一五三四）蘆名盛舜《もりきよ》が白河郡新城（大信村）に出兵して結城白川氏と戦った時も、馬入峠を通って中通り地方に進出したものと考えられる。

勢至堂峠越えの道は、その頃はまだ杣道《そまみち》程度の狭い道でしかなかったが、天文年間（一五三二〜一五五五）葦名盛氏がこれを整備した。

そのことを元禄末年（一七〇四）に書かれた『勢至堂村古来よりの由緒書』の中に「勢至堂村の地は、湖南の三代と長沼の間に位置し、大山で往来に困難を極めたが、会津領主葦名盛氏が天文年間に南山（南会津郡）から赤月越中父子を呼び寄せ、大山に道を開かせ、（麓に）集落を作り、その後諸所より引き移し（移住）を進め、天文十四年（一五四五）勢至堂村が成立した。

そして当所末世繁昌のため、河沼郡柳津から弘法大師作の勢至菩薩を移し堂を建てて安置したことから勢至堂の名が起った」と書いている。

天正十八年（一五九〇）に豊臣秀吉は、黒川城での「奥羽仕置」に臨むため、伊達政宗ら五人の道作奉行に命じて、小田原から会津まで幅三間の道を整備させた。そのうち、白河街道と呼ばれた白河から若松までの道は道路・橋・宿の整備を政宗が受け持ったといわれる。政宗に代わり会津領主となった蒲生氏郷は、勢至堂宿に検断を置き、宿駅の取締りを強化した。

その後も勢至堂峠道は歴代領主により整備され、江戸時代になると佐渡金山の金の運搬に使われたり、参勤交代のために会津藩主も勢至堂峠を通って白河から江戸に向かったといわれる。そのため勢至堂宿には本陣、問屋、旅宿が置かれ多くの荷馬がいた。宝暦十一年（一七六一）の邑鑑《むらかがみ》によれば勢至堂村は「家数三一軒、人数一二六人、馬四三匹」と書かれ、この頃村は生産物がなく、運送業と旅籠で生活していたと伝えられる。

藩界表石（勢至堂峠）
（『長沼町史』）

勢至堂の大杉（スギ科）
（『長沼町史』）

馬尾の滝

明治に入り、郡山と新潟を結ぶ岩越鉄道が開設されると、中通りと会津を往来する人は勢至堂峠道を利用しなくなり、勢至堂宿は宿場としての機能を失い、活気がなくなっていった。しかし、勢至堂峠道は、依然として白河・岩瀬から会津に向かう最短距離にあるため国道として整備され、平成六年に勢至堂トンネルが開通すると更に交通の便も良くなり、交通量も増加している。

天文年間に峠道が開かれて五〇〇年以上の歴史を持つ勢至堂峠には多くの史跡がある。葦名盛氏が柳津から移した勢至菩薩像は、勢至堂集落の北方平太郎平《へいたろうだいら》の勢至堂に納められている。勢至堂村には神社がなかったので、勢至堂が神社に代わって鎮守の役割を果してきた。

村人は「オセシツアマ」と呼んで親しみ、十月一日の祭日には境内に祭旗を立て、各家では赤飯を炊いて祝ったといわれる。

勢至堂の境内には、樹齢七〇〇年と推定される大杉がある。この杉は勢至菩薩を祀った時に植樹したといわれ、胸高周囲六・五メートル、樹高四〇メートルで、今も樹勢すこぶる旺盛である。

勢至堂峠の旧道には、参勤交代の往還に会津の殿様が愛飲したという「殿様清水」や会津藩と長沼藩の境界を示す「藩界表石」、茶屋跡が残されている。殿様清水から六〇〇メートルほど下がると勢至堂の一里塚がある。

勢至堂集落を下り、江花川に沿って長沼に向かって二キロメートルほど進むと、勢至堂峠五滝の一つ「馬尾の滝」が道の右側に現れる。

馬の尻毛のように細い清冽な白い滝水は、これまでこの道を通る旅人の渇を潤《うるお》し、どんなに元気付けたことかと思われる。

永泉寺の珍しい広葉杉《こうようざん》

永泉寺は、長沼市街の北外れ、長沼城跡が間近に見える高台にある。

永泉寺は、木之崎の泉福寺、矢田野の長寧寺、桙衝の長楽寺、江花の安養寺、横田の護真寺、長沼の本念寺とともに「長沼の七か寺」と呼ばれる寺院で、山号は大用山という。

『岩瀬郡誌』によれば、開祖は須賀川長松院の開祖と同じ小田原最乗寺輪番報恩院住職麒山馨麟和尚で、はじめ江花郷にあり大和山定満寺と称したが、長沼氏が古舘に館を築いた折に館の北東の地に移し、大用山永興院と称した。寛正元年（一四六〇）に新国氏が長沼城を築いた時、寺を現在地に移し、永興院を改め、岩間より湧き出る清水の霊泉に因んで永泉寺としたという。この時真言宗から禅宗に改宗した。

広葉杉、永泉寺本堂、エドヒガン桜（左から）

永泉寺本堂に至る長い石段を登ると、左側に県の天然記念物に指定されている広葉杉という東北地方では珍しい常緑高木がある。

広葉杉は一七〇二年（日本暦で元禄十五年）に揚子江の河口で、東インド会社の医師カニンガムが発見し、チャイニーズ・ファー（中国モミ）と命名した。最初はマツ属のモミと考えられていたが、現在はスギ科コウヨウザン属に分類されている。この木は中国甘粛省・陝西省・四川省・江蘇省から雲南省までの標高三〇〇〜一六〇〇メートルの山地に分布し、高さ三〇メートル、直径一メートルにも成長し、長く硬い披針形の葉を螺旋状《らせんじょう》あるいは二列に並んで付ける。日本にも古くから移入され、材が軟らかく軽く曲がりにくいことから家具などに必要な樹木として関東以南の地に植栽されている。

永泉寺の広葉杉は、永正十四年（一五一七）に永泉寺三代住職心操全忠大和尚が全国行脚の折、四国から持ち帰って植樹したといわれる。

現在この樹は根廻り六・一七メートル、目通り三・七七メートル、直径一・二三メートル、樹高三〇メートルで、樹齢は約四五〇年といわれる。春に花が咲き、雌雄同株で四〜五ミリの卵形の実を付ける。

永泉寺にはこのほか、市指定天然記念物に指定されているエドヒガンのシダレザクラがある。樹高一七メートル、胸高幹囲三・五メートルで、根元より三・五メートルのところで五本に枝分かれし、四方に約二〇メートルの枝を伸ばし、満開時には色の濃い見事な花を咲かせる。

岩瀬郡鏡石町

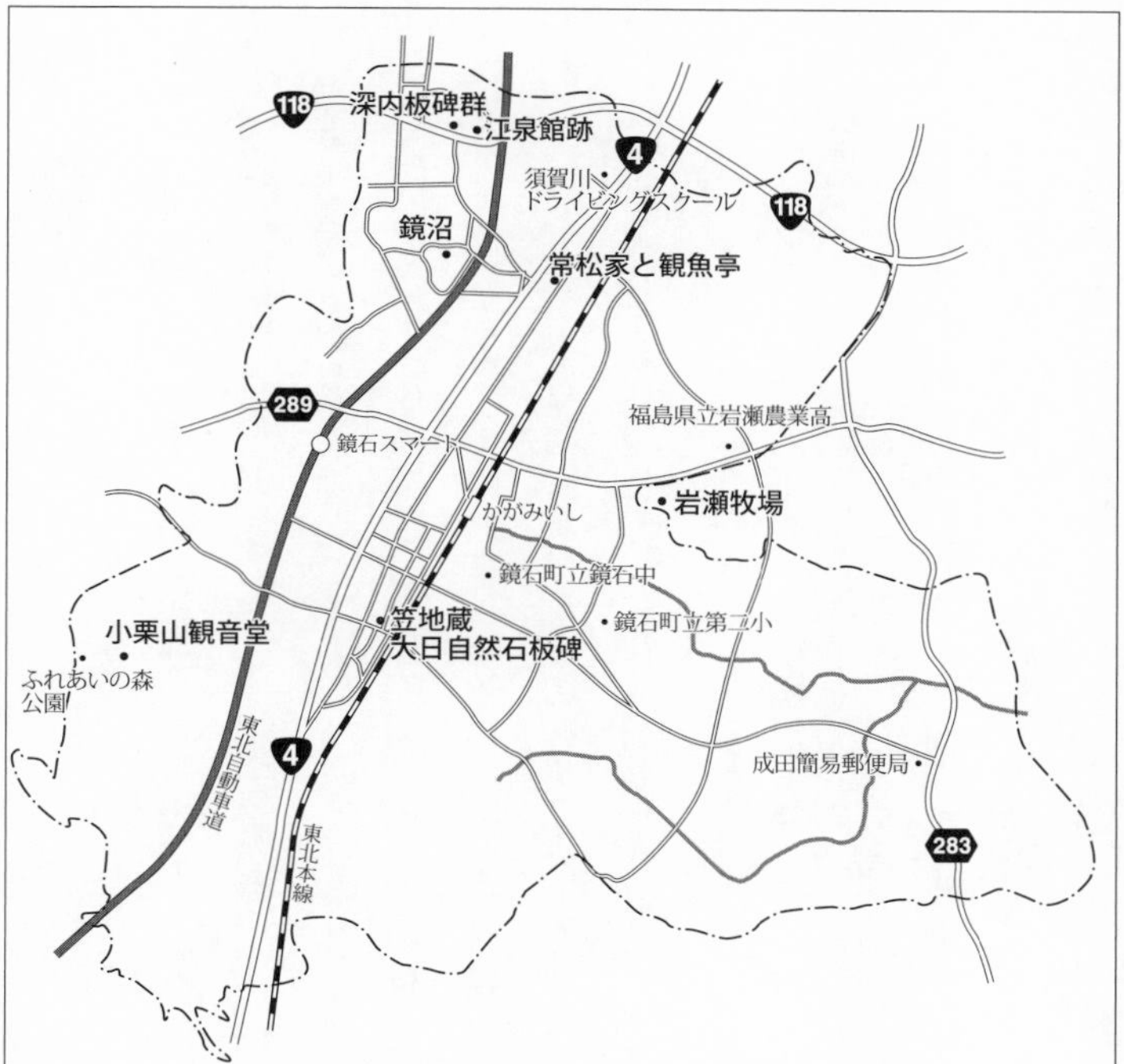

118
深内板碑群
江泉館跡
4
須賀川
ドライビングスクール
118
鏡沼
常松家と観魚亭
289
福島県立岩瀬農業高
鏡石スマート
岩瀬牧場
かがみいし
鏡石町立鏡石中
小栗山観音堂
笠地蔵
鏡石町立第二小
大日自然石板碑
ふれあいの森
公園
東北自動車道
4
成田簡易郵便局
283
東北本線

旧石器時代の遺跡 ―― 成田・陣ヶ岡遺跡

福島県内の旧石器時代の遺跡は、喜多方市高郷町の塩坪遺跡、伊達郡桑折町の平林遺跡、須賀川市の乙字ヶ滝遺跡、白河市（旧東村）の谷地前遺跡と極めて少ないが、鏡石町成田の成田・陣ヶ岡遺跡も旧石器時代後期前半（二～三万年前頃）の貴重な遺跡である。

この遺跡は、阿武隈川を東に見下ろす阿武隈川の氾濫原に突き出た丘陵上にあり、鏡石町成田字諏訪町から矢吹町三城目字陣ヶ岡にかけて位置する。この遺跡は昭和二十二年三月に石切場の石材切り出し作業中に偶然出土したもので、その発見の経緯は、その採集に立ち合った首藤保之助氏（元阿武隈考古館長）の書いた『考古遺物蒐集録第三号』に出土の状況が詳しく記されている。

採集された石器は、考古学界で「成田形ナイフ形石器」あるいは「成田形刃器《じんき》」と呼ばれる一四点の石器である。

石器はその形状により、槍の穂先のような尖頭形石器、石を打ち割って西洋ナイフ形に仕上げたナイフ形石器、石材の剥片の一端に一条または数条の溝を施した彫刻刀形石器、匙のように物を掻き取ったりする掻器《そうき》、先端が錐のように尖っている錐状《きりじょう》石器などあるが、成田・陣ヶ岡遺跡から出土した石器はナイフ形石器で、薄く成形されていることから特に「成田形」と呼ばれている。

石器は原材の石に石を打ちつけて割ったり、石片を剥いだりして作られるが、この剥離の仕方にも地域的な特徴がある。成田形は、母材の石核に鹿の角や堅い木などをタガネのように当てがい、これを石で敲いて石片を剥離したものと考えられる。このように一枚の石材から何枚もの剥片を得た様子は、出土した一四点の剥片のうち、五点と二点がぴったりと接合して剥離前の状況に復元できることで分かる。石器は硬質の頁岩《けつがん》が使われている。

この遺跡周辺からはまだ集落跡は見つかっていないが、遺跡は古墳時代まで続いている。

当時の成田・陣ヶ岡遺跡（『鏡石町史』）

成田・陣ヶ岡遺跡出土石器
（『鏡石町史』）

鏡石町の縄文時代の遺跡

鏡石町には久来石《きゅうらいし》地区の沓掛遺跡・古屋敷遺跡・古萱山《ふるかややま》A遺跡（縄文早期末葉の大畑式土器を出土）・宮の前遺跡（縄文後期の注口土器出土）、笠石地区の豊郷《とよさと》遺跡、成田地区の町屋口《まちやぐち》遺跡・成田陣ヶ岡遺跡・一貫遺跡があるが、ほとんどの遺跡はそれぞれの地区の丘陵地に立地している。成田・陣ヶ岡遺跡と町屋口遺跡は、一部発掘調査が行われ遺物の有無が確認されたが、他の遺跡は遺物が少量表土採集された程度の小規模な遺跡である。

成田・陣ヶ岡遺跡は、昭和二十二年に首藤保之助氏により縄文時代の遺物が表土採取されたほか、昭和五十一年に永山倉造氏により遺跡の一部が発掘調査された。

その結果、一部が欠損しているが、ほぼ完形の深鉢形土器とともに縄文時代前期初頭から中期までの土器片多数と石匙一五本、摺石一個、土偶一個が出土した。土偶は下半身は欠損しているが、現存高一五センチ、幅一二・五センチの大型のもので、顔面に文様がなく、乳房と腹部に縦の隆線による文様が見られることから縄文中期前葉のものと推測されている。

町屋口遺跡は、成田・陣ヶ岡遺跡の北側に近接する遺跡で、同遺跡とは谷を一つ隔てた台地の東側斜面部に位置している。

成田・陣ヶ岡遺跡出土深鉢形土器（『鏡石町史』）

成田・陣ヶ岡遺跡出土土偶（『鏡石町史』）

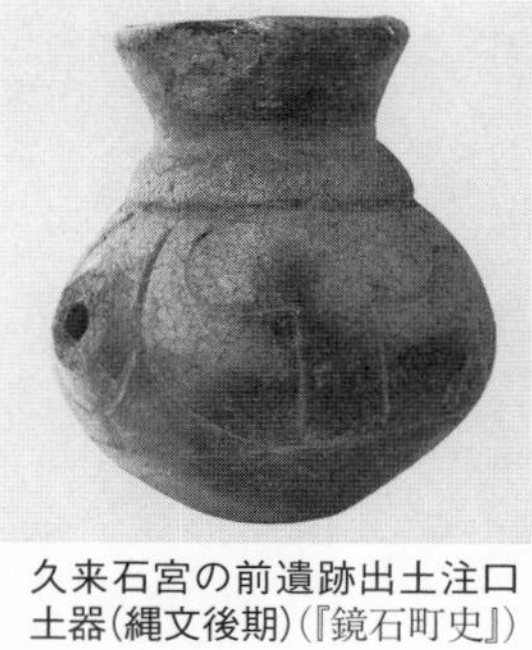
久来石宮の前遺跡出土注口土器(縄文後期)(『鏡石町史』)

この遺跡からは縄文時代早期・前期・中期の縄文土器片が多数採集された。このほか弥生時代の土器片や奈良・平安時代の遺物も採集された。成田・陣ヶ岡遺跡の出土遺物と似通っていることから、縄文時代には両遺跡が一つにまとまった生活圏をなしていたと推測されている。

鏡石町の弥生時代の遺跡

鏡石町の弥生時代の遺跡は、久来石地区の古萱山遺跡、笠石地区の笹池上遺跡、成田地区の下《しも》二《に》斗内《とうち》遺跡の三か所あるが、発掘などにより確認されているものは、古萱山遺跡と笹池上遺跡の二か所のみである。

古萱山遺跡出土の磨製石斧（左）
と打製石斧（右）（『鏡石町町史』）

福島県のほぼ中央部にある鏡石町にこのように弥生時代の遺跡が少ないのは、鏡石町には生産活動に便利な平坦地が多いことから、弥生時代中期頃に稲作技術を伴って弥生文化が移入されて以降、水田や畑地に利用されて集落が営まれたが、その後の生活活動の活発化により更に開発が進み、遺跡の多くが破壊され、この時代の遺跡が現在まで残ることが少なかったものと考えられる。

古萱山遺跡は久来石集落西部の丘陵地の北端、標高二九〇メートル前後の丘陵の東南斜面にあり、ここで弥生時代の遺物が散布されているのが見つかった。発見した遺物は磨製石斧、打製石斧、弥生土器片であった。他に焼けた石なども地表に露出しており、この時代の集落が付近にあったのではないかと推測されている。

笹池上遺跡は、笹池の北東に延びる舌状台地の最高所にあり、北東に広がる谷状の沖積平野を見下ろすことができる。

昭和五十年夏、畑地の耕作中に土器片が多数出土したため、鏡石町教育委員会が発掘調査を行った結果、大小四基の小竪穴が検出された。そしてこの竪穴から大型の壺形土器が出土したことから、これらは土坑墓と考えられている。

一号小竪穴は長さ一・六メートル、幅〇・八メートルの楕円形を呈し、深さは〇・七五メートルであった。

その左に三号小竪穴があった。長さ一メートル、幅〇・六メートルとほぼ丸形に近く、深さは〇・一メートルと浅いが復元可能な土器が多数出土した。この竪穴は一号小竪穴（土坑墓）の祭祀用土坑ではないかと考えられている。

二号小竪穴は一号小竪穴の北方一メートルにあり、長さ一・五メートル、幅一メートルと方形に近い楕円形を呈していた。中から長頸壺と碧玉《へきぎょく》製管玉の破片が発見された。二号小竪穴（土坑墓）の左にも四号小竪穴があり、ここからも多くの土器が出土した。

この四つの小竪穴から出土した土器は、長頸壺、鉢、広口壺などの大型土器で、これらは埋葬用に使われたものと思われる。

笹池上遺跡検出遺構全景（『鏡石町史』）

これら土器の文様は渦巻文、連弧文、二重方形文、工字文などで、文様の内部は縄文あるいは磨消縄文（縄文を施しそれを指などで消すやり方）により充填されていた。

鏡石町の古墳（群）とそれを築造した集落遺跡

鏡石町に所在する古墳および古墳群は、図のとおり一六遺跡あるが、うち一二遺跡は鏡田地区に集中している。これは石背国造時代の中心地が、阿武隈川と釈迦堂川の合流する地点にある上人壇廃寺跡付近であったことから、それと近い釈迦堂川東岸の鏡田地区に早くから集落が開けていたためと考えられる。

鏡石町にある古墳は、高さ一メートルから二メートルまでの小規模な古墳が多い。

これら古墳の築造年代は古墳に埋蔵された副葬品などの遺物から判別されるが、鏡石町の古墳は、開発による破壊や盗掘のため、遺物が極めて乏しく、遺物からの判別は困難である。このため古墳の様相・時代ごとの築造傾向から判断することになる。

笹池上遺跡出土土器　広口壺（左）　長頸壺（右）
（『鏡石町史』）

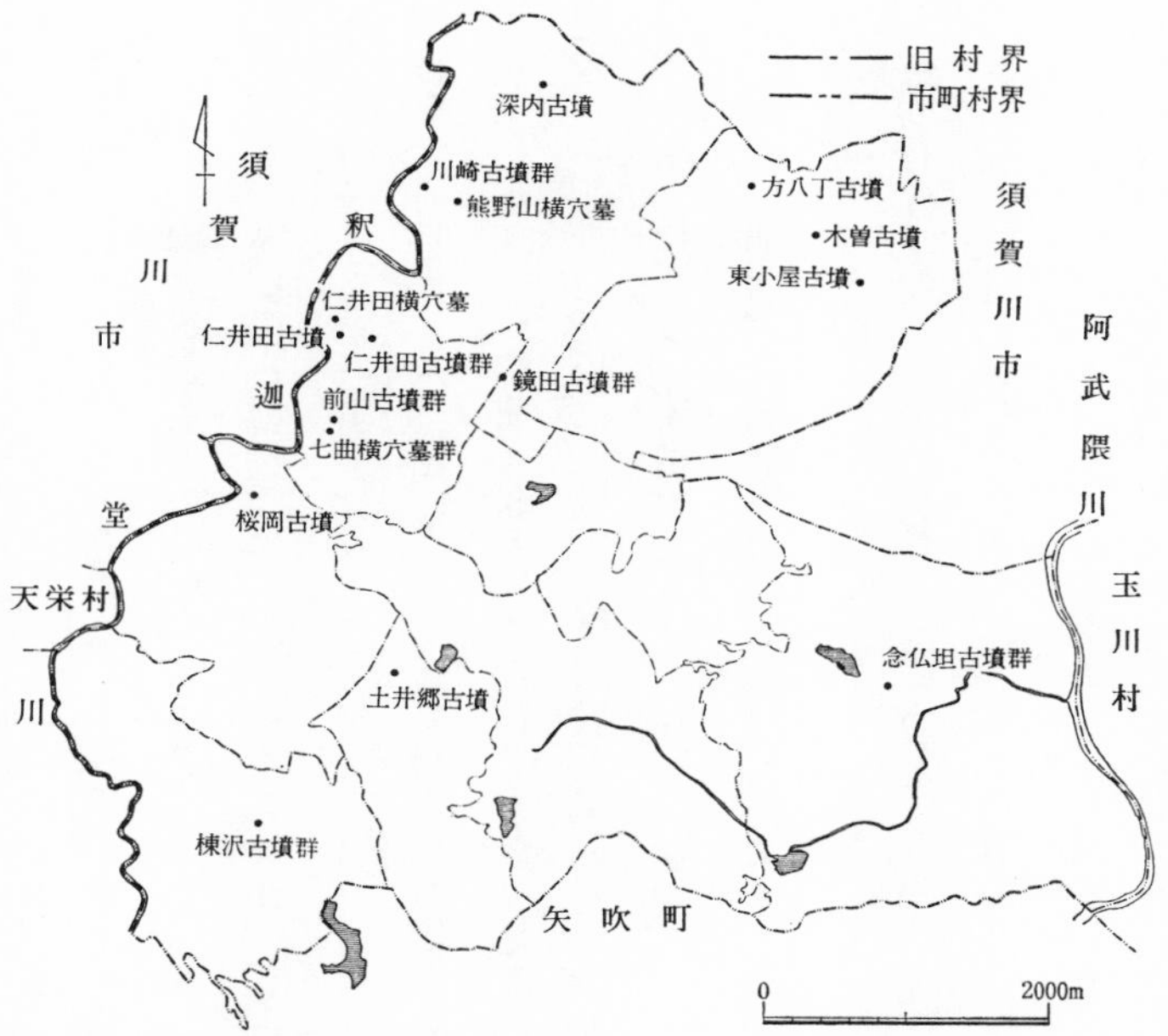

鏡石町古墳分布図（『鏡石町史』）

古墳の築造は四世紀に始まり七、八世紀まで続くが、前期（四世紀頃）の古墳は、会津若松市にある全長九〇メートルの大塚山古墳や会津坂下町宇内の亀ヶ森古墳のように大型の前方後円墳が多い。これらの古墳は自然の地形を利用して丘陵の頂部を削平して、その上に盛り土をして築造する古墳で、後円部に竪穴式石室を設けて遺体を埋葬する。副葬された遺物には、銅鏡、武具、玉類などが見られる。

中期（五世紀頃）になると、平地に土盛りして古墳を築造する山寄せ方式に変化し、周囲に周溝を巡らしている。形状も前方後円墳のほか、円墳・方墳も現れる。中期後半頃には、遺骸を安置する玄室と、玄室と外界を結ぶ通路となる「羨道《せんどう》」を持つ横穴式石室が現れる。副葬品では馬具・桂甲《かぶとのよ》（うなもの）・鉄鏃《てつぞく》などの鉄製品、土師器・須恵器などの土器、動物・家形などの埴輪が出土する。この時期の古墳例では、須賀川市のいかづち古墳、天栄村の龍ケ塚古墳、泉崎村の原山一号墳がある。

後期（六世紀頃）の古墳は、中期までの大型古墳が減少し、小型化する。そしてその数を増し、群集墳と呼ぶ一つのまとまった古墳群を形成する。内部主体は竪穴式石室が主流となる。六世紀末から七世紀初めにかけて、竪穴式石室と同じ構造を持ち、岩山の丘陵に横穴を穿《うが》って造る横穴古墳（横穴墓）が出現する。横穴墓は単独で存在するものはなく、複数の横穴墓が群となっている。副葬品は土師器・須恵器が普遍的に見られるほか、馬具・武具やいろいろの形状の埴輪が伴出する。

古墳時代末期（七〜八世紀初め頃）の古墳は、平地に盛り土をして造成する山寄せ式古墳で、内部に横穴式石室を持つ長さ一〇メートル前後の小規模な墳丘の古墳である。山寄せ式古墳と同時に横穴墓も盛行する。横穴墓の終末は平安時代までといわれる。

以上の古墳の築造傾向と、金比羅古墳出土の馬具（須賀川博物館蔵）、鏡田古墳群出土の直刀一振りという乏しい遺物から判断すると、鏡石町の古墳は古墳時代後期から末期（六〜七世紀末頃）にかけて築造されたものと考えられる。

鏡石町にはまだ発掘調査した古墳はないが、水田整備のため破壊された前山古墳群の調査記録があるので詳説する。

前山古墳群は前山丘陵の南端、七曲池に至る標高約三〇〇メートルの微高地にあり、その背後の高所に前山館跡がある。

一号墳は楕円形をした円墳で、東西一二・五メートル、南北一〇メートル、高さは一・四メートルであった。主体部は

桜岡古墳近景（『鏡石町史』）

木曽古墳近景（『鏡石町史』）

七曲横穴墓群近景
（『鏡石町史』）

鏡石町の山寄せ式古墳と横穴墓

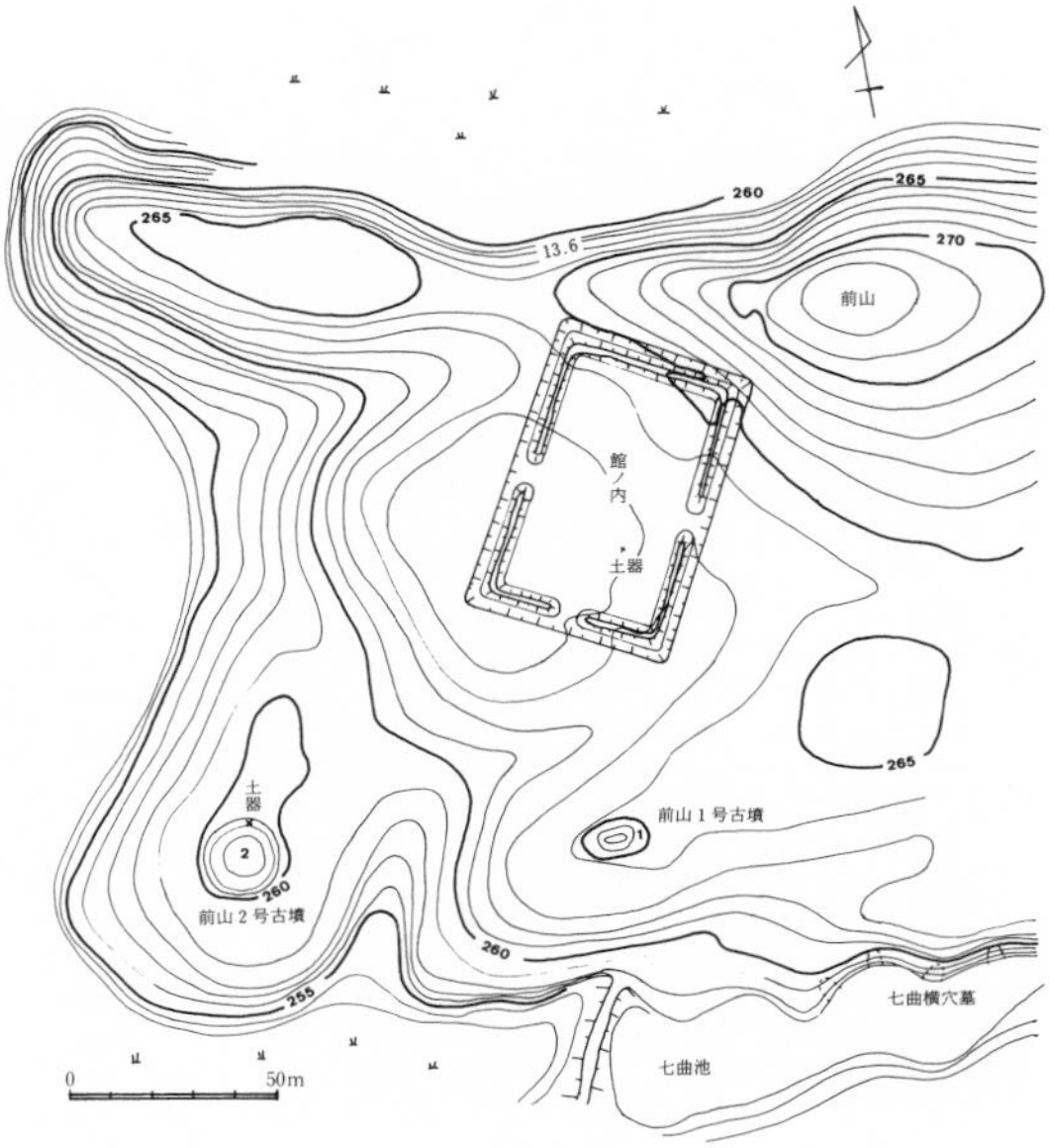

前山古墳群と前山館跡（『鏡石町史』）

頂部にあり、東西三メートル、南北二・五メートルの竪穴の中に粘土郭による棺があった。副葬品などの遺物はなかった。

　二号墳は一号墳の西方一〇〇メートルの広戸川を見下ろす台地にあり、墳丘は径一五メートルの円墳であった。内部調査は盗掘されていたため行われなかった。

　古墳の築造には、前山一号墳、二号墳のように大きさ一〇メートル以上の土壇を築くのであるから大勢の人手が必要であり、付近にそれを可能にする集落の存在が不可欠である。

　しかし鏡石町には古墳時代の集落遺跡は見つかっていない。ただ、古墳時代の遺物が見つかっている遺跡もあるので紹介する。

岡の台遺跡は隅戸川東岸の久来石字宮の前にある遺跡で、ここから土師器の甕形土器一点と甑形《そうけい》土器大・小二点が見つかった。甕形土器は磨滅が激しく作製過程は分からない。甑形土器は無底の土器で、内外表面にヘラナデ、ヘラケズリ、ヘラミガキの技法が施されており、古墳時代後期に作られたものと考えられる。

高屋敷遺跡は笠石字高屋敷にある遺跡で、遺跡のある丘陵の南東斜面から完形の小型甕形土器一点が出土した。この土器の外部は斜方向のヘラケズリ、内部はヘラナデにより調整されており、外面は赤褐色を呈して固く、焼成の良さが認められた。このほか表土採集により土師器の破片も見つかった。

この遺跡は、古墳時代後期から平安時代のものと考えられるが、ここからも集落遺構は見つ

岡の台遺跡出土甑形土器
(『鏡石町史』)

岡の台遺跡出土甕形土器
(『鏡石町史』)

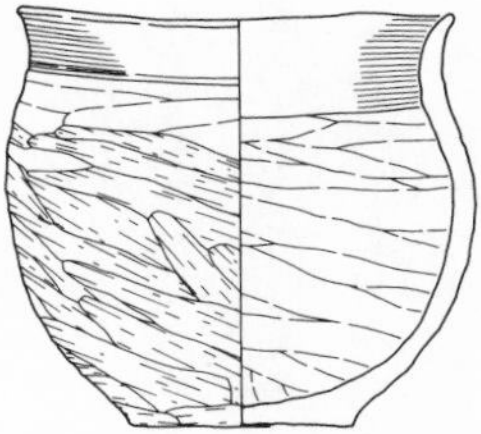

高屋敷遺跡出土甕形土器
(『鏡石町史』)

からなかった。
久来石字笹平にある笹平遺跡からは土師器の台付鉢形土器一点が見つかった。口縁部に稜《りょう》を持ち、緩く外反するもので外部はナデツケにより調整されていた。古墳時代後期のものと考えられる。
近くに弥生時代の遺物を出土した笹池上遺跡がある。

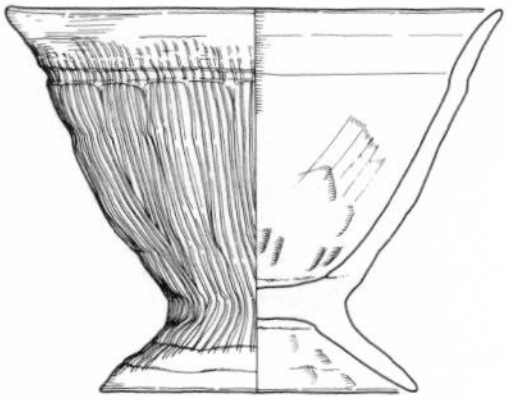

笹平遺跡出土台付鉢形土器
（『鏡石町史』）

鏡石町の奈良・平安時代の集落遺跡

大化二年（六四六）孝徳天皇により改新の詔《みことのり》が発布され、公地公民制と全国を国・郡・里（五〇戸をもって一里とする。里はその後「郷」に改められる）とする行政区画が示されると、鏡石町は陸奥国広戸郷、一部は磐瀬郷となり郷の各地に継続的に集落が営まれた。

当時の集落跡で発掘調査により明らかにされたものに林合《はやしあい》遺跡、二夕通《にたどお》り遺跡、仏具壇遺跡があるが、このほか沓掛遺跡、桜岡遺跡、庭渡《にわたり》遺跡、北原遺跡、宮ノ前遺跡、町屋口遺跡、大《おお》中島《なかじま》遺跡があり、これらの遺跡からこの時代の遺物が散発的に出土した。

ここでは、発掘調査された遺跡を概説する。

林合遺跡（仁井田字林合）は、東北本線鏡石駅から北西に約一・三キロメートル離れた仁井田集落の背後の丘陵地麓部に位置する。

昭和四十五年の東北自動車道整備の際、発掘調査が行われ、一〇棟の竪穴住居跡が検出された。

一号・二号住居跡は、一辺が五・二メートル、他辺三〜四メートルの長方形のもので、北側にカマドを持つ切り合い（重複関係）のない住居跡であった。

林合遺跡１号住居跡（上）とカマド跡（下）
（『鏡石町史』）

三号から一〇号住居跡は切り合いが多く、規模は不明確である。七号住居跡の中央から直径二メートルほどのピットが検出され、中から多量の木炭、鉄滓《てっさい》と川砂の堆積が見つかった。この住居は木炭・鉄滓の存在からみて、製鉄跡あるいは鍛冶工房跡と考えられる。

二タ通り遺跡出土１号住居跡（『鏡石町史』）

林合遺跡出土甕形土器
（『鏡石町史』）

二タ通り遺跡出土１号住居跡カマド（『鏡石町史』）

林合遺跡出土甑形土器
（『鏡石町史』）

この遺跡の各住居跡から杯形土器、甕形土器、甑形土器などの日常什器や煮沸《しゃふつ》用具が出土した。

　これらの遺物からこの遺跡は奈良時代後半から平安時代までの集落遺跡と考えられる。

　二タ通り遺跡（鏡田字仁井田）は、東北本線鏡石駅の北西一・二キロメートルの仁井田集落内を通る旧道の北側沿いにある。東北自動車道整備の際発掘調査が行われ、竪穴住居跡一棟、工房跡三棟、円形ピット一個が検出された。

　竪穴住居跡は南北四・六メートル、東西五・一メートル、深さ二五～三

○センチの隅丸方形のもので、南と東の壁にカマドが築かれていた。
一号工房跡は方形で、床面のほぼ中央に五〇センチ四方の火床《ほど》（火を燃やす穴）が見られ、その周辺に木炭の堆積が認められた。二号工房跡は不整楕円形を呈し、中に粘土塊が検出された。三号工房跡は方形の竪穴で、中央部のやや南寄りに皿状に窪んだピットがあり、その北側部分の床面に焼土の堆積が認められた。

これら遺構からは、煮沸などに使われたと考えられる甕形土器や杯形土器のほか、一号工房跡の木炭層の中から鉄鏃一点が出土した。そして杯形土器の一つに「九」と墨書された墨書銘土器があった。この遺跡はこれら遺物から、奈良時代中頃から平安時代の集落遺跡と考えられる。

仏具壇遺跡（鏡田字仏具壇現在は川崎町）は矢吹町に近い矢吹が原台地の南端部にある

ニタ通り遺跡の３号工房跡（上）とピット跡（下）
（『鏡石町史』）

ニタ通り遺跡出土甕形土器
（『鏡石町史』）

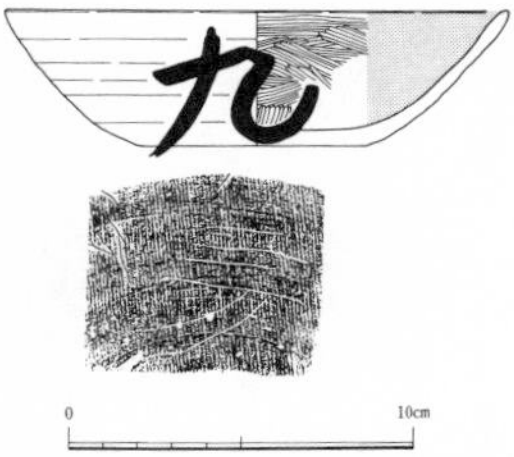

庭渡遺跡出土の墨書銘杯
模写図（『鏡石町史』）

遺跡で、東北自動車道整備の際発掘調査が行われ、竪穴住居跡一棟と土師器の杯形土器・甕形土器、石製品が検出された。

住居跡は南北三・八メートル、東西五メートル弱の長方形のもので、地山を五五～九〇センチ掘り込んで造られていた。床面は土間のように固く締まっており、東壁の中央には割石を芯にしてその上を粘土で覆って作ったカマドがあった。このカマドには住居の外方に七〇センチほど延びた煙道が付けられていた。

杯形土器の中に「臣」などの墨書銘土器もあった。

この遺跡は出土遺物から見て、八世紀末から九世紀初頭のものと考えられている。

以上のほか、住居跡などの集落跡は確認されないが、この時代の遺物が採集された遺跡に次のようなものがある。

庭渡遺跡（成田字新町）から、個人の宅地造成の際土師器杯四点が見つかった（鏡石町公民館保管）。

杯形土器はロクロナデ・ヘラケズリにより調整され、内面は黒色処理されていた。また土器の外面に「九」「丁」の墨書銘のある杯形土器が二点あった。

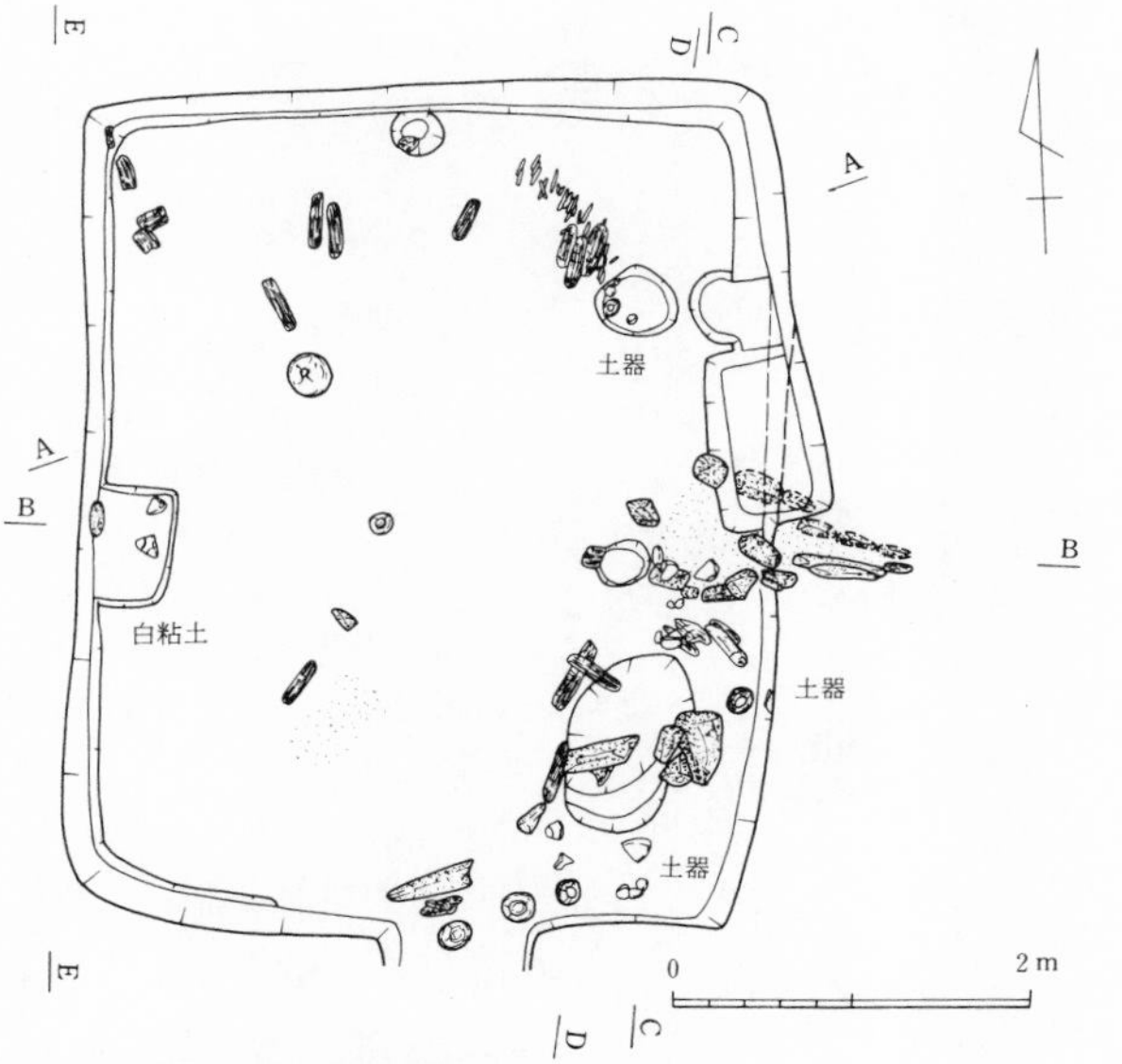

仏具壇遺跡竪穴住居跡模写図（『鏡石町史』）

町屋口遺跡（成田字諏訪町）は成田・陣ヶ岡遺跡と隣合わせにある遺跡で、一部発掘調査が行われた。完形品はなかったが、縄文土器片、土師器片、須恵器の長頸壺片が出土した。長頸壺片は内外面ともロクロで調整されていた。

北原遺跡（成田字北町）は北町集落の南側にあり、この遺跡出土と伝えられる土師器一点がある。この土器は胴の長い甕形土器で、外面にタタキ目が残されており、何かで叩き調整したものと考えられる。

大中島遺跡（久来石字南町）は久来石

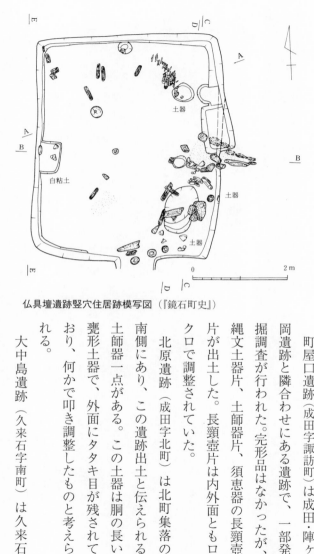

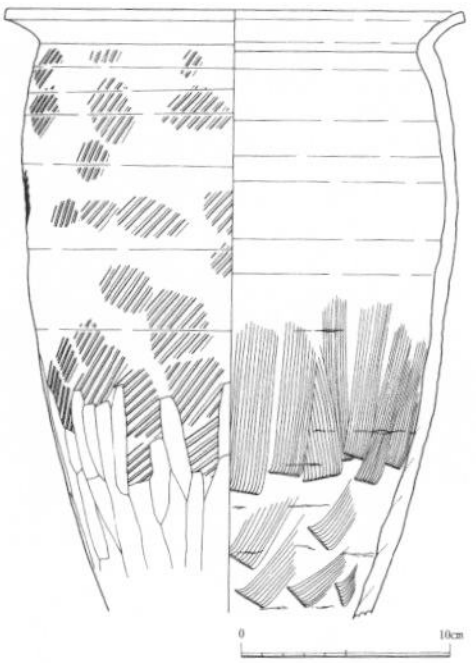

北原遺跡出土甕形土器模写図（『鏡石町史』）

地区を走る国道四号沿いにあり、遺跡は国道により二分されたようになっているが、この遺跡から土師器の甕形土器一点が見つかった。この土器は外面をヘラナデとヘラケズリで調整し、内面はヘラナデにより、口縁部はヨコナデにより調整されていた。この甕は日常の煮沸用に使われていたものと考えられる。この遺跡は古墳時代後期から奈良時代のものと考えられる。

蘭塔山《らんとうやま》遺跡（久来石字蘭塔山）は道路改修の際一部発掘調査され、住居跡らしい竪穴住居状遺構一基と直径四〇センチ、深さ一四センチのピット一基、土師器片、須恵器片複数が検出された。正確な時期は不明だが、中世から近世までの遺跡と考えられる。

鏡石町の中世城館跡 —— 江泉館《こうせんだて》跡など

鏡石町には鏡田地区に江泉館・南高久田館・前山館・金山館・鹿島館・方八丁館、笠石地区に高屋敷館・高野館・石川館・土井郷館、成田地区に成田館・蛇山館と地区毎に固まって一二の中世城館跡がある。うち八館は江戸時代後期に編纂された『白河風土記』に記録されている。しかし、江泉館・南高久田館・蛇山館・高屋敷館を除いては、近年の土地開発などで破壊されたり、長年放置されていたため崩壊して地山化してしまい、城館の形状が不明確になっている。ここでは最も保存のよい江泉館について詳説する。

江泉館は『白河風土記』に「江泉館　村ノ北裏ニアリ　高サ十間　館主深内《ふかうち》藤内《とうない》ノ遺跡ト言ヒ伝フ」と書いている。

江泉館全景

江泉館は鏡石町の北西端、鏡田字深内地内の丘陵部にあり、その西方を釈迦堂川が蛇行しながら流れている。

館跡は標高二七五・九メートルの丘陵の西端頂部を削平して構築されており、館跡のある丘陵の南方は釈迦堂川により形成された沖積平野が広がっている。

館のある丘陵東側は起伏の多い低地性丘陵となっており、本郭とは堀切あるいは切通しを設け遮断している。また館の北側は幅の広い谷地となっており農業用水背戸池がある。

館跡の規模は東西約八〇メートル、南北約五〇メートルの不

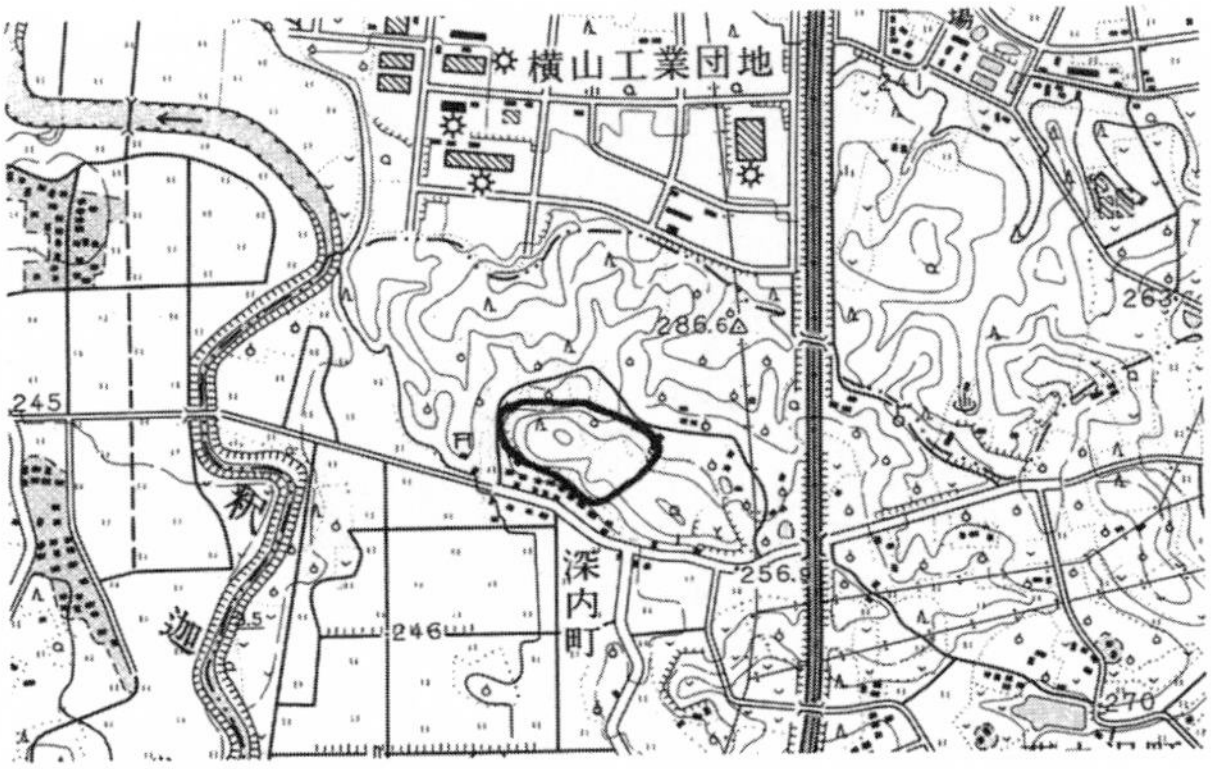

江泉館位置図（『福島県の中世城館跡』）

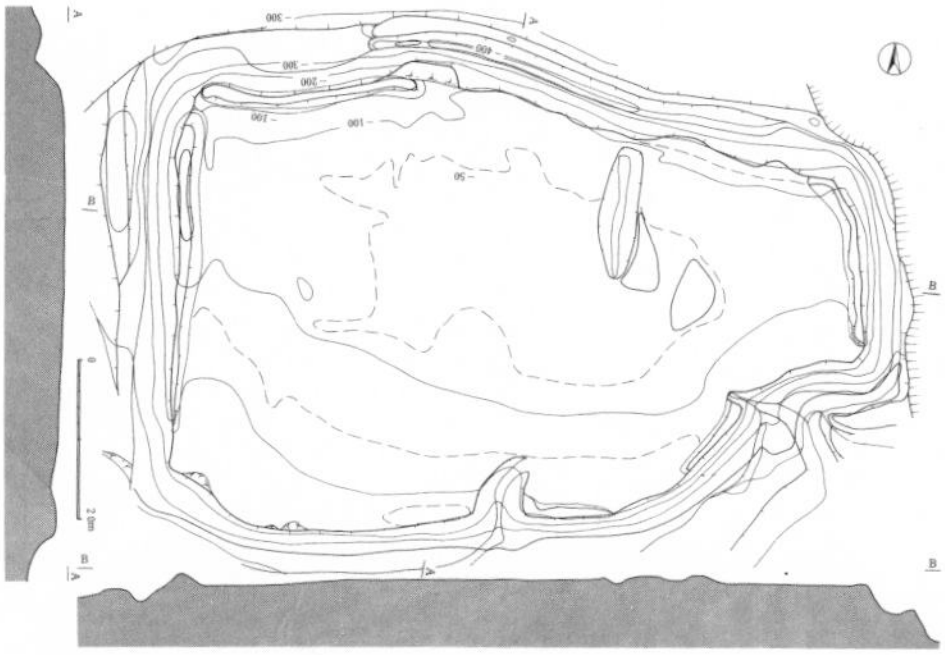
江泉館実測図（『鏡石町史』）

整長方形の郭で、いわゆる単郭式城館である。

郭の東辺と北西隅に鍵形《かぎがた》に幅約二メートル、高さ約〇・八メートルの土塁が残存している。

本郭の下には東・西・北側に数段の帯曲輪があり、土塁は曲輪内部の廃土を盛り上げたと考えられ、曲輪の内側は四〇～六〇度の急勾配をなし、空堀状になっている。

本郭との高低差の少ない丘陵北側の麓には、幅約八メートル、深さ約三メートルの断面が薬研状を呈した堀跡が確認されている。

本郭への通路は二か所確認できる。一つは東南部の桝形をした部分に幅約二メートルの通路跡が認められ、深内板碑群のある帯曲輪の下まで通じている。もう一つは南辺帯曲輪のほぼ中央部にあり、西から北東方向に曲がって入る幅一メートルの細い通路跡が認められる。

鎌倉時代の初期、二階堂行村が岩瀬郡西部二一郷を所領し稲村城を築いたが、江泉館は稲村城の東方の守りとして一族の者に築かせたものと推測される。『白河風土記』にある深内藤内はそのような立場の者と思われる。

須賀川二階堂氏の時代になると稲村二階堂氏の一族浜尾氏が代々館主として居城した。

鏡石町の板碑——深内《ふこうち》板碑群など

板碑は板石塔婆の別称で鎌倉時代に始まり、南北朝・室町時代に増加し、安土・桃山時代の終り頃には消滅したといわれる。

そのため鎌倉幕府のあった関東地方に多く、それが徐々に地方に広まっていったといわれる。

鏡石町の石碑には類型（碑伝型）板碑と自然石石碑があるが、類型板碑が多い。類型板碑は関東地方の影響を受けて造立されたもので、自然石を利用し石の頭部を山形に切り、その下に二段（重）に切り込みを入れて額部を突出させ、身部に偈文《げぶん》や供養者を書き込むものである。

また、鏡石町の板碑の造立時期は、鎌倉時代末期から南北朝時代末期にかけてのものが多い。

これは岩瀬地方では「南北朝の争乱」において南朝方と北朝方が宇津峰城を巡って激しく戦い、多くの戦死者を出したためで、それを弔う板碑が多いのである。

鏡石町の主な板碑は次のとおり。

板碑名	場所	造立年（紀年銘）
鍋田自然石板碑	鏡田字川崎	嘉元三年
元亨自然石板碑	久来石字入の窪	元亨元年
大日自然石板碑	笠石宝泉院境内	嘉暦二年
踊坊自然石板碑	笠石字旭町	嘉暦四年
文和碑伝型板碑	笠石字下平	文和三年
正和碑伝型板碑	成田白山神社境内	正和二年
深内板碑群	鏡田字深内	造立年などの概要は以下のとおり

深内板碑群は、深内集落の背後の丘陵にある江泉館跡の南東隅の三段目の帯曲輪跡にある。

この板碑群は、昭和五十六年に江泉館跡の実測調査の際五基が発見され、その後昭和五十九年に鏡石町教育委員会が「江泉館板碑保存整備事業」の実施の際、更に四五基の板碑群を発見したものである。

各板碑の大きさは三八センチから一八八センチと様々で、石材は安山岩と凝灰岩が使われ、大部分が凝灰岩であった。板碑の形状は、頭部が三角形で顎のあるものがほとんどで、中には顎を持たないものもあっ

大日自然石板碑（『鏡石町史』）

踊坊自然石板碑（『鏡石町史』）

正和碑伝型板碑（『鏡石町史』）

28号・29号板碑

最も大きい板碑

元徳銘板碑

元徳銘板碑

深内板碑群出土板碑（『鏡石町史』）

た。板碑の背面は、小型のものは石の形状を利用して舟形に丸味を持たせ、大型のものはほぼ平坦に仕上げられていた。紀年銘の明らかなものは、元徳銘のあるもの二基、文和銘のあるもの一基であった。

板碑で最も古いのは、最初に完形で発見された「サ」と読める種子を持った高さ一八八・五センチ、幅六〇センチ、厚さ二九センチの板碑でこれが最も大型の板碑と考えられる。

板碑群の造立時期は、江泉館の帯曲輪を利用していることから江泉館完成後の十三世紀中頃から始まり、板碑の様式を簡略化して作った元徳（一三二九〜一三三二）・文和年間（一三五二〜一三五六）頃が最盛期と考えられる。

鏡沼と和田平太

鏡石町鏡田の田圃の中にわずかな水溜りとなって鏡沼がある。鏡沼の由来について白河藩主松平定信が広瀬典に命じて編纂させた『白河風土記』に次のように書いている。

鏡沼　村の西十丁余（一〇九〇メートル）にある。建暦年中（一二一一～一二一三）荏柄《えがら》平太胤長が奥州岩瀬郡に配流された。胤長の妻は幾山河越え来て、近くに（平太の流された）稲村という所があると聞き喜びに堪えられず、鏡を取り出し化粧していると「今は果なくなり黄泉《よみじ》の鬼となった」と告げる者があったので、平太の妻は世を果かなみ、鏡を沼に投げ捨て、我身も沼に投じて死んでしまった。今は鏡沼という名のみ残っていて一方の岸は崩れ四間ばかりの沼となってしまった。鏡沼という名は、平太の妻が鏡を沼に沈めてより言われている。

鏡沼近景

和田平太胤長は父は義長、通称平太、鎌倉幕府の有力御家人であった侍所別当和田義盛は伯父にあたる。長じて鎌倉の荏柄に住んでいたので荏柄平太胤長と呼ばれた。胤長は『吾妻鏡』にも度々登場するが、弓始・的始・笠懸などの弓の競技で射手を務めるほどの弓術の名手で、源実朝・頼家の信頼が極めて厚かったといわれる。

胤長が配流となった経緯は、『吾妻鏡』に概略すると次のとおり書かれている。

建保元年（一二一三）二月、信濃国の住人泉親衡《ちかひら》が源頼家の遺児千寿丸を奉じて、幕府有力御家人北条義時を討とうと企てると、和田義盛の子和田義直・義重・甥胤長も加担することになった。しかし企ては露見し、胤長らは捕らえられ、胤長は金窪行親、安東忠家に預けられた。和田義盛は一族を引き連れ幕府に押しかけ、子息の赦免を要求したところ、義直・義重は許されたが、胤長だけは許されず、二階堂行村に引き渡され、建保元年三月陸奥国岩瀬郡に配流となり、鏡田に住むこととなった。胤長の荏柄屋敷は慣例により和田一族に戻されるべきところ、北条義時はこれを取り上げ金窪行親に与えてしまった。このことに激昂した和田義盛は同年五月、一族をあげて北条義時を攻めたが、一族の三浦義村の離反で敗れ、義盛はじめ和田一族はあえなく殺されてしまった（これを後世「和田合戦」と呼ぶ）。合戦が終わると間もなく胤長は二階堂行村により稲村で誅殺されてしまった。享年三一歳であった。

和田平太胤長の墓は、須賀川市稲と鏡石町久来石の二か所にある。

余談になるが、布川一二氏編纂の『民間諸家系譜』によれば、胤長は稲村配流の後間もなく、稲村村長太郎丸の娘を妾とし、胤長の死後妾から男子が生まれたので、太郎丸が養育し、和田小太郎義里と呼ばれた。稲村館に住み、和田殿と呼ばれ、岩瀬郡和田氏の祖となったと書いている。

和田平太胤長の墓（須賀川市稲）
（『鏡石町史』）

元禄五年（一六九二）六月、松尾芭蕉は『奥の細道』の旅でここを通り「影沼という所を行くに、今日空曇りて物影うつらず」と書いたが、それ以後、芭蕉の書いた「影沼」は鏡沼のことか、陽炎《かげろう》あるいは蜃気楼現象のことか、それとも須賀川市西川の影沼のことか、いろいろの説が出されてきた。現在は鏡沼が影沼であるといわれている。

今鏡沼は、子供の遊具も設置され、鏡沼公園としてきれいに整備されている。

また沼畔には、平成十六年に、鏡石町ロータリークラブにより設置された旅姿の芭蕉・曽良の石像が置かれている。

観魚亭と常松《つねまつ》菊畦《きくけい》の『磨光編《まこうへん》』

白河藩主松平定信は、再三にわたり鏡沼村の大庄屋常松家を訪れている。常松家は岩瀬地方きっての豪農で、邸内には大きな泉水を築き、中島を造って数寄屋風の茶屋を建て、舟を浮かべて遊泳する魚を眺めることができる観魚亭と名づけた庭園があった。

この庭園の様子は、定信の『退閑雑記』に次のように書かれている。

鏡沼畔に立つ芭蕉と曽良の像

けふは鏡の沼常松がところにやどる。常松如流は七十あまり七になり侍《はべ》る。いとすこやかなり、わかき時より村長《むらおさ》なりしが教をたれて愚かなるをさとし、まずしきをにきは《（賑）》しすくひ《（救）》なんとし、みづからも篤く信じ、ふみなどこのみ《（好）》けるぞいと殊勝なる。この翁の庭に松あり、枝葉うるはし、翁の祖父手づからうへたるをもつてことに愛《めで》つゝ、松の詩歌などある

観魚亭舟中望ノ図　安田田騏の銅版画（『鏡石町史』）

また、この時須賀川の俳人市原多代女（父が常松元貫の弟）も定信が観魚亭を訪れた時接待役を務め、四〇年後の弘化三年（一八〇六）『観魚亭に遊ぶの記』に

「そのかみ大守君（定信）憩はせ給ひし時、我もこのかみのためにはゝき《（帚）》をとり、羹《あつもの》を作り侍りしが、今は四十年前の事にして、けふ池の上に徘徊すれば水と山とは昔のごとく、老松いよいよ水上に枝をたれ、所〱に楓さくら染なして、颯々の声絶ず。四時の用、行ものは又乗りて体変せず。おのれ哀楽の中に齢古稀に余りて此けしきに対する事のよろこばしさに、日暮るまでながめ侍りぬ

残りなく池にかゞやく紅葉かな

弘化三丙牛秋　七十一姥市はら多代」

と観魚亭での思い出を書いている。

常松家庭園観魚亭については、文化十二年（一八一五）常松家の依頼により、亜欧堂田善の高弟安田田騏《でんき》が「観魚亭舟中望ノ図」（銅版画）と常松家名物の老松を描いた「常松元貫八十賀刷物」を製作している。

常松元貫は享和年間（一八〇一～一八〇四）に定信の来訪を記念して中の島に「羽林公観魚之地」の石柱を建てている（この石柱は現在常松家ゆかりの須賀川市安藤家に保存されている）。

現在の観魚亭跡
明治以降花池と呼ばれ潅漑用水に使われた。

観魚亭は現在、池の大部分が埋め立てられ、銅版画にある景観は見ることはできない。また老松は近年まで旧奥州街道沿に往時の姿をとどめていたが、今は枯死してしまった。

『退閑雑記』に書かれている常松如流は、常松次郎右衛門元貫のことで、元貫は定信の窮民政策に物心両面の協力を惜しまず、天明の大凶作には私財を投じて救済に尽力し、農民の人口増加策として行った越後縁女の移住に当っては、越後の庄屋との交渉や到着した縁女たちへ懇切な心配りを行い、定信から絶大な信頼を受け、大庄屋から郷士となり、携槍を許され、家禄一五石から一五〇石に加増されるという破格の栄誉が与えられた。

『崖光編』を発刊した常松菊畦までの常松家の系譜は、『岩瀬郡誌』『常松家譜考』などによると次のとおりである。

常松氏は遠祖を藤原鎌足に置き、鎌倉時代源頼朝に仕えた二階堂行政に始まる。行政の次子行光の子盛藤に二子あり、長子政藤《まさふじ》は須賀川二階堂氏の祖となり、次子藤顕《ふじあき》は保土原に住んで保土原氏と称し、藤顕より六代目貞長の長子が保土原江南斎である。貞長の次子貞隆は常陸国の佐竹義信に仕えたが、のち帰国して保土原に住み、常松姓を名乗った。三代目元重の時、白河藩主丹羽長重の命により新道開設と鏡沼・高久田村の新田開発を行い鏡沼に永住し、庄屋役に就いた。その後も常松家は新田開発や醸造業を営み、この地方屈指の富豪となった。宝暦五年に八代目次郎右衛門元貫は家督を継いで鏡沼村庄屋となり、宝暦十三年には鏡沼組一〇か村を統括する大

常松元貫八十賀摺物　松の図は安田田騏筆（『鏡石町史』）

庄屋となった。この前後から白河藩御用達となり、白河藩の財政を援助した。常松家は元貫の後は由清が継いで九代目となり、その子安之が常松家から分家し、東常松家初代となり大庄屋役に就き一九か村の支配を任された。

安之は二〇歳の時、定信から昌平坂学問所で一年間の勉学を命ぜられ、大学頭林述斎から、雅号「菊畦」を贈られ、以後菊畦の号を用いて『隨山旅吟』『仙道評論』『磨光編』を著した。『磨光編』は和田平太胤長の遺跡である鏡沼・化粧原・平太仏が草莽《そうもう》の中に覆滅するのを憂い、当代の碩学《せきがく》に詩文を請い、天保六年（一八三五）に刻刷したものである。

鏡沼古跡之図―羅漢山人筆　磨光編挿図
（『鏡石町史』）

小栗山観音堂

仙道三十三所観世音菩薩巡礼札所の三〇番目の札所として知られた小栗山観音堂は、久来石集落の西方の釈迦堂川にほど近い、比高およそ二〇メートルの小栗山の北麓にある。本堂は三間四方の建物で半ば岩洞の中にあり、側の「二王石」と呼ばれる二つの巨岩が異彩を放っている。境内には県内最長寿として知られる樹齢五〇〇年の大欅《けやき》が立っている。

観音堂は養老年間（七一七～七二四）、この地方に在任した高月左大弁が行基作とされる自身の守り本尊十一面観音を納めて建立したと伝えられている。高月左大弁は、久来石村の鎮守であった高月神社に祀られている人で、伝承では養老二年に陸奥国から分立して成立した石背国の国司あるいは国衙の上級の役人であったといわれている。また、今は廃寺となってしまった久来石の高福寺を創建したのもこの人といわれる。

小栗山観音堂

この観音堂は、対岸の保土原にあった保土原城の城主保土原江南斎が厚く信仰していたことで知られる。

ご縁日は九月九日と正月の七日で、正月七日は馬頭観音の祭りとして岩瀬郡内に知られていた。昭和三十年代頃までは、農耕や運搬に使用される馬は家族同様大切であったため、神仏に馬の健康と安全を祈願する風習があり、小栗観音堂の祭礼には近郷近在から多くの参詣人が訪れ賑わっていたのである。また、四月にも苗代に稲の種を蒔き終ると、必ず残りの米で作った焼米を持ってお参りに訪れ五穀豊穣を祈ったといわれる。

昭和三十年代以後になると、農作業も運搬も機械化され、馬が必要なくなると馬頭観音信仰の小栗山観音堂も荒廃の一途をたどってしまった。

小栗山観音堂の神馬

十一面観音像は戦後行方不明となり今は堂内にない。御堂にあった美しい音色の名鐘も戦時中献納してしまい戻っていない。

現在も堂内には、須賀川の画家会田青峰や大野松岳らが描いた馬の絵馬六点が残され、また境内の神馬堂には神馬が一頭淋しく残されている。

文部省唱歌「牧場の朝」の舞台となった岩瀬牧場

ただ一面に立ちこめた
牧場の朝の霧の海

ポプラ並木のうっすりと
黒い底から勇ましく
鐘が鳴る鳴るカンカンと

この歌は文部省唱歌となり、昭和七年頃から戦後まで愛唱された。この歌を聴くとかつての農村風景が鮮やかに思い出され、誰もが郷愁に誘われる。この歌を誰が作詞・作曲したか長い間分からなかったが、鏡石町の医師最上寛氏の研究により、昭和五十二年に、作詞は朝日新聞記者で「天声人語」でなじみの杉村楚人冠、作曲は東京上野音楽学校教授であった船橋栄吉であることが分かり社会を驚かせた。

楚人冠は明治四十三年十二月に岩瀬牧場を訪れ、その実体験をもとに作詞したもので、鐘は明治四十年にオランダからホルスタイン種乳牛一三頭を購入した際、友好の証《あかし》としてオランダから贈られたものであった。

岩瀬牧場のある六軒原は、数千年来の植物の腐食

岩瀬牧場の鐘（櫓の上）
（『図説須賀川・石川・岩瀬の歴史』）

物が堆積し土壌も黒色を呈していたが、その基盤には二万年前の那須火山の噴火による安山岩質火山灰の地層があった。そのため酸性が強く、このままでの農耕は不向きな土地となっていたため、比較的湧水に恵まれた一部の土地を除いて明治頃まで未開拓のまま残され、松や雑木がまばらに茂っていた。

明治九年（一八七六）の明治天皇の東北御巡幸を契機に、明治政府は士族開墾の適地を探して東北一円の調査を行い、その結果適地となったのが安積野の開拓であった。一方宮内省も皇宮付属地（後に「御料地」と改められる）として、伊藤博文（当時参議）の推奨を受け六軒原に着目して宮内省御開墾所を設置することとし、宮内省御用掛勝野源八郎を六軒原に駐在させ、御開墾所の設営の業務に当らせることとなった。

明治十三年三月、勝野は牡馬五頭・農夫四人とともに馬車二輌に家財道具を積んで現地に赴任し、宮内省六軒原御開墾所が開所された。

御開墾所は勝野御用掛、宮内省傭二名、農夫八名の陣容で、開墾すべき土地は三〇〇町歩、建物・設備は事務所六坪（座敷一二坪が付属）、農夫詰所三六坪（土間一二坪付属）、農具置場二六坪、二階建乾蒭《かんしょ》（まぐさ）貯蔵所、平屋板敷穀倉、農具雑具置場兼収穫物刈入所（土間）で始動した。

御開墾所の始まった明治十四年の経費は、四月から十二月までの九か月間で人夫延三八〇〇人、牛延一二〇〇頭、馬延一二四一頭を使い、八〇町歩の荒起こしと一一町歩の耕耘《こううん》を行い、二〇六八円の費用がかかった。

一方この年の収入は、大豆・小豆・玉蜀黍《とうもろこし》・大根・蕪青《かぶ》を播種したが鳥虫害により収穫は皆無、蕎麦《そば》・陸稲・砂糖黍《さとうきび》・粟《あわ》・芋・落花生・馬鈴薯《ばれいしょ》は収穫されたがその額は二八円三三銭であった。

こうして御開墾所の経営は、初年度から多難の出発となった。

しかもまた未開拓分野の有畜農業を企画し、明治十四年の予算で外国製四頭曳犁《ひきすき》三挺、二頭曳犁四挺を購入し、加えて牛・馬・豚計一五〇頭余を導入し、ヨーロッパ式混合農業を行ったが、経験不足を露呈し、期待する効果を上げることができなかった。

その後も御開墾所の経営はなかなか軌道に乗らず、年々の経費に見合うだけの収益を上げることが困難な状態が続いた。

明治十八年には八幡原・南原・三城目原の国有原野一三〇〇町歩を御料地に編入し、六軒原を岩瀬第一御料地、藤沼原を岩瀬第二御料地、三城目原を岩瀬第三御料地と呼び、畑作中心の農場経営を続けたが、依然低迷が続き、明治十九年から明治二十一年までの収支は毎年五〇〇〇円余の赤字となってしまい、明治二十二年には御開墾所の事業は停止となった。

そこで宮内省は、御開墾所の建物・設備・御料地の一切を付近の農村あるいは民間に貸下げすることを決定し、御開墾所の管理を福島県に委託した。

すると明治二十三年六月、岡部長職《ながもと》子爵（旧岸和田藩主）から六軒原第一御料地・藤沼原第二御料地・三城目原第三御料地合計一三〇〇町歩と飼育している牛馬豚のすべて、畜舎・農機具・常備農夫のすべてを拝借し、個人で農場を経営したい旨の願い出があり宮内省から許可された。岡部子爵の拝借農地は、地元民の強い要望により半分の六三〇町歩が小作地として除外され、実際の拝借地は六七〇町歩になった。その用地の内訳は樹林三〇〇町歩、秣野《まぐさの》二〇九町、畑六〇町歩であった。

また、建物は明治二十三年時の「有形のもの悉皆《しっかい》」として貸し付けられ、その内訳は二八棟の建物八一二坪と岡部子爵が新築した乳牛一五〇頭を収容する牛舎四二〇坪、練乳製造器を据え付けた工場など一二棟を合わせた合計一七九九坪であった。

この年の岩瀬牧場の損益勘定は、支出一万五六七八円、収入は牛乳販売七〇五八円と収穫物販売六一三五円で収支はほぼ拮抗していた。

明治四十年に個人経営の岩瀬牧場は、資本金二五万円で順宜牧畜株式会社となった。その設立趣旨に「牧畜ヲ主トシ、農耕・植林ヲ副トシ、純良ナル種畜の繁殖・供給及ビ生乳販売、乳産品製造業ヲ営ム」とあるように、主業種となったのは牛乳販売で、ホルスタイン種の乳牛牡・牝・仔牛一九三頭を新しく導入し、厚生舎と呼ぶ営業所を福島県内主要市町や仙台、宇都宮に設け牛乳販売の拠点とした。

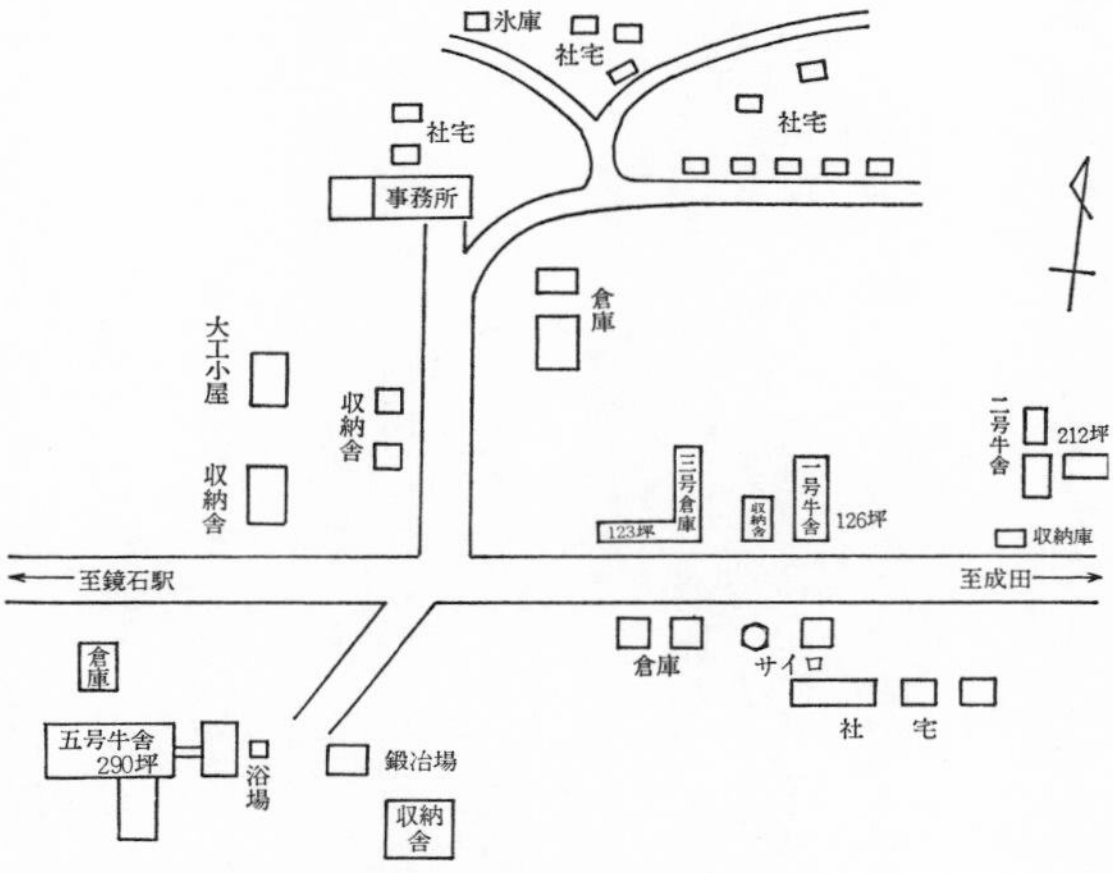

昭和８年当時の岩瀬牧場（『鏡石町史』）

そして拝借御料地を畑地二〇〇町歩、牧草地二〇〇町歩、松林二〇〇坪に三分割して牧場は農林部・牧畜部・厚生舎の三部門制をとって経営され、明治四十一年の決算は六九四〇円の収益を上げ、順調な滑り出しとなった。

この時の会社の従業員は、支配人以下職員一九人、常傭の耕牧夫七〇人、各配達所の配達夫一〇〇人のほか臨時雇の人夫年間延八〇〇〇人に及ぶ大世帯となった。

明治四十三年には資本金を増強し、社名を日本畜産株式会社に改めた。

大正時代に入っても毎年の収益は一万円以上に達し、乳牛の保有数も三〇〇頭台を維持した。特に東北本線鏡石駅が設置されると、大正二年には駅と牧場の間に軽便軌道を走らせ、牛乳の輸送を容易にした。また農林部内では玉蜀黍栽培が中核となり、北海道からの種子の需要が増え販路を広げていった。

ところが大正後期になると、経済不況の影響から牧場経営が苦しくなり、大正十二年以降は連年赤字になってしまった。そのため岡部子爵は公務多忙を理由に牧場経営から身を引き、新しく福森利房が経営に当ることとなった。しかし福森は経営能力を欠き、安易に森林伐採と木材の売却を続けて資産を消耗させ、会社を破綻《はたん》の危機に追い入んでしまった。そのため会社は経営陣を一新し岩瀬農学校出身の遠藤一郎を牧場長に起用し再建に当らせた。

遠藤は岩瀬農学校の生徒の応援を得ながら、無肥料農業から過燐酸肥料などの有肥料農業に切り替えたり、搾乳量の多い乳牛を導入したりして種々の刷新を行い、昭和九年以降は毎年一万円から三万円の利益を上げた。

昭和九年には宮内省と矢吹ヶ原開拓の目的を持つ福島県との間で、岩瀬御料地一七二六町歩と安積郡丸守村所在の県有林二三四六町歩の交換の協議が行われ、同県有林に加え一五万円を供与する条件で用地の交換が成立し、岩瀬御料地のすべてが県の所有となった。

その後、県と日本畜産株式会社との間で、県有地となった御料地の返還の協議が進められ、昭和二十年に日本畜産株式会社の施設付近の農地一五五町を時価で払い下げることを条件で、その他の御料地の返還が合意された。しかし、後にそのうちの農地七二町歩は自作農創設政策による農地解放の対象とするとして地元民に払い下げられた。この時岩瀬牧場の従業員には優先して入植が認められた。

岩瀬牧場農作業風景（『鏡石町史』）

昭和二十六年に岩瀬牧場は西武鉄道に買収され、日本畜産株式会社は消滅し、そして同年西武鉄道は岩瀬牧場用地と建物・設備一切を福島県に譲渡した。

県は三〇町歩を田子倉・滝ダムの立退者用地に当て、二〇町歩は昭和四十二年建設の岩瀬農業高校の敷地とした。そして昭和四十三年には残り三〇町歩余と旧岩瀬牧場の建物・倉庫・事務所・農機具など一切を含めて有限会社岩瀬牧場（社長小針暦二）に払い下げた。

会社は岩瀬牧場名を踏襲し、広い用地を利用して畜産を中心とした経営を行い、他に草花、水稲、リンゴの研究・栽培を行った。

岩瀬牧場旧事務所（現資料館）

特に熱帯睡蓮の研究は有名である。

現在は花卉《かき》栽培に力を入れ、特にシャクヤクの栽培では須賀川牡丹園のボタンと好対称を見せ、開花期の五月にはその美しさで訪れる者を魅了する。

園内には明治十三年に六軒原御開墾所時代に建てられた木造亜鉛メッキ鋼板葺二階建事務所が残り、岩瀬牧場の歴史を物語る資料館として使われている。このほかこの頃使っていた四頭曳犁などの西洋式農具や畜舎、穀物乾燥小屋が当時のまま残されており、ヨーロッパ式混合農業を初めて取り入れた岩瀬牧場の進取の気風を今も感じ取ることができる。

岩瀬郡天栄村

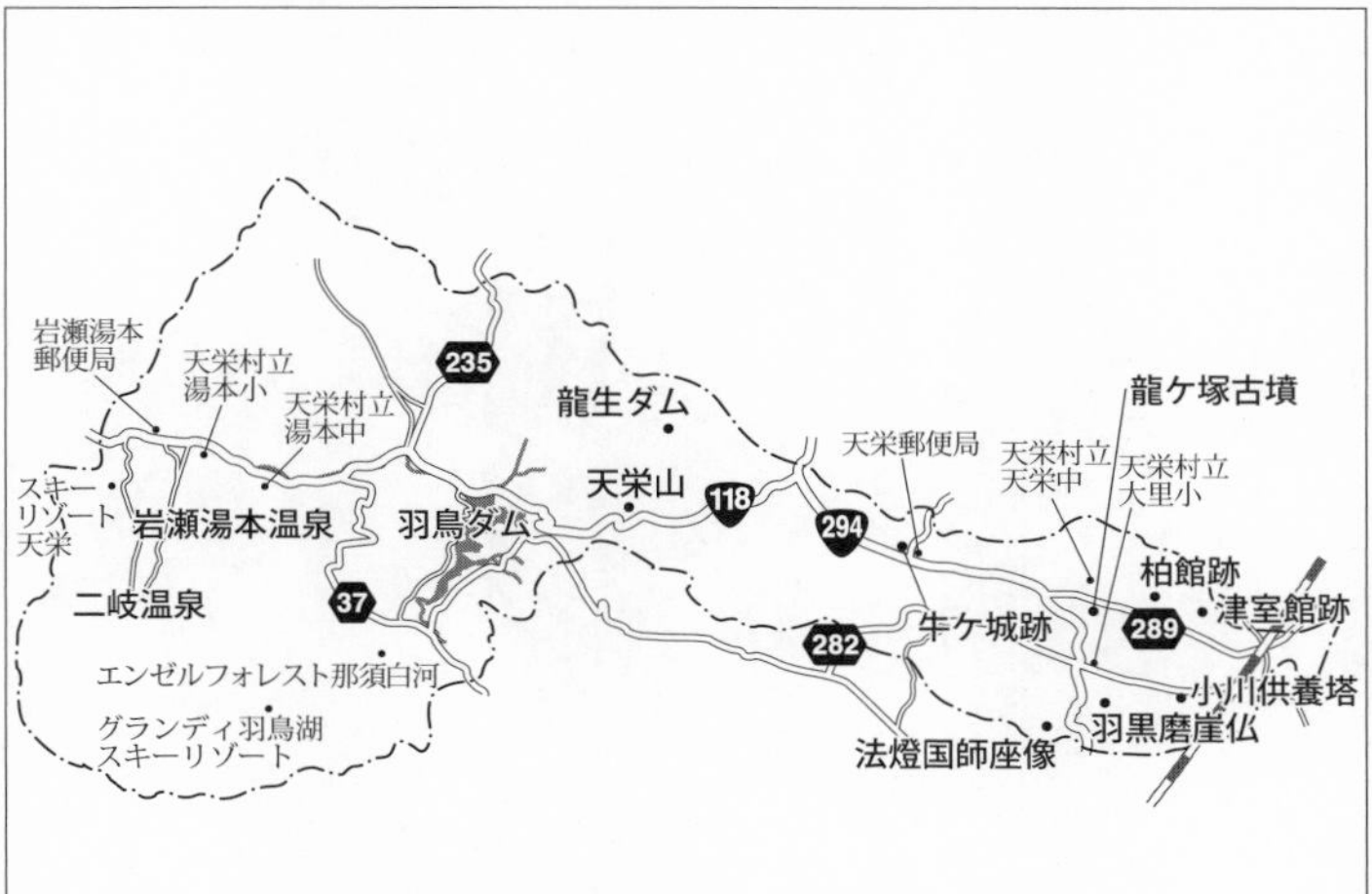
岩瀬湯本
郵便局
天栄村立
湯本小
天栄村立
湯本中
235
龍生ダム
龍ケ塚古墳
天栄郵便局
天栄村立
天栄中
天栄村立
大里小
スキー
リゾート
天栄
岩瀬湯本温泉
羽鳥ダム
天栄山
118
294
柏館跡
津室館跡
二岐温泉
37
282
牛ケ城跡
289
エンゼルフォレスト那須白河
小川供養塔
グランディ羽鳥湖
スキーリゾート
法燈国師座像
羽黒磨崖仏

天栄村の旧石器時代および縄文時代の遺跡

多数の縄文土器を出土した二木松《ふたぎまつ》遺跡（大里字二木松）の出土遺物の中に、旧石器時代の遺物とみられる硬質頁岩製剥片二点が見つかったが、ここが天栄村における旧石器時代の遺跡であるとの確証はまだ得られていない。

天栄村の縄文時代の遺跡は、通称広戸川と呼ぶ釈迦堂川と滝田川流域の丘陵地に分布する。

現在発掘調査や表面調査した遺跡は、桑名邸《くわなやしき》遺跡、関根向《せきねむかい》遺跡、前原遺跡があるが、その他にもこの時代の遺物が採集された遺跡がある。

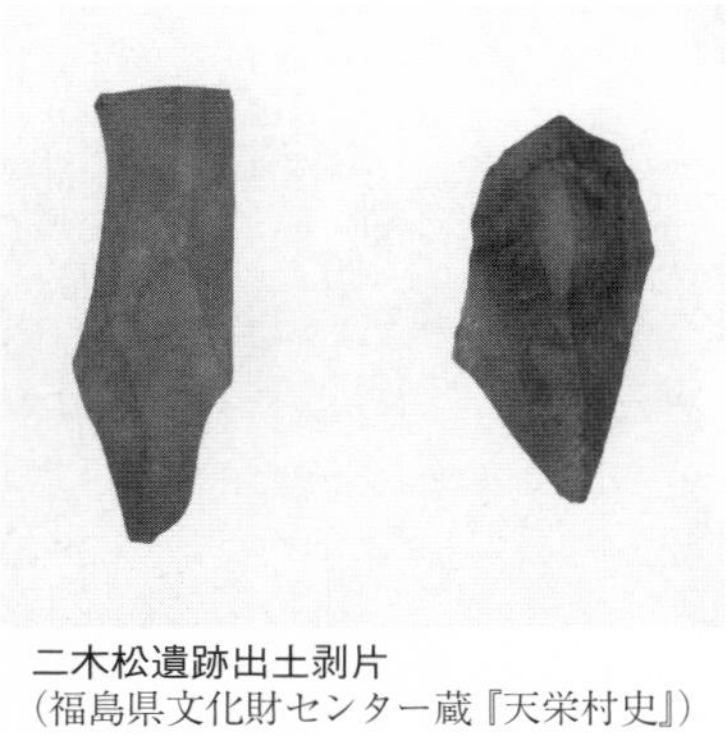
二木松遺跡出土剥片
（福島県文化財センター蔵『天栄村史』）

桑名邸遺跡は、広戸川の支流滝田川北岸の河岸段丘上に位置し、その範囲は東西約二〇〇メートル、南北約一〇〇メートルと広範囲に及んでいる。

昭和六十三年から平成元年まで二年にわたり発掘調査が行われ、三九棟の竪穴住居跡（縄文時代早期～中期三五棟、古墳時代三棟、不明一棟）、土坑一四九基が検出された。住居跡は切り合いが激しく詳細は不明だが、炉の形態は前半期では地床炉、後半期では埋設土器を持つ複式炉

（石囲炉を含む）であった。

　土坑は、フラスコ形や円筒形を呈する貯蔵穴とみられるものや大型土器を埋納している土坑墓とみられるものがあった。

　出土した遺物は土坑内に、把手付壺形土器や甕形土器などの縄文時代中期から後期の大型土器があった。その他住居跡や土坑内から石鏃・石槍などの狩猟用具、叩石・石皿などの調理用具のほか、石棒、土偶、ヒスイ製耳飾が出土した。

桑名邸遺跡出土住居跡
（『図説須賀川・石川・岩瀬の歴史』）

桑名邸遺跡出土甕形土器
（『図説須賀川・石川・岩瀬の歴史』）

桑名邸遺跡出土把手付壺形土器
（『図説須賀川・石川・岩瀬の歴史』）

　桑名邸遺跡は西側に隣接する深沢遺跡（縄文時代の竪穴住居跡五棟が検出）があり、未調査の区域を含めると、当時においては稀に見る大集落であったと考えられる。

　関根向遺跡は、広戸川南

関根向遺跡全景　試掘当時（『天栄村史』）

関根向遺跡　竪穴住居跡（『天栄村史』）

関根向遺跡出土土器片
（『天栄村史』）

岸の白子《しろこ》字関根向にある遺跡で、昭和五十四年に県教育委員会が一万八二〇〇平方メートルに及ぶ遺跡のうち約七一〇平方メートルの表面調査を行った結果、平安時代の竪穴住居跡一棟、土坑四基、井戸跡二基、溝跡三条、小ピット群六〇基以上が確認された。

住居跡は、東西三・五メートル、南北四メートルの方形の住居跡で、柱穴は一か所だけ検出された。

カマドは北壁中央に付設され、その東側に貯蔵穴とみられるピットがあった。

土坑の一基は縄文時代の陥し穴とみられ、底面に二か所の小ピットがあった。出土遺物は沢地から縄文土器片、土師器片、須恵器片、石器が多数出土した。土器の大部分は縄文中期から晩期のもので、このことから、関根向遺跡は縄文時代中期を中心として集落が営まれ、奈良・平安時代まで続いたと考えられる。

前原遺跡は竜田川の南岸、大里字前原の段丘上に立地する遺跡で、平成二年の国営総合農地開発事業に伴い発掘調査が実施され、縄文時代早期の竪穴住居跡一棟と陥し穴と見られる土坑四三基が検出された。

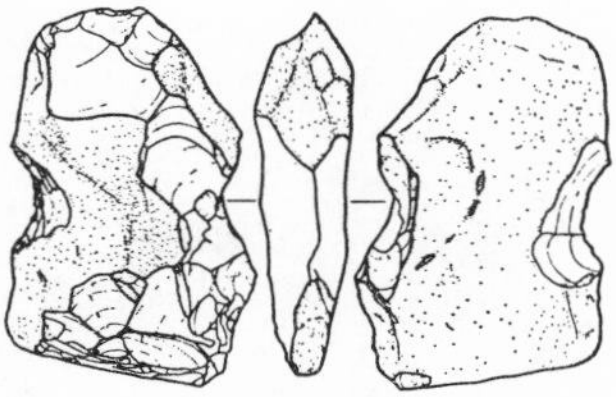

葭ヶ入遺跡出土石斧
(『天栄村史』)

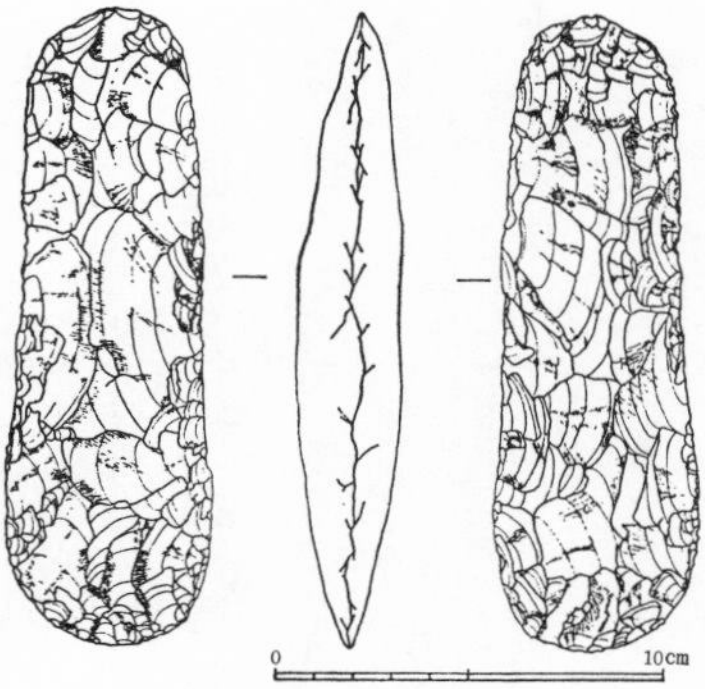

一本杉遺跡出土石斧(『天栄村史』)

出土遺物は遺物包含層から、縄文時代の土器四〇〇〇点以上が見つかった。土器は沈線による格子目文を特徴とする大平式土器や貝殻腹縁文を持つ土器など多種の文様を持つ土器があった。

白子字葭ヶ入の葭ヶ入遺跡と

白子字十日森の一本杉遺跡から縄文時代草創期頃のものと思われる打製石斧が発見された。

この他、大里の羽黒山中腹の羽黒山遺跡、大里字二木松の二木松遺跡、白子字中山の中山遺跡、大里字平の平遺跡から、表面採集により縄文時代早期から後期頃までの縄文土器片が見つかっている。

天栄村の弥生時代の遺跡

天栄村における弥生時代の遺跡は少ない。

弥生時代の遺跡として登録されたものは一六か所あるが、採集された遺物が少ないため遺跡の詳細が分からないのである。

このうち、比較的多数の土器片が採集された遺跡は次のとおりである。

岡谷地遺跡は広戸川南岸の河岸段丘上にある遺跡で、国営総合農地開発事業に伴い遺跡の分布調査が行われ、土器片三〇片余が採集された。器形の判別できるものは、鉢形土器・壺形土器・蓋で、文様は口縁部に変形工字文を施した土器片や比較的太い沈線で幾何学文様を描

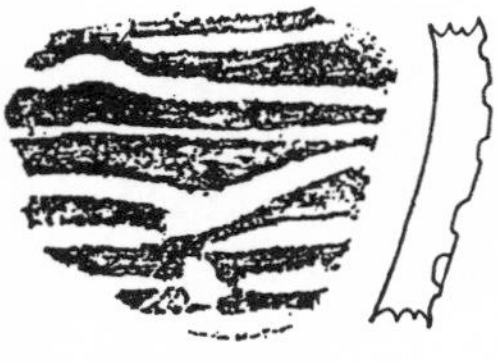

中山遺跡出土土器片
（『天栄村史』）

岡谷地遺跡出土土器片
（『天栄村史』）

き、磨消縄文を施した土器片などであった。これらは弥生時代中期前葉頃の土器と考えられる。

中山遺跡は縄文時代から続く遺跡で、この遺跡から弥生時代前期末葉頃の御代田式土器（郡山市御代田遺跡で見つかった土器様式）が出土した。

白子の伝左エ門遺跡、葭ヶ入遺跡、鍛冶内遺跡から弥生時代中期頃の土器片が見つかった。

田良尾字餅箱山の下ノ小屋遺跡からは、稲穂摘みに使用したと思われる石包丁が見つかった。

このことから稲作を行った集落があったと考えられ、今後住居跡などの集落遺構の発見が期待される。

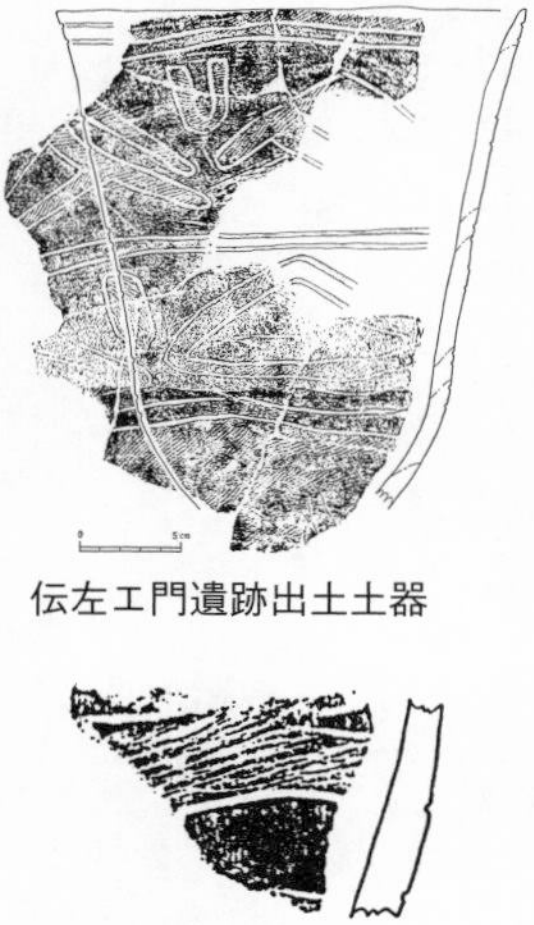

伝左エ門遺跡出土土器

鍛冶内遺跡出土土器片

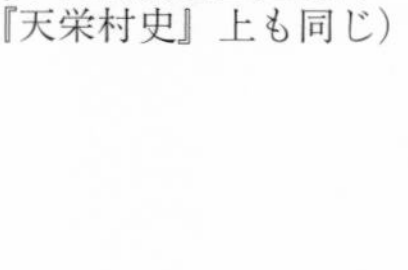

葭ヶ入遺跡出土土器片
（『天栄村史』上も同じ）

天栄村の古墳とその築造にかかわる集落遺跡

弥生時代の中頃、天栄村に稲作文化が伝わり、その耕作範囲は次第に広戸川沿岸流域に広まっていったと思われる。その後この地域に富を蓄積した豪族も生まれ、周辺の古墳を真似て古墳の築造が行われていった。

白子字龍ヶ塚の龍ヶ塚古墳は、広戸川の河岸段丘北岸に位置する古墳で、昭和五十二年の県営圃場整備事業に伴い、龍ヶ塚古墳の周溝確認調査が実施された。

龍ヶ塚古墳は前方後円墳と推定されており、現況の規模は中軸線で約三六メートル、前方部幅最大約一七メートル、後円部幅最大約一六メートル、墳丘の高さは周溝から四メートルである。古墳の墳丘を巡る幅五〇センチの畦道《あぜみち》を横切る形でトレンチを設け調査が行われた。

古墳の周囲は永年の耕作により全面的に削減されており、特に東の後円部と西の前方部の破壊が激しかったが、調査の結果、検出された古墳は長さ四八・五メートル、前方部は西に面し長さ三六・五メートル、後円部直径は二四メートルであった。

このことから現況の古墳は、復元図より、長さにおいて一二・五メートル、前方部一九メートル、後円部八メートルが四方から崩されていることが分かった。

龍ヶ塚古墳近景

畦道として使用されている周庭帯は、溝の外周に築かれており、東西七六メートル、南北六〇メートルで、その幅は三メートルと推定された。
主体部は後円部にあったと考えられるが、三方から墳丘が削られていたため残存遺構は確認されなかった。遺物は周溝から、刀子と須恵器の破片が出土した。須恵器片は大小の甕形土器の破片と考えられる。

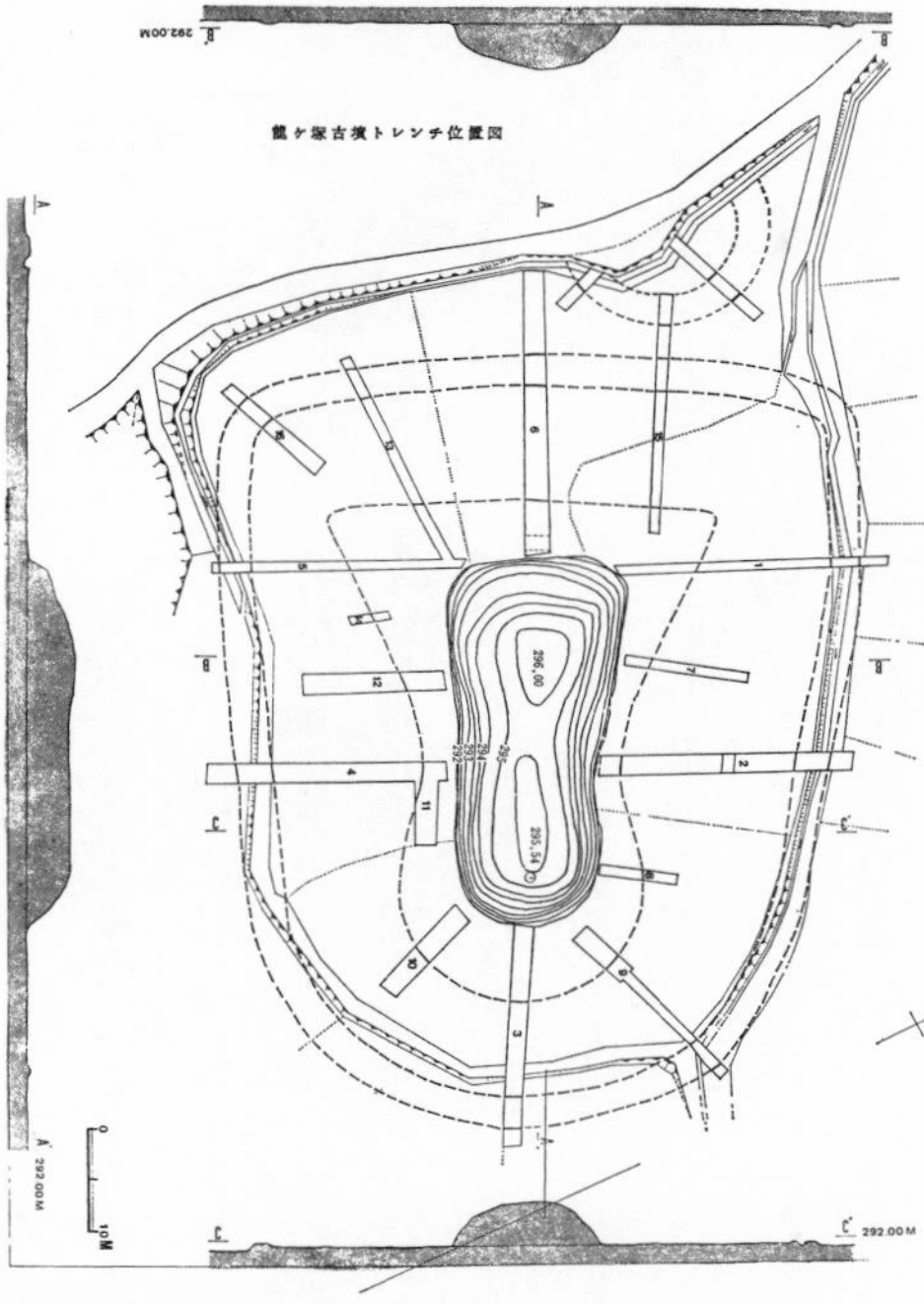

龍ヶ塚古墳復元想定図（『天栄村史』）

古墳の築造は六世紀頃と考えられ、被葬者は『岩代国岩瀬神社記』によると、天栄村白子の板宮神社の祭神に祀られている石背国造第五世建磐主命《たけいわぬしのみこと》とされる。龍ヶ塚古墳は、昭和五十五年に福島県指定史跡となった。

このほか天栄村の高塚古墳には、白子の岡谷地古墳がある。

古墳は直径約二〇メートルの円墳で六世紀頃のものと考えられる。

天栄村の横穴古墳には、下松本字富士見山の富士見山横穴古墳がある。この古墳は村の老人センターの敷地造成のため、富士見山の南側の崖を削り落としていたところ、偶然に安山岩質凝灰岩に掘り込まれていた横穴古墳四基が発見された。天栄村文化財審議会が緊急調査を行ったが、どの古墳も内部が破壊され、遺物としては銅鋺《どうわん》一個だけしか検出されなかった。

富士見山横穴古墳出土青銅鋺
(『天栄村史』)

銅鋺は外周一三センチ、高さ六センチ、厚さ一・五ミリで、丸底の底中心部に同心円状に平均間隔に四本の細い沈線が刻まれていた。また器体外部には底部近くに二条の細い沈線、中央部と口縁部にそれぞれ二条の細い沈線があった。

高林字三斗蒔《さんとまけ》には、古墳時代の集落跡とみられる舞台遺跡がある。この遺跡は広戸川北岸の比高六メートルの丘陵上にあり、浸食により丘陵が舞台のように見えることから「舞台遺跡」と名付けられた。

昭和五十一年の県営圃場整備事業に伴い、土器などの破片が散乱する東西約二〇〇メートル、南北約一〇〇メートルの範囲のうち、二〇〇〇平方メートルが発掘調査された。

その結果、竪穴住居跡一四棟、土坑一三基が検出された。住居跡は水田により削平され、床面の一部だけが残っているものが多かったが、一号・二号・一一号・一二号・一三号の五棟の住

舞台遺跡　調査区全景（東より）（『天栄村史』）

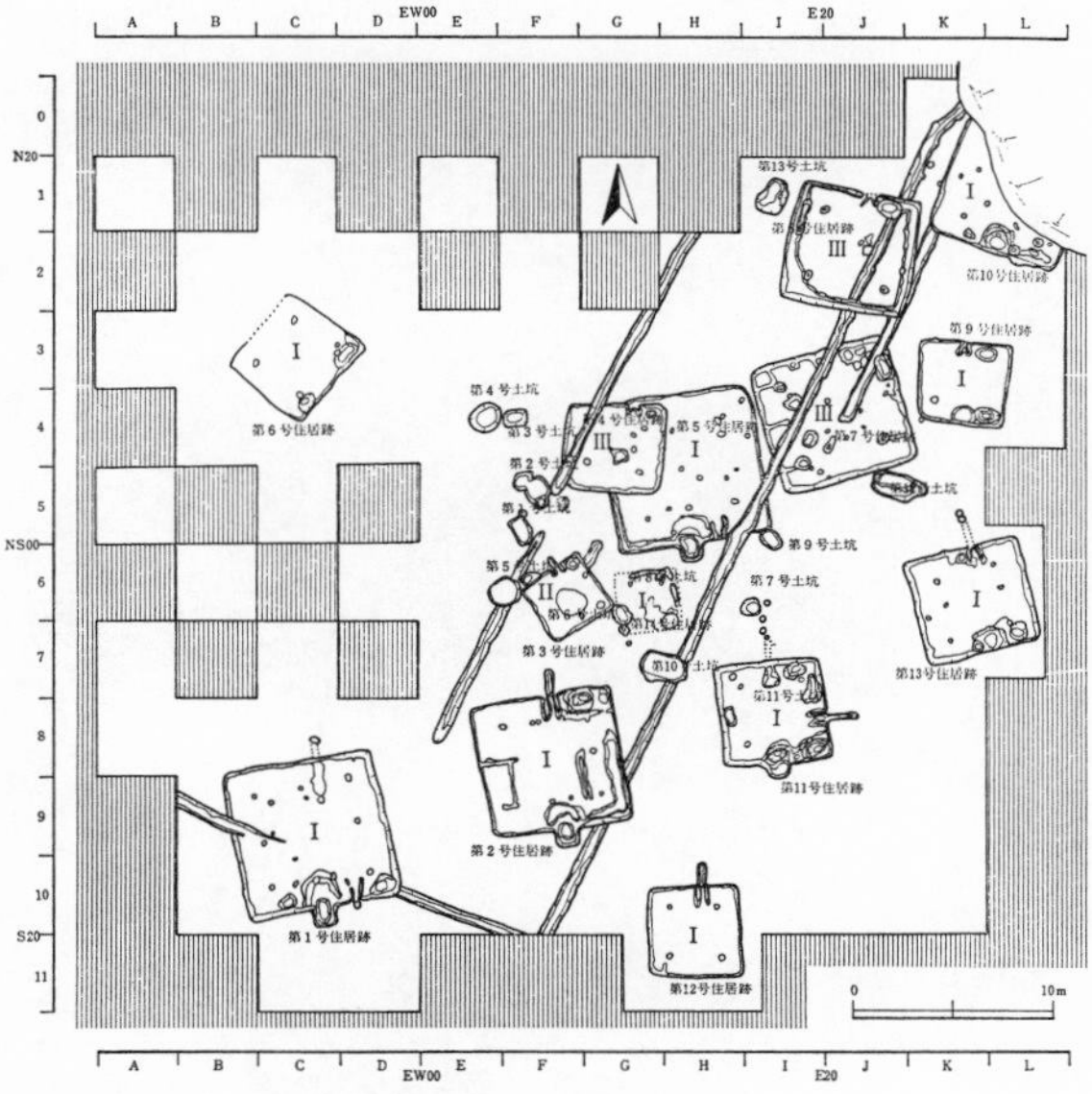

舞台遺跡　調査区全体図（『天栄村史』）

居跡は比較的に遺存状況が良かった。

　これら住居跡はいずれも方形で、一辺が三メートルから七・七メートルであり、ほとんどの住居跡は壁面にカマドが付設されていた。

　全体の住居跡で特異な点は、四棟の住居の南辺あるいは中央部に貯蔵穴とみられる張り

出しピットが設けられ、中に土師器甕が埋まっていたことと七棟の住居の床面に意味不明の馬蹄形の盛り土があったことである。

舞台遺跡からは完形若しくはほぼ完形に近い状態で一七〇点もの多量の土師器が出土した。器種は杯・高杯・椀・小型甕・甕・甑である。

甕は二七点出土しており、胴部が球形のものと胴長の二種があった。

舞台遺跡11号住居跡全景（『天栄村史』）

舞台遺跡11号住居跡床面出土土師器のセット（『天栄村史』）

舞台遺跡13号住居跡床面出土土師器のセット（『天栄村史』）

杯は九〇点あり、口縁部が外反し底部が外方に膨んだもの、あるいは有段丸底のものなど、器形は変化に富み多様であった。

また、出土した土器は全部が鮮明な赤褐色を呈していたが、これは色彩を考え胎土に酸化鉄を意識的に混入させたためと考えられる。

こうしたこの遺跡の土器は、赤褐色をした土器の特異性から「舞台式土器」と呼ばれる。

舞台遺跡は広戸川流域を代表する集落遺跡と位置付けられ、龍ヶ塚古墳の造営に大きくかかわりがあったものと考えられる。

天栄村の奈良・平安時代の集落遺跡

天栄村には奈良・平安時代の遺跡が六〇か所登録されているが、そのうち発掘調査の行われたのは、志古山《しこやま》遺跡・国造《こくぞう》遺跡・紺屋《こんや》遺跡である。

白子字志古山にある志古山遺跡は、天栄村の中心部を東流する広戸川の南岸の河岸段丘上にあり、川岸から段丘までの比高差は約一〇メートルで、遺物の散布範囲は七万平方メートルに及ぶ。

志古山遺跡全景（第１回発掘時西より）
（『天栄村史』）

志古山遺跡８号住居跡（西より）（『天栄村史』）

志古山遺跡８号住居跡覆土内遺物出土状況
（『天栄村史』）

昭和五十六年に農道の拡張工事の際、約五〇〇平方メートルの面積について第一回目の発掘調査が行われ、以後五十九年、六十年、六十一年と継続して調査が行われた。発見された遺構は、竪穴住居跡六四棟、掘立柱建物跡一六棟、土坑三八基、柱穴状ピット一五基以上、溝跡五条であった。

竪穴住居跡については、そのほとんどが削平され全容を明らかにすることはできなかったが、住居跡のうち二棟は一辺が七メートルを超える大型の住居跡で、その建築時期は二棟とも奈良時代後期のものと考えられる。

掘立柱建物跡についても竪穴住居跡同様、その全容を明らかにできなかったが、その中に大型の掘り方を持つ二棟の建物跡があった。一棟は桁行三間、梁行二間あり、長軸が東西に向いた建物で、柱穴の掘り方は一辺が一・三〜一・七メートルの方形を呈し、深さ八〇〜九六センチあり、径三〇〜四〇センチの巨大な柱痕が残っていた。

志古山遺跡４号掘立柱建物跡（東より）
（『天栄村史』）

志古山遺跡４号掘立柱建物跡柱穴
（『天栄村史』）

他の一棟は桁行五間、梁行三間の長軸を南北に持つ建物跡で、柱穴の掘り方の規模は一辺一・二〜二メートル、深さ九〇〜一〇三センチ、柱痕は三二〜四〇センチであった。二棟の柱穴の埋土は、黒色土層とローム層の十数枚の互層からなり、丁寧な版築《はんちく》の様子が観

志古山遺跡出土土師器壺
(『天栄村史』)

丈龍私印
(天栄村教育委員会蔵『天栄村史』)

志古山遺跡出土円面硯
(『天栄村史』)

察された。二棟とも建築時期は明確でないが奈良時代後期以降と考えられる。

出土遺物は土師器、須恵器、緑釉・灰釉陶器、刀子、紡錘車、鉄製鎌、円面硯《えんめんけん》であった。土師器杯に「廣《ひろ》門《と》斗《ます》」と読める墨書土器があった。また、円面硯には完形に復元できるものが一点あった。大きさは面径一五センチ、高さ六・五センチで、脚部に長方形の透し窓と「大」と読める線刻文字があった。

志古山遺跡の発掘調査に先立つ昭和四十五年に、志古山遺跡に隣接する畑地から、「丈龍《はやたつ》私印《しいん》」と読める銅印が発見された。このような銅印は県内唯一の出土品で福島県重要文化財に指定されている。

志古山遺跡はこのような発掘結果からみて、石背国の国衙《こくが》ではないかとの説がある。

大化改新前の石背郡は石背国造《いわせくにのみやつこ》が支配しており、その官衙跡は須賀川市の上人壇廃寺跡周辺との説が有力だが、この志古山遺跡こそが石背国衙跡でないかとの説である。

志古山遺跡からは前述のとおり、大型の建物跡が十数棟確認されたほか、「丈部龍麻呂《はせべたつまろ》」とされる銅印が発見されている。また近くに「国造《こくぞう》」の地名とともに国造遺跡があり、この遺跡からも膨大な住居跡と大型建物群が出土し、この遺跡は平安時代にまで続く。更に近接して北西に全長四八メートルの前方後円墳龍ヶ塚古墳がある。この古墳は周溝があることから六世紀頃の古墳とみられ、その被葬者は石背国造第五世建磐主命であることから志古山遺跡が石背国衙跡であると十分に認められるというものである。

白子字国造・桑田にある国造遺跡は、広戸川の北岸の河岸段丘上に広がる遺跡で、その範囲は、南北約五〇メートル、東西約一五〇メートルに及ぶ。

昭和五十二年に発掘調査が行われ、奈良時代から平安時代にかけての竪穴住居跡三〇棟、掘立柱建物跡七棟、土坑一三基、溝状遺構九基が検出された。

この遺跡は期間が長いことから、出土遺物の類型により、四期

国造遺跡全景（西より）（『天栄村史』）

国造遺跡３号溝状遺構（西より）（『天栄村史』）

国造遺跡８号住居跡出土漆付着の土師器杯
（『天栄村史』）

に分け観察されている。

第一期は奈良時代前期に当る時期で、一〇号、二三号、二八号の竪穴住居跡が該当する。一〇号と二八号は一辺が四メートルの方形の住居跡、二三号は一辺六メートルの方形のやや大型の住居跡であった。これら住居跡から土師器杯一四点・甕一〇点、須恵器長頸壺一点・蓋二点、石製紡錘車一点、鉄製鎌二点が出土した。

第二期は奈良時代中期頃のもので、一号、二号、九号、一三号、一八号の竪穴住居跡が該当する。この住居跡はほとんど一辺四メートル前後の方形の建物跡であった。

このほか土坑一基と溝状遺構一条が検出された。溝状遺構は国造遺跡の集落内を南北に流れる幅二・五メートル、全長三八・一五メートルの溝で、当時は広戸川に注いでいたものと思われる。

出土遺物は、住居跡と土坑の中から土師器杯一三点・甕二点、須恵器長頸壺一点、鉄製鎌一点があった。九号住居跡から線刻で「足」と書かれた杯が出土した。

第三期は奈良時代後期頃のもので、四号、八号、一四号、二四号竪穴住居跡が該当する。四号と一四号は一辺が四メートル前後の方形の住居跡、二四号は四・五×五メートルの方形の住居跡、八号は一辺五メートル前後の方形の住居跡で東面と北面に二つのカマドを持っていた。

　出土遺物は住居跡から、土師器杯六点・甕五点、須恵器杯二点・蓋二点・壺二点、砥石三点、鐙瓦《あぶみかわら》片一点、鉄製刀子一点であった。

　第四期は平安時代に入っての遺跡で、同一地内で上図のように住居跡が変遷する。前半を旧段階、

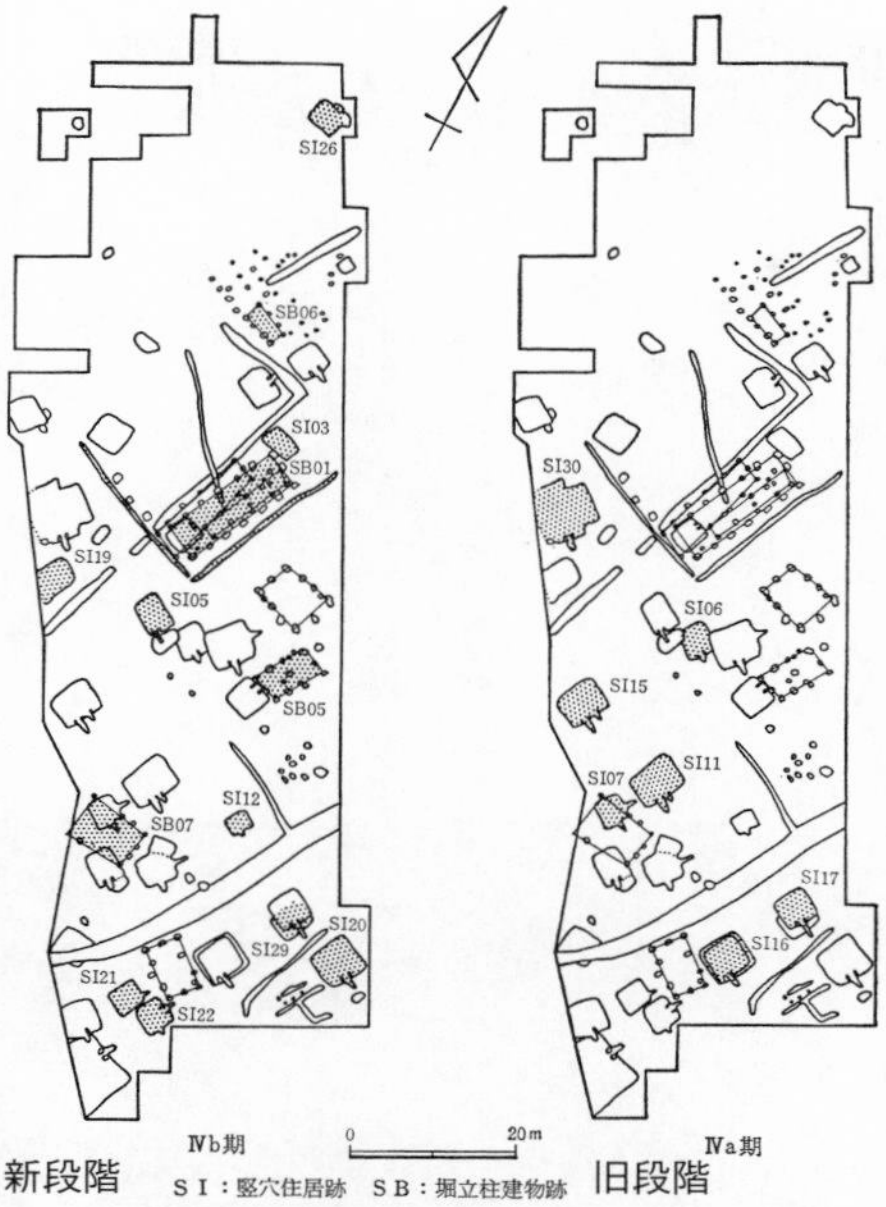

SI：竪穴住居跡　SB：掘立柱建物跡　国造遺跡遺構時期変遷図（Ⅳ期）（『天栄村史』）

後半を新段階に区分して観察する。

旧段階の住居跡は、六号、七号、一一号、一五号、一六号、一七号、三〇号が該当する。六号と七号の住居跡は四・三メートル四方の住居跡で、カマドが北壁と東壁に認められた。一一号と一五号住居跡は南北六・三メートル、東西五メートルの方形の住居跡、一六号、一七号、三〇号は二棟以上の住居跡が重複しており詳細は分からない。

カマドはすべての住居跡から検出されており、その位置は東壁中央部あるいは南寄りにあった。カマドには一～二メートル前後の煙道が設けられていた。そしてカマドの袖構築に石材を使用していたが、一一号住居跡ではこれに丸瓦を使用していた。この丸瓦の意匠は、全国にも珍しい人面をかたどった鐙瓦であった。

国造遺跡11号住居跡全景（『天栄村史』）

国造遺跡11号住居跡人面意匠鐙瓦出土状況（『天栄村史』）

この他の出土遺物は、土師器杯一七点、須恵器杯一点・甕二点、陶硯一点、砥石一点、鉄製刀子一点であった。

九世紀後半から十世紀前半頃までの新段階の建物跡では、竪穴住居で三号、五号、一一号、一九号～二二号、二五号、二九号、掘立柱建物では一号、五号～七号が該当する。

この時期の竪穴住居跡の特徴は、これまでの住居跡に較べ小型化したことである。平面形では長方形と方形があるが、長方形では長辺が四メートル前後、短辺が三メートル前後であり、方形では一辺が二・二～三メートルであった。カマドはほとんどの住居跡にあり、東壁に造られ、長い煙道がついていた。

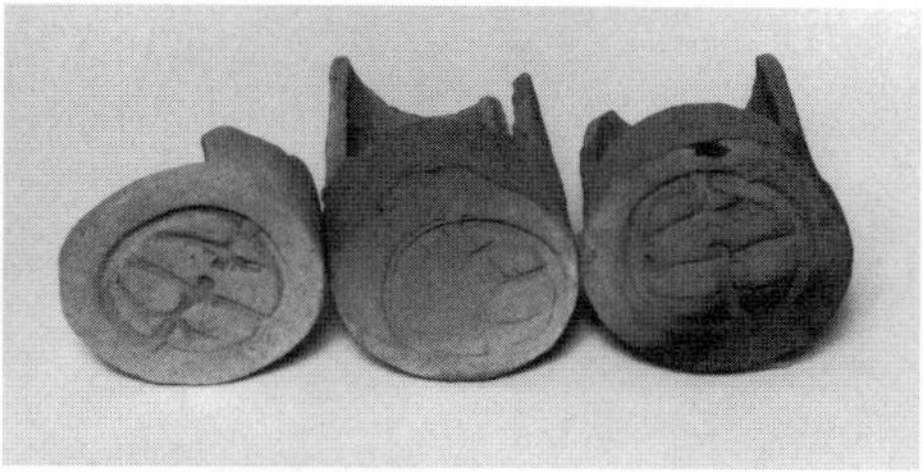

鐙瓦（国造遺跡出土）
（天栄村教育委員会蔵『天栄村史』）

国造遺跡掘立柱建物遺構群（1号・4号溝付近）
（『天栄村史』）

掘立柱建物では、一号建物跡が東西二間、南北五間と規模が大きく、南と西側に細い溝状遺構があった。

　出土遺物は、これら建物跡から土師器杯一九点・甕九点、須恵器杯一点・甕一点・甑一点、須恵器片六点、鐙瓦一点、鉄製刀子一点が出土した。

　下松本字畑中の紺屋遺跡は、広戸川南岸の樹枝状に延びる低丘陵地の北側裾部に位置する。ここは白子との境で、龍ヶ塚古墳とは南西に五〇〇メートルほどの距離である。

　昭和五十六年に国道二九四号の改修工事に伴い、遺物散布範囲一万五二〇〇平方メートルのうち一

紺屋遺跡発掘時全景（『天栄村史』）

紺屋遺跡出土土器
壺（上）　杯（中）
高台付杯（下）
（『天栄村史』）

紺屋遺跡２号住居跡（『天栄村史』）

四〇〇平方メートルが発掘調査された。その結果、奈良・平安時代の竪穴住居跡九棟、土坑一〇基、たたら遺構二基、井戸跡二基、溝跡三条が検出された。

住居跡は大半が削平を受けて不明なものが多かったが、遺存度の良いものでは一辺が三～四メートルの方形の住居跡で、床面に柱穴を持つものと全く見られないものがあった。カマドは北壁あるいは西壁の中央にあり、煙道がつけられていた。

向原遺跡１号住居跡（北より）（『天栄村史』）

向原遺跡２号住居跡（南より）（『天栄村史』）

たたら遺構は、長軸一・九メートル、短軸一・五メートルの小規模なもので、屋外に設けられた「野たたら」と考えられる。土坑の中に、縄文時代のものと考えられる底面に十字に四個の小ピットを持つ「陥し穴状土坑」一基があった。

出土遺物は土師器杯・高台付杯・甕、須恵器杯・蓋・甕、瓦、

鉄滓《てっさい》、羽口《うぐち》、縄文土器、弥生土器、石器、古銭であった。杯の中には墨書銘土器もあった。

飯豊字向原の向原遺跡は、村中を西から東に流れる広戸川の南岸に位置する。遺跡一帯は水田と畑地である。昭和五十七年の村営農工団地造成に伴い、東西約五〇メートル、南北約五〇メートルの範囲の発掘調査が行われた。

その結果、竪穴住居跡四棟、土坑五基が検出された。

一号住居跡は、南北辺三・八メートル、東西辺四・五メートルの四隅に緩いカーブを持つ隅丸方形の住居跡で、床面全体に約四センチの厚さで灰色粘戸を敷きつめ、土壁を持ち、周溝に囲まれていた。この住居跡から土師器杯多数が出土し、その中に天栄村の大字名と同じ「小川」と書かれた墨書銘土器や「十」の線刻を持つ土器があった。このほか須恵器壺・甕、砥石が見つかった。

二号住居跡は最も大きな規模の住居跡で、壁の長さで測ると、北壁三・八メートル、南壁四・四メートル、東壁五・六メートル、西壁五・四メートルと不整の長方形をなしていた。カマドは東壁南寄りにあり、この左側に貯蔵用ピットがあった。この住居跡から多数の土師器杯・甕、須恵器杯が出土した。そして土師器杯八点に意味不明の文字が書かれた墨書銘土器があった。

三号住居跡は各辺三・六〜三・七メートルの隅丸方形の住居跡、四号住居跡は南北辺三・五〜

三・六メートル、東西辺四メートルのやや東西に長い方形の住居跡で、いずれもカマドが東壁にあり、その右側に貯蔵用ピットがあった。遺物は土師器が主で、土師器杯・壺・甕、甑のほか硯があった。

土坑のうち二号土坑は、長さ一・五メートルあり、中から土師器が多数見つかった。また、三号、四号土坑は陥し穴と見られ、三号は長さ一・三メートル、深さ〇・六メートルの楕円形の土坑、四号は長さ〇・七メートル、幅〇・五メートル、深さ〇・五メートルの土坑であった。

向原遺跡は平安時代の集落跡で、今回発掘調査されたものはその一部と考えられている。

天栄村の中世城館跡

文治五年（一一八九）に源頼朝の奥州平泉征伐後の論功行賞として、岩瀬長沼氏や岩瀬二階堂氏に岩瀬郡を分給したため、その一族や家来が郡内に移住し、各地に城館を構えていった。この場合、多くは平地や丘陵上部を削平して、一辺一〇〇メートル前後の正方形または長方形の敷地を造成し、これに水濠なども巡らし、その中に居館を設けて郎党たちと居住するものであった。このため城と呼ぶより「タチ」と呼ぶ小規模なものであったが、これは築城当時、付近に動員できる人員に限りがあったためと思われる。

天栄村の中世時代の城館に次のようなものがある。

名称	所在地	現況	築（在）城者など
馬場館	柿ノ内字馬場	水田	馬場八郎左衛門
高林古館	高林字林	宅地	高林氏の旧館
高林館	高林字田向	宅地	高林五郎左衛門
小川館	小川字館山	水田	小川蔵之介
津室館	飯豊字春日山	山林	浅賀五郎左衛門
下館	飯豊字宮ノ下	宅地	飯土用荘司六左衛門
柏館	白子字中屋敷	山林	石井上総
大久保館	大里字大久保	山林	
左衛門館	大里字丹下後	山林	
陣屋久保館	大里字丹下後	山林	伊達政宗本陣跡
館ノ内	大里字館ノ内	畑	大里監物
桑名館	大里字桑名	畑	
羽黒館	大里字羽黒山	山林	石川昭光陣跡
牛ヶ城	大里字向館	山林	矢田野伊豆

天栄村の中世城館は、上記のとおり三一城館を数えるが、大半が土地開発による破壊や長年放置したため地山化しているので、ここでは規模が大きく、保存の良い津室館、柏館、牛ヶ城について詳説する。

津室館は、北部山地から東南に延びる津室山と呼ばれる舌状丘陵上に築かれた館で、本丸は比高約二五メートルの山頂にある。

本丸跡は南北に四三メートル、東西に三一メートルの長方形をな

前山館	大里字前山	山林	
関場山館	大里字暮坪	山林	片倉小十郎陣跡
丹波館	大里字丹波岳	山林	
八頭城	大里字丸山	宅地	
松本館	下松本字館ノ口山	山林	
要害館	下松本字要谷	宅地	舟橋近江
河原内館	上松本字七曲	畑	河原内掃部
磯部館	上松本字新屋敷	宅地	磯部縫
片岸館	上松本字観音山	山林	
板屋屋敷館	上松本字板屋屋敷	宅地	
竹ノ内館	上松本字竹ノ内屋敷	宅地	
代官館	上松本字上屋敷	畑　宅地	
宝徳館	上松本字宝徳館	山林	
妙見山館	上松本字日向	山林	
黒沢館	牧之内字黒沢	畑	
立石館	牧之内字立石	山林	立石丹波
湯本館	湯本字野中	畑	

し、西側が高く東側は一段低い。本丸の北に接して南北に二五メートル、東西に九メートルの腰曲輪（西の丸）があり、その間は空堀によって区画されている。南側の

津室館近景

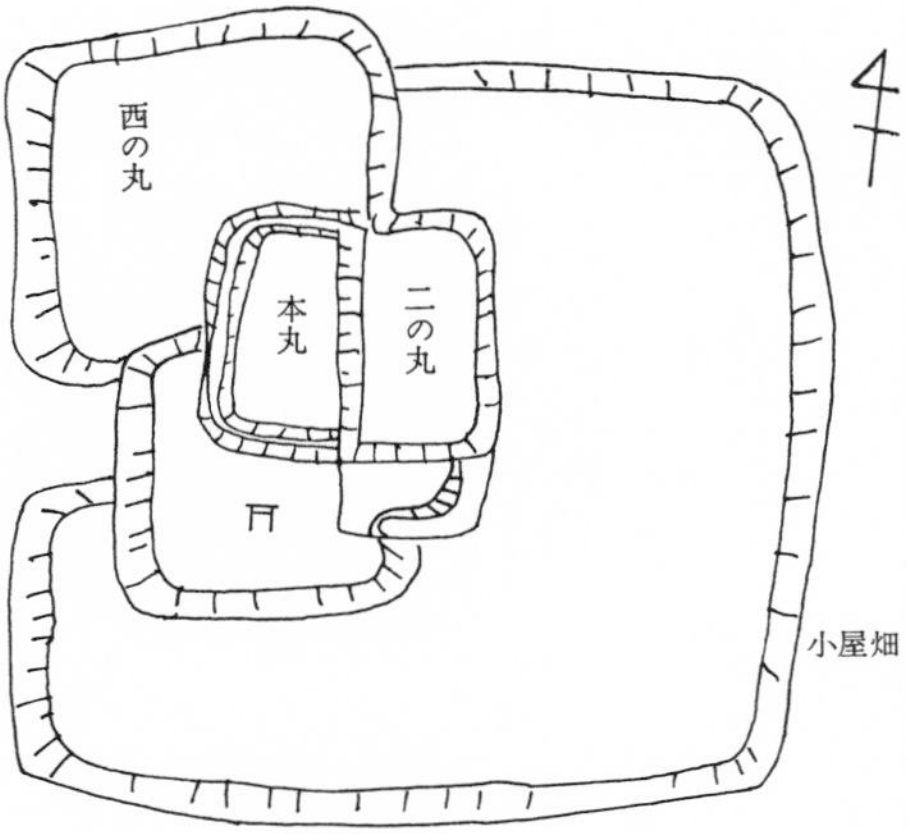

津室館配置図（『天栄村史』）

下段曲輪に、元村社豊香島《とよかしま》神社がある。

津室館は代々二階堂の家臣浅賀氏が居城し、地名に因み飯豊《いいとよ》氏と呼ばれた。

浅賀氏は、安積地方に勢力を張っていた安積丈部《はせつかべ》氏と同族で、嘉祥元年（八四八）丈部宗成が阿部陸奥臣の姓を賜り広戸郷を支配することになると、その一族の浅賀五郎左衛門が津室山に津室館を築城した。天正十七年（一五八九）、一四八年続いた城も伊達政宗の軍勢に攻め落とされた。

館跡には、江戸時代前期の歌人藤原泰平が詠んだ、

秋くれば田にも畑にも限りなく
瑞穂の結ぶ飯豊の里

の歌碑が立っている。

また、本丸南側には、津室館二代浅賀但馬守守重が武運長久のため、常陸国鹿島神社の分霊を勧請して建てた豊香島神社が祀られている。

柏館は白子字中屋敷の北方山地にあり、水田からの比高は約六〇メートルの高所にある。館跡は白子集落裏の丘陵の西側を幅一〇メートル、深さ五メートルの空堀によって断ち切り、東側は自然の崖をもって防御とする。本丸は頂上部分を削平し、東西約五〇メートル、南北約五〇メートルのL字形となっている。東側山麓に大手門を設け、そこから急坂となり、狭い腰曲輪を通って本丸に達する。中腹に元村社坂宮神社がある。

築城者は二階堂氏の家臣石井上総と伝える。『白河古事考』によると「喜連川五月女合戦」（天文十五年下野喜連川《きつれがわ》五月女坂《さおとめざか》で宇都宮俊綱と二階堂続義との戦い）に功のあった石井上総が、須賀川城主二階堂続義からこの

柏館（『天栄村史』）

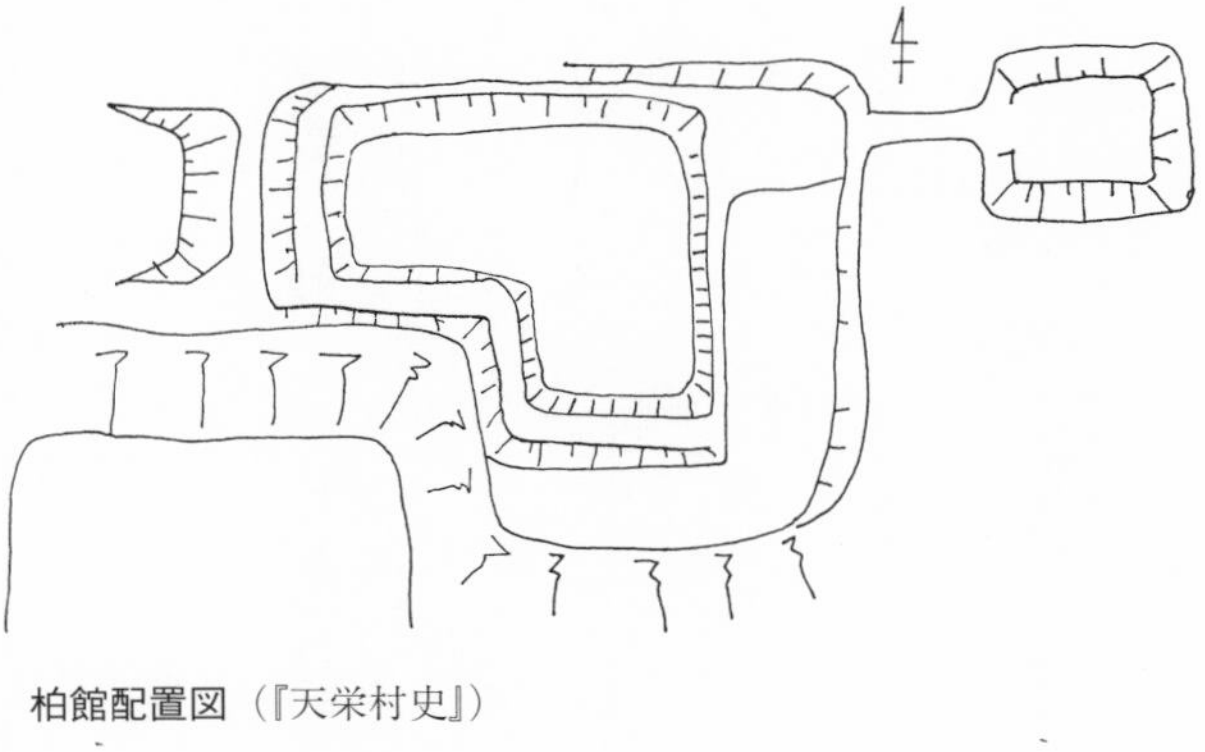

柏館配置図（『天栄村史』）

地を与えられ築城したと書いている。

牛ヶ城は正式には大里城と呼ぶ。この城は会津街道（国道二九四号）と須賀川街道（県道十日市・矢吹線）の交差する要衝の地にあり、館ノ内館、関場山館、羽黒館、陣屋久保館が至近の地にある。城は比高約五〇メートルの山頂にある。

本丸は山頂を削平し、二五〇メートル×二〇メートルで、東南に接して三角状に二の丸が延び、東側に四段に曲輪が設けられている。

築城者は二階堂氏の家臣矢田野伊豆守と考えられている。

天正十七年須賀川城落城後、伊達家の家臣となった矢田野安房守は、翌年伊達政宗に反旗を翻し牛ヶ城に籠城して戦った。政宗は須賀川城主となった石川昭光に命じて攻めさせたが、城中に籠城した旧二階堂氏の家臣は士気盛んで、鉄砲のほか木や石まで投げ付けて反撃したため、伊達軍は一歩も城中に進入することができなかった。

牛ヶ城跡近景

伊達軍は水の手を落とす作戦に変えたが落城せず、その後政宗は国替えになったため引き揚げ、矢田野安房守は常陸の佐竹氏の許に去り間もなく牛ヶ城は廃城となった。

天栄村の板碑と磨崖仏

板碑は板石卒塔婆の別称で、その造立は鎌倉時代に始まり、室町時代に増加し、安土桃山時代の末頃には終った。

板碑を構成する基本形は、山形の頂部・二段の切り込み（二条線）・突出した額部・その下の身部・地下に埋め込まれた基部からなっている。身部には、仏像を表す梵字、造立年月日（紀年銘）、経文の一部を記した偈文《げぶん》、供養者名が書かれている。

板碑に多い信仰は、阿弥陀如来（脇侍として観音・勢至両菩薩が加わるものもある）、大日如来、釈迦如来、薬師如来である。

天栄村には一五の板碑があるが、ここでは保存が良好なものを選んで解説する。

なお天栄村には、同時代に流行したという石造阿弥陀三尊供養塔婆は見当らない。

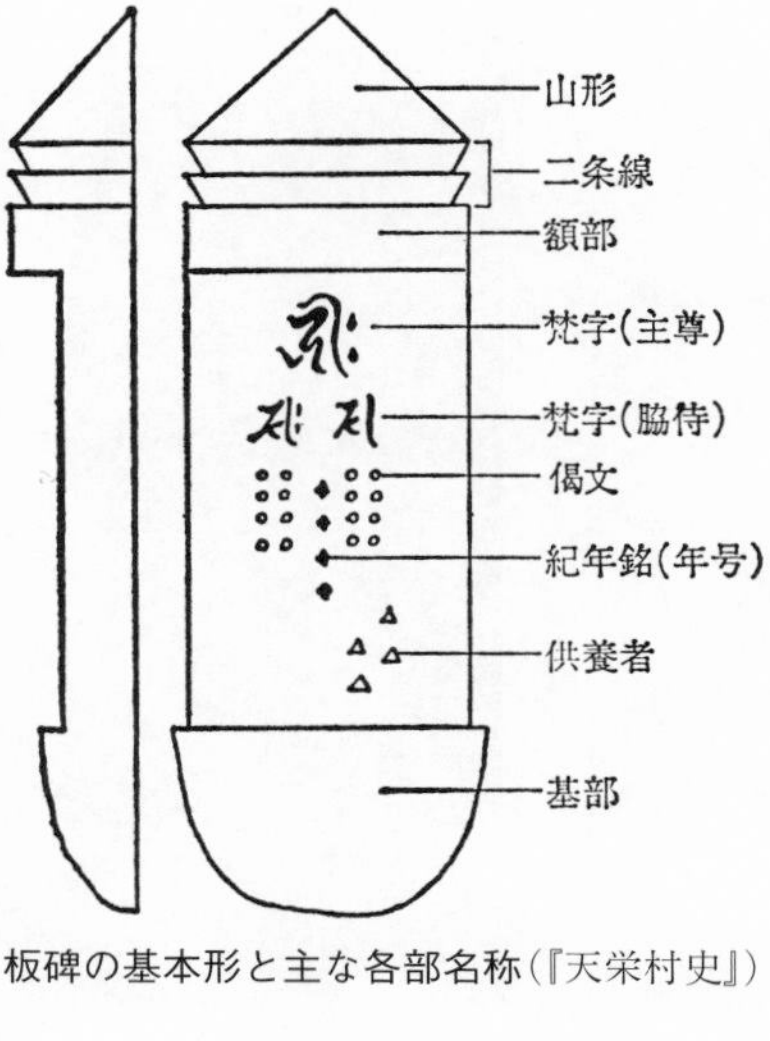

板碑の基本形と主な各部名称（『天栄村史』）

◇小川供養塔　小川字館ノ越八三

小川集落の北東部にある小川館跡の東端の山林斜面路傍に南面して立っている。

安山岩質凝灰岩を使い、山形の頭、二条の線、突出した額部がはっきりしているが、碑中央部が折損したものを接ぎ合わせており、また風化して碑文は判読し難い。基部は失われている。

梵字（種子）は𑖀アで大日如来である。

◇深沢供養塔　大里字深沢七〇

深沢集落の添田氏宅の裏側の防風林の根元に南面して立っている。

山形の頭部、正面左右三面に二条の切り込み線、突出した頭部、身部は珍しい形状の供養塔で、紀年銘は文永二年（一二六五）と判読できる。

梵字は𑖮𑖿𑖨𑖱𑖾キリークで浄土宗の本尊阿弥陀如来である。

小川供養塔（高さ72㎝、幅42㎝、厚さ14㎝）（『天栄村史』）

深沢供養塔（高さ100㎝、幅35㎝、厚さ20㎝）（『天栄村史』）

◇**南沢供養塔**　**大里字南沢一三六**

南沢集落にある牛王神社石段左側の南沢消防ポンプ置場の裏側にある。

頭部は少し欠損しているが、頭部三角形、二条の切り込み線、額部、身部と比較的に整っており保存は良好である。

紀年銘は弘安（一二七八～一二八八）と判読されるが、願文、趣旨は削落して不明である。梵字はアア。

◇**甲州内供養塔**　**下松本字甲州内**

役場から大里に向かう村道沿いにある甲州内集落の南側用水堀側にある。

自然石の碑面上部の月輪の中に主尊のキリーク（阿弥陀如来）を、上部中央にサ（聖観音菩薩）・サク（勢至菩薩）の脇侍の二尊が小さく刻られている阿弥陀三尊種子供養塔である。

碑面全体が風化しているが、月輪下の左右に「観無量寿経」の

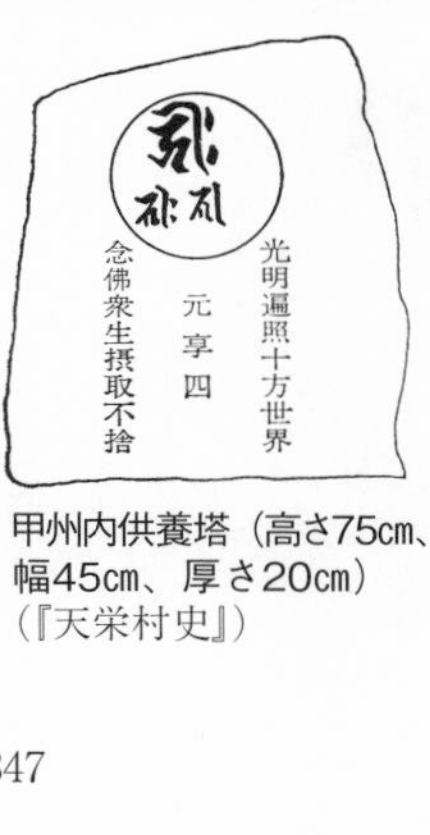

甲州内供養塔（高さ75㎝、幅45㎝、厚さ20㎝）（『天栄村史』）

南沢供養塔（高さ93㎝、幅40㎝、厚さ15㎝）（『天栄村史』）

経文の一部が刻まれている。

◇**横内供養塔**　下松本字横内一

下松本横内集落の芳賀氏宅の裏庭に東面して立っている。

山形をした自然石の碑面上部の月輪の中に梵字アが標示してあり、その下に左右に南無阿弥陀仏の名号が刻まれている。梵字は大日如来の信仰を表しており、このような簡素な形式の板碑は、中通り地方には見られない貴重な板碑である。

横内供養塔（高さ63㎝、幅40㎝、厚さ７㎝）
（『天栄村史』）

◇**羽黒山磨崖仏**

磨崖仏は石仏の一種で、自然の岩壁を切り開き、その壁面に仏菩薩像や亡者名、五輪塔などを浮き彫りにするもので、平安時代中期頃から始まった。

羽黒山磨崖仏は、江戸時代前期後半に造立された磨崖仏で、大里の集落の西南方、羽黒山の麓にある。牛洗池と称する古い池の北側を進むと墓地があり、その墓地の奥の山麓斜面の凝灰岩の岩壁に十三仏と五輪塔が浮き彫りされている。

左の磨崖仏は、横二四〇センチ、縦五〇センチの横に長い長方形の枠をくり抜き、その中に十三仏を半肉彫りしている。

十三仏の右に、横八〇センチ、縦一一〇センチの縦に長い長方形の枠をくり抜き、その中に二基の五輪塔を浮き彫りにしている。五輪塔には亡者の戒名と没年が刻まれている。

そして五輪塔の左側に、「元禄十一年七月大山寺と高山寺の住職が導師となり、合同供養会を行いこの磨崖仏を造立した」と記している。

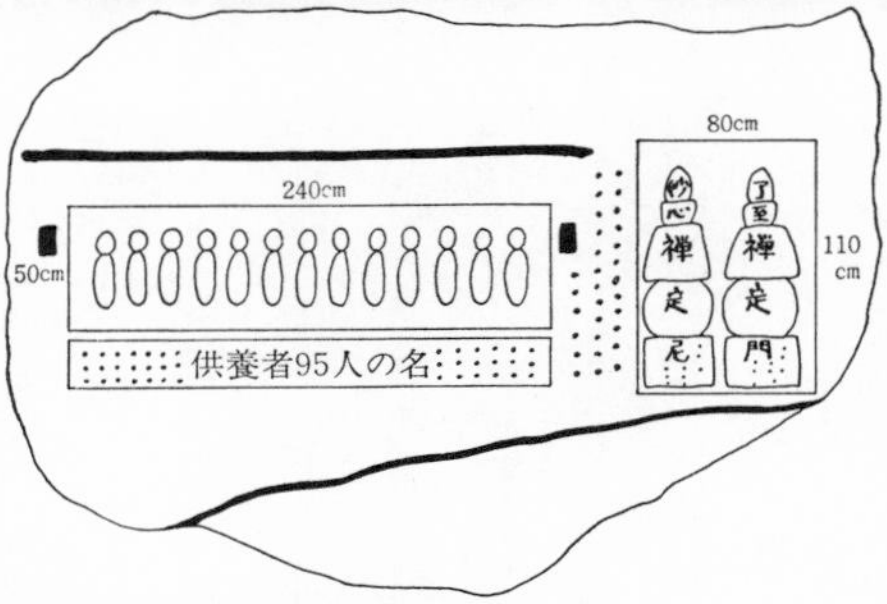

羽黒山磨崖仏（『天栄村史』）

安養寺の法燈国師座像

法燈国師座像が納められている如意輪観音堂は、大里の安養寺集落の西側山裾にある。

安養寺村は寛永年間に開発された村で、初め下新田村といったが、集落の西約五〇〇メートルの所に礎石のみ残る安養寺があったため、これが村の名になったといわれる。

集落の中を旧会津街道（国道二九四号）が通り、安養寺には一里塚もあった。会津街道は別名佐渡金山街道とも呼ばれ、佐渡から新潟を通って運ばれてきた金鉱がここを通り江戸に運ばれた。また、会津藩主や北陸地方の大名も参勤交代にこの道路を使ったといわれる。

法燈国師座像は寄木造り、彫眼、黒漆塗りで作られ、その写実的な風貌は、いかんなく高僧の面影を伝えている。

法燈国師は晩年この地に風徳山安養寺を建立し、自ら如意輪観音を刻み本尊にするとともに、自身の肖像も刻み寺に納めたといわれる。

如意観音堂

その後安養寺は荒廃したので、元和年中（一六一五〜一六二四）大里村の大方寺《たいほうじ》に像を移したが、どうしたことか村内に怪しい出来事が続いたので、延享年間（一七四四〜一七四八）安養寺村の現在地に堂を建て、その中に像を納めたといわれる。
法燈国師は、年譜によれば法名を覺心と称し、承元元年（一二〇七）に信州神林（現在の長野県松本市）

の豪族の家に生まれ、一五歳の時神宮寺に入って学び、一九歳で出家し東大寺で忠覺律師について受戒した。ついで高野山に入って真言宗を学び、金剛三昧院の行勇から禅を学んだ。三六歳の時、京都郊外深草の草庵にいた道元から菩薩戒（高僧になるための修行の戒律を受けること）を受けた。四三歳で宋国に渡り、主として無門和尚佛眼について学んだ。

覺心は宋にあること六年、その間径山《きんざん》の金山寺で味噌醤油の製法を学び、金山寺味噌を日本に普及させた。また、普化宗十六世張雄について普化尺八を習い、普化門の居士四人を伴って帰国し、普化宗を広め、日本普化宗の開祖といわれた。

法燈国師の座像（『天栄村史』）

覺心は、帰国後紀州の由良浜に住み興国寺を開いた。この間亀山天皇に請われて、山城に禅林寺、妙光寺を開いた。永仁六年（一二九八）九二歳で由良で没すると、亀山上皇から法燈禅師、後醍醐天皇から法燈円明国師の諡《し》号が贈られた。

法燈国師がいつの頃、大里の安養寺を創建したかは全く不明である。法燈国師は晩年を由良の興国寺に住み、畿内を中心として活躍した。

六〇歳の時故郷の信州神林に帰った記録があるが、国師は日頃俗塵を離れた清浄の地を好み、跣足《せんそく》で行脚することが多かったということから、この頃岩瀬郡の大里を訪れたものと思われる。

岩瀬湯本温泉と二岐温泉

岩瀬湯本温泉は、奥羽山脈の山間を西流する鶴沼川が形成した河谷の底地に開けた湯本集落の真ん中にある。鶴沼川を更に下ると下郷町の湯野上温泉に至り、そこからは会津若松市や南会津町田島に向かうことができる。

旧湯本村はかつて会津郡長井庄に属し「湯の原郷」と呼ばれたが、元和元年（一六一五）岩瀬郡に編入された経緯があり、ここでの生活習慣は今でも会津地方の影響が深く残っている。

温泉の開湯は、文政五年（一八二二）に書かれた『陸奥岩瀬郡湯本邑温泉縁起』によれば「嵯峨天皇の御代の弘仁九年（八一八）天皇が病に罹《かか》った折山城八幡の星右京進、若狭之助、丹波という三人の男が山城八幡宮に祈願したところ『陸奥国岩瀬郡の西双岐嶽の麓の鶴沼川の南に熱湯のわき出るところがある。その湯垢《ゆあか》を取って薬にせよ』と神託が下った。三人は神託どおり湯垢を献上すると天皇の病気は平癒《へいゆ》したのでこの地に住み、湯本村と名付け温泉神を祀って湯本八幡神社とした」と書いている。また、嵯峨天皇の夢見で温泉が発見されたとの伝承もある。

湯本温泉は初め「湯本の湯」と呼ばれ、江戸時代中期頃から湯治場として利用されていた。湯治客から湯銭を徴収していたことは文化五年（一八〇八）の記録にも残されており、また温泉街の入口に立っている文化六年建立の「温泉宮」という常夜塔に、寄進者の名に岩瀬郡外の人も含まれていることを見ても、岩瀬郡内外から大勢の湯治客が来ていたことが分かる。

松平定信も『退閑雑記』に「卯月のころ宵月《よいづき》とともに立って九里計《ばかり》にもある湯本の里に行」と温泉のあった湯本村を訪れたことを書いている。

近くに県指定文化財の木造馬頭観音像を持つ満願寺がある。

岩瀬湯本温泉の旅館数は現在二軒、泉質は塩辛く無色透明な最も保温効果の高いナトリウム・カルシウム―塩化物泉で、温度は四八～五二度と高く、皮膚病、神経痛、婦人病、胃腸病、

湯本温泉近景

火傷《やけど》に効能がある。

二岐温泉は、岩瀬湯本温泉から湯野上温泉に向かう県道を、途中南に六キロメートルほど入った鶴沼川の支流二俣川の渓流沿いに開けた温泉街である。

馬頭観世音（湯本）（『天栄村史』）

二岐温泉は、『陸奥国岩瀬郡風土記』（『福島県史料集成』成立年代作者不詳　文政六年〈一八一八〉頃の成立と考えられる）に「二岐嶽の麓湯小屋村家数一九軒　この所温泉あり　はなはだ名湯なり」と書かれている。この当時村人の大半は木地師で生計を立てていたが、湯小屋を建てると湯の効能の著しさが評判となり、遠近から大勢の浴客が訪れたといわれる。湯小屋が二岐と呼ばれたのは明治に入ってからである。

二岐温泉近景

二岐には昔平家の落人が潜居していたという伝承があり、平九郎谷の地名や、落人が使っていた鉄鍋が残り、それを祀った御鍋神社がある。

二岐温泉の泉質はカルシウム硫酸塩泉で、湯温は四四～六二度と高く動脈硬化症、皮膚病、神経痛、胃腸病、火傷、婦人病などによく効く。現在旅館数は四軒になってしまったが、ほとんどの旅館が渓流沿いに露天風呂を持ち、新緑や紅葉、雪景色など四季折々の自然の眺めを堪能することができる。山菜採りや渓流釣りもできる。

二岐温泉には二岐山や大白森山への登山口があり、春から秋にかけて登山客でも賑わう。

矢吹原を潤した羽鳥用水と羽鳥湖

羽鳥湖は天栄村羽鳥地内にあるダム湖で、日本一の土堰堤を持つ人造湖である。湖の周辺にはオートキャンプ場、岩瀬湯本温泉、二岐温泉、風光明媚な鳳坂峠などがあり、温泉と自然景観に恵まれているため大川羽鳥県立自然公園に指定されている。

羽鳥湖が造られた経緯は遠く明治初期にさかのぼる。

明治十三年、農商務省は矢吹原一帯の開拓適地の調査を行い「矢吹原一帯は羽鳥から水を引けば開田に有望である」との結論を得た。一方福島県は地元からの要望を受け、矢吹原開拓の基本調査を行い、「鶴沼川を用水源とし、これを貯水溜池にして水を隅戸川に流入させ、導水路を掘削して開田地に導く」案を作成した。

　こうした計画を受け、鶴沼川の水を貯留する場所をどこにするか調査検討した結果、昭和十六年にダムの位置は岩瀬郡羽鳥村にすることが決定された。

　ダムの堰堤の位置についても、羽鳥地区の上流にするか下流にするか議論され、ダム効率の最もよい羽鳥地区の下流で堰き止めることに決まった。その結果、羽鳥村の総戸数五七戸全部が立ち退くことになった。

堤体から眺めた羽鳥湖

　この頃の羽鳥村は、周囲を山に囲まれた小盆地の中に、家々がこぢんまりと固まって集落が営まれていた。冬は雪が深かったが、農耕期にも田畑の水に事欠くことはなかった。村の生活は農林業が中心であったが、村中《むらなか》には雑貨店、銭湯、旅館、仕立屋、豆腐屋のほか大工や馬喰もおり、小さいながら豊かな山村であった。村のほぼ中央に小高い丘があり、郷社羽鳥神社が祀られていた。今でもダムの水位が下がると羽鳥神社の鳥居や石段が昔の姿のまま現れる。

昭和十六年六月に起工式が行われ、羽鳥溜池工事が始まったが、太平洋戦争に突入したため工事は中止となってしまった。

終戦後の昭和二十四年八月、ダムの造成と幹線水路工事が農林省の直轄事業に採択され、国による羽鳥ダムの建設が本格的に始まった。

羽鳥ダムの用水源となる鶴沼川は、那須火山群の鎌房山に源を発し、阿賀野川を経て新潟県側の日本海に注ぐが、この流れを変更し、水を二キロメートル余のトンネルで奥羽山脈の分水嶺を横断して阿武隈川の支流隈戸川に放流し、約一四キロメートルを自然流下させた後、西白河郡大信村（現在白河市）下小屋字日和田の日和田頭首工で取水し、導水路で各受益地に送水するのである。

ダム工事は順調に進捗し、昭和三十一年十一月に完成する。ダムの堤頭には時の農林大臣河野一郎の書いた「羽鳥貯水湖」の大きな記念碑が立っている。

羽鳥ダムは、満水時二一七二平方キロメートル（二二二町歩）、周囲一六キロメートル、最深三三・四メートル、有効水深二二・〇メートルである。ダム堤は重力式アースダムで、高さ三七・一メートル、長さ一六九・四九メートル、総貯水量は二七三二万トン、有効貯水量二五九五万トンである。

羽鳥ダムの国営工事分の費用は約二三億円、支線・排水路・道路などの工事費は県と地元市町村が負担し、その額は約五億円であった。

羽鳥用水の施設の内訳は、導水路一万七六三五・八五メートル、幹線水路二万五七六三・五九メートル、排水路二万五七六三・五九メートル、放水路七二九九・二六メートル、排水用揚水機三か所である。

支線の末端は、南は泉崎村十軒前地内、北は須賀川市に至り、受益市町村は須賀川市、鏡石町、天栄村、矢吹町、泉崎村、中島村で、潅漑面積は一六〇八・一ヘクタールに及ぶ。

羽鳥ダムは、その景観の雄大さと美しさから「ダム湖百選」に選ばれ、ダム堤体付近にはいつも多くの人が憩っている。

岩瀬郡の成立と村々の発展

大和朝廷の奥羽地方の進出は、『古事記』や『日本書紀』の記述によれば、崇神天皇十年（四世紀中頃と推定されている）の四道将軍の北陸・会津地方への派遣、景行天皇二十七年（四世紀末頃）の武内宿禰《たけのうちすくね》の日高見《ひたかみ》国（宮城県北上地方が有力、日高見は北川に通ずるという）の巡視、同四十年の日本武尊《やまとたけるのみこと》の蝦夷征伐があり、成務天皇（景行天皇の第四子在位六〇年）の頃には、奥羽地方南部までその支配下に置かれていたといわれる。

全国の国造《くにのみやつこ》の初任者を列記した『国造本紀《こくぞうほんぎ》』によれば、福島県内では石背・石城・白河・阿尺《あさか》・信夫・染葉《しねは》・浮田《うだ》・道奥菊田の国《くに》（国造が治める土地を国《くに》といい、多くは郡の大きさに等しい）があり、大和朝廷は国造を任命し、それぞれの国を治めさせた。石背国は現在の須賀川市を含めた岩瀬郡全域であるが、『国造本紀』の石背国造の条に「志賀高穴穂（成務天皇）の御代、建許呂命《たけころのみこと》（石城国造）の児建弥依《たけみより》米命《めのみこと》を以て国造に定め賜う」と書いている。

孝徳天皇の大化元年（六四五）に「大化の改新」が始まり、大宝元年（七〇一）に大宝律令が制定され律令国家が成立する。これまでの国造制（「氏姓制度」とも呼ばれる）が廃止され、地方行政の仕組が国・郡・里（後に郷となる）制に改められる。奥羽地方では陸奥国《むつのくに》が置かれ、石城・石背・菊多・白河・会津・安積・信夫・標葉・行方・宇田・旦理・置賜・最上がその郡となった。

『続日本紀《しょくにほんぎ》』によれば、養老二年（七一八）には、陸奥国から、石背・白河・会津・安積・信夫の五郡を割いて石背国が、石城・標葉・行方・宇田・亘理・菊多の六郡を割いて石城国が置かれ、奥羽地方は陸奥・石背・石城の三国となる。しかし神亀年中（七二四〜七二九）には石背・石城の両国が廃止され、諸郡は再び陸奥国に所属することになる。

郡の行政は郡衙《ぐんが》（郡家《こおりのみやけ》とも呼ばれる）で行われ、正倉（租税を収納する倉）・郡庁《ぐんちょう》（行政執行の場所）・舘《たち》（郡司ほか役人の住居、官人の宿泊施設）・厨《くりや》（炊事・調理の場所）などの建物群が建てられた。磐瀬郡の郡衙は、須賀川駅の南西約一五〇メートルにある栄町遺跡と推定されている。発掘調査の結果、掘立柱建物跡が整然と並んで発見され、また郡庁西脇殿と推定される柱穴内から「石瀬」と書かれた墨書土器が出土した。近くに国指定史跡の上人壇廃寺跡があり、郡寺と考えられている。

磐瀬郡の諸郷は、『和名類聚抄《わみょうるいじゅうしょう》』（編年不明。わが国最古の百科辞典）に磐瀬・椎倉《しいくら》・廣戸・山田・余戸《あまるべ》・白方《しらこ》・駅家の七郷が書かれており、その位置は次の表のように推定されている。

和名抄郷名と想定近代・近世村名

郷名	村名（明治二十二年〈一八八九〉）	近世村名（天保郷帳・天保五年〈一八三四〉）
磐瀬	須賀川・浜田・鏡石	本町・中町・北町・道場町（以上須賀川村）、和田・浜尾・前田川（以上浜田村）、笠石・鏡沼・仁井田・高久田・久来石・成田（以上鏡石村）
椎倉	長沼・稲田・桙衝	長沼・江花・勢至堂・志茂・小中（以上長沼村）、岩淵・保土原・泉田・松塚・稲（以上稲田村）、桙衝・矢田野・木之崎・堀込（以上桙衝村）
広門	広戸・大屋・牧本	飯豊・高林・柿ノ内・小川・白子（以上広戸村）、下小屋・大里・上小屋・滑里川（以上大屋村）、牧ノ内・上松本・下松本（以上牧本村）、湯本村は会津郡
山田	小塩江・川東・大森田	江持・堤・塩田・小倉（以上小塩江）、下小山田・上小山田・小作田・日照田・市野関・田中（以上川東村）、雨田・大栗・狸森（以上大森田村）以上旧石川郡
余戸	白江・桙衝（一部）	畑田・矢沢・北横田・大久保・深渡戸（以上白江村）・横田（桙衝村）
白方	白方・仁井田	守屋・今泉・柱田・成田・滝（以上白方村）、仁井田・舘ヶ岡・滑川（以上仁井田村）
駅家	西袋・須賀川	山寺・牛袋・越久・袋田・大桑原・中宿・下宿（以上西袋村）、須賀川村北部

（『長沼町史』より作成）

公地公民制を基本とする律令制度は、奈良時代中頃より口分田の不足と田畑の荒廃から私有地を認める「三世一身法」（養老七年〈七二三〉発布）や「墾田永年私財法」（元正十五年〈七四三〉発布）が制定され、耕地の私有化を認めたため、力のある貴族・寺社・地方豪族は、付近の農民などを使って原野を大規模に開墾し、私有地を拡大していった（この私有地を「荘園《しょうえん》」と呼ぶ）。平安時代中頃（一一世紀後半）になると、これら開発した私有地を中央の権勢者に寄進し（「寄進地系荘園」と呼ぶ）、自身は荘園の地頭職に就き、不輸不入権を得て耕作を請け負い（「名田」と呼ぶ）、実質的にこれらの土地を支配していった。

荘園は主に郡単位で行われ、岩瀬郡は花園左大臣源有仁の荘園となり、岩瀬荘と呼ばれ平政光が地頭職（荘司）に就いた。

この頃奥州北部では、蝦夷の反乱が続いていたが、十世紀頃に俘囚（蝦夷人で大和朝廷に帰属した人）の部族長である安倍氏が、奥六郡と称するこの地方を統一した。しかし、間もなく陸奥国司と衝突したため、源頼義・義家親子が出羽の俘囚長の清原氏の援助を受け安倍氏を滅ぼした（「前九年の役」と呼ぶ）。

永保の初年頃（一〇八一）、この合戦の論功で清原清衡が俘囚初の鎮守府将軍に任じられ、奥州の北部を支配することとなった。そして、その後も清衡は領土を広げ、白河関以北津軽外が浜（青森県青森湾岸）まで支配し、本拠を江刺郡豊田から磐井郡平泉に移した。

こうして、清原氏は康和五年（一一〇三）頃に朝廷から藤原の姓が許され、清衡・基衡・秀衡の藤原三代は、約一〇〇年にわたり奥州一円を統治していた。ところが平家討伐を果した源義経が兄頼朝に背いて追われ、秀衡を頼って平泉に逃げ込んだので、文治五年（一一八九）頼朝は義経追討を口実に藤原氏を滅ぼしてしまった。この結果、頼朝は陸奥・出羽両国の管領権を掌握し、これらを関東御家人に与えた。岩瀬郡の大部分は相模・遠江を領有していた二階堂行政が地頭となり支配するところとなった。

元弘三年（一三三三）に後醍醐天皇が鎌倉幕府打倒の命令を発したため、新田義貞・足利義《よし》詮《あき》らに率いられた軍勢は、鎌倉を攻め鎌倉幕府を滅亡させた。「建武の中興」をなした後醍醐天皇は、奥州では多賀城に国府を開設し、北畠顕家を陸奥守に任じ陸奥国を治めさせた。この時二階堂行朝・顕行（行朝の女婿）は、伊達行朝、結城宗弘・親朝親子とともに陸奥国府の式評定衆（国府の最高議決機関）に任じられた。

建武二年（一三三五）に鎌倉幕府の再興を図って挙兵した北条時行の「中先代の乱」を鎮圧した足利尊氏は、鎮圧後後醍醐天皇の建武政権への造反を明らかにし、新田義貞を討伐して西上し、建武三年正月には京都を制圧した。北畠顕家は、結城宗弘ら奥州勢を率いて西上し尊氏と戦い、尊氏を九州に駆逐して京都を奪還、陸奥国府に帰還した。しかし、同年五月尊氏は新田義貞、楠木正成を破り再び京都を制圧し、後醍醐天皇を吉野に追いやり（南朝の成立）、光明天皇を即位させ（北朝）、建武式目（政治方針を定める）を掲げ室町幕府を開いた。この時二階堂行朝は、陸奥国府を離れて京都に上り、幕府の安堵奉行（所領知行の承認を行う職）を務めた。

建武四年に北畠顕家は、後醍醐天皇の要請により再び奥州勢を率いて西上するが、和泉国堺浦の石津の合戦で敗れ、討死してしまった。

後醍醐天皇は、態勢挽回のため顕家の弟顕信を陸奥介兼鎮守府将軍に任じて陸奥国府に派遣することにした。顕信は五〇〇余隻の船団をもって海路陸奥国府を目指したが、上総沖で暴風雨に遭い、船団は各地に流されてしまった。顕信は常陸国に流され、久慈川沿いに白河に至り、宇田（相馬）を経て国府に到着した。この頃岩瀬郡では、北朝側（北党と呼ばれた）の二階堂成藤が安積伊東氏とともに、南朝側の白川親朝と長沼の亀居山付近で戦っていたが、南党の衰勢から親朝は北党に転じ、奥州南部においては北党の優勢が決定的になった。

一方、顕信は陸奥国府において石堂義房らに攻められ、後醍醐天皇の孫守永王を伴い、宇津峰城に落ち延びた。そして宇津峰城に拠った顕信は、石堂義房に代わり奥州管領となった吉良貞家や畠山国氏、白川親朝ら南奥勢に攻められ、宇津峰城は陥落し出羽国に逃げた。この後、「観応の騒乱」（将軍足利尊氏と弟直義との抗争）で足利直義が南党側に加わると南党も息を吹き返し、出羽国に逃げていた顕信は、「広瀬川の合戦」で吉良貞家を破り、府中多賀城（陸奥国府）を奪還した。その後顕信が伊達郡に進攻している隙に、北党勢が多賀城を奪い返したので、顕信は大波城を経て再び宇津峰城に入った。すると吉良貞家は、石川兼光・白川朝常・伊達左近将監・相馬親胤・葦名朝貞とともに宇津峰城を激しく攻めたので、南党側は敗れ、顕信は出羽国に逃げ去り、奥羽における南北朝の争乱は終決した。岩瀬郡からは二階堂成藤が白川朝常に従って宇津峰合戦を戦った。

室町幕府三代将軍足利義満は、明徳二年（一三九一）南奥における吉良・畠山・斯波・石橋四氏の抗争や国人領主の紛争など奥州の統治が不安定化したため、出羽・陸奥両国の管理権を鎌倉府に移管し、鎌倉公方足利満兼が掌握することになった。応永二年（一三九五）満兼は、弟満貞を稲村（現在の須賀川市稲）に、満直を篠川（現郡山市安積町笹川）に下向させ奥州を統治させた。

その後、関東の支配権を巡って室町幕府との対立を深めた鎌倉公方持氏（前公方満兼の子）は、永享十年（一四三八）上杉憲実ら幕府連合軍と武蔵国府中分倍河原で戦い、持氏方は敗れ、持氏は鎌倉永安寺で自害する。持氏に加担した稲村公方満貞、二階堂伊勢入道、同治部少輔、石川民部少輔（石川一族）らは殉死した（「永享の乱」という）。

永享十二年に下総の結城氏朝は、持氏の遺子安王丸・春王丸を擁して上杉憲実・持朝の誅伐の旗を掲げて挙兵し、結城城周辺で戦いとなったが、その最中、篠川公方満直は味方の石川氏らの諸将に殺されてしまった。

結城城は嘉吉元年（一四四一）に陥落し合戦は終結した。こうして南奥における両御所体制は崩壊し、これ以降の南奥の大きな勢力は、伊達・葦名・白川結城氏に集約され、これに常陸の佐竹氏が加わり秩序なき戦国時代が展開する。

岩瀬郡周辺では、文明十六年（一四八四）の葦名氏の二階堂氏攻撃、天文六年（一五三七）の葦名盛氏の松山城占領などの戦いがあったが、天文十一年の伊達稙宗とその子晴宗との内紛（「天文の乱」と呼ばれる）では、伊達氏一族ばかりでなく、南奥の諸氏を巻き込んで各地で七年間に及ぶ大争乱となった。天文十七年に稙宗と晴宗の和睦が成立しても各豪族間の抗争はやまず、南奥の地は、伊達政宗を中心とする田村隆顕・安積伊東氏の勢力と葦名盛広を中心とする白河・二階堂・畠山氏に此上を策する常陸佐竹氏の勢力が加わり、二派に分かれて激しい覇権争いが展開された。中でも、「人取橋の合戦」と「郡山合戦」（「夜討川の合戦」ともいう）は後世に語り継がれるほどの大合戦であった。この二度の合戦で雌雄を決することのできなかった伊達と葦名の両氏は、天正十七年（一五八九）六月、磐梯山麓の摺上原《すりあげはら》で激突した。伊達勢二万三〇〇〇人、葦名佐竹勢一万六〇〇〇〇人といわれたが、戦いは伊達氏の勝利に終った。葦名義広は一旦会津黒川城に立て籠もったが、家臣の多くが政宗に降服したため、黒川城を捨て父義重のいる白河城に逃げ去った。こうして政宗は戦わずして黒川城に入城した。

この時、須賀川城は城主二階堂盛義の子盛隆が葦名氏を継ぎ黒川城主となっていたこともあり、二階堂氏と葦名氏は密接な関係にあり、伊達氏との戦いは必須となっていた。須賀川城主は二階堂盛義の後室大乗院で、政宗の伯母（伊達晴宗の長女）であったため、政宗ははじめ和睦を申し入れていたが、大乗院は重臣須田盛秀らの反対に遭い開戦となった。

黒川城落城四か月後の十月、政宗軍は八幡崎口と雨呼口《あまよばりぐち》の二方から攻めかかり激しい攻防戦となったが、その日の夕暮れに須賀川城は落城した。須賀川城の守将として奮戦した須田盛秀は和田城に逃げたが、その後常陸の佐竹氏を頼って落ち延び、佐竹義守により下野国茂木城主に封じられた。

政宗は、須賀川城主に石川昭光（政宗の叔父で二階堂大乗院の弟）を任命し、岩瀬地方を治めさせた。

豊臣秀吉は天正十八年三月、小田原の北条氏を討伐すべく全国の武将に回状を出して兵を招集していたが、政宗は小田原参陣に遅れ、その罰として会津・岩瀬・安積の三郡が召し上げられた。そしてこの年秀吉によって「奥羽仕置」が行われ、蒲生氏郷が奥州鎮護役として九一万石をもって会津黒川城主に封じられた。その支配領域は、会津四郡、県北の信夫・伊達・安達の三郡、県南の白河・岩瀬・石川・田村・安積の五郡であった。岩瀬郡は氏郷の妹婿の田丸具《とも》直《なお》により統治させた。

氏郷の後は蒲生秀行が継いだが、慶長三年（一五九八）宇都宮に移封となり、代わって、越後春日山から上杉景勝が蒲生氏の旧領と前領の越後・佐渡を併せ一二〇万石に加増され若松城に入った。岩瀬郡は長沼に島津左京、須賀川に栗田刑部国時（中宿守谷館に居城）を置き統治させた。

しかし、景勝は慶長五年の関ケ原の戦いで石田三成側についたため徳川家康により減封され、出羽米沢で三〇万石に封じられた。

景勝の後には、宇都宮城主の蒲生秀行が会津四郡・中通りなど六〇万石に封じられ再度若松城に入った。

秀行は須賀川に蒲生源左衛門、長沼に蒲生五郎兵衛をおいて岩瀬郡を治めた。慶長十七年、秀行が死去し忠郷が継いだが、元和四年（一六一八）に痘瘡（天然痘）により死去、嗣子がなかったため改易となり領地は没収された。

寛永四年（一六二七）に伊予松山より加藤嘉明が、蒲生氏の旧地会津四郡と岩瀬郡（一部は白河領に）、安積郡の大部分を引き継ぎ、四三万石に封じられ若松城に入った。嘉明は須賀川に郡代松下仁右衛門、長沼に代官青木佐右衛門を置いて岩瀬地方を治めた。

寛永八年（一六三一）、嘉明が死去すると嫡子明成が封を継いだが、家臣との確執から幕府により所領が没収され、伊達政宗以来の会津領主による県南地方の支配が終った。

この間の寛永四年、棚倉から丹羽長重が白河城主となり、白河・岩瀬の一部・石川・田村の四郡合計一〇万石に封じられたが、寛永二十年長重の子光重の時二本松に移封となった。この後、上野《こうずけ》館林より榊原忠次が白河・岩瀬・石川・田村・安積の五郡内一四万石で入封した。榊原氏は慶安二年（一六四九）播磨姫路に移封となり、越後村上より本多忠義が白河・岩瀬・石川三郡内一二万石で入封した。寛文二年（一六六二）にその子忠平が家督を継いだが、天和元年（一六八一）宇都宮に移封となり、本多氏に代わって宇都宮から松平忠弘が白河・岩瀬・石川三郡内一五万石で入封した。しかし、間もなく家臣間の対立による御家騒動が起こって領地替となり出羽山形に移った。

その後に山形から松平直規が白河に入封し、基知《もとちか》、義知《よしとも》の三代が在封した。

寛保元年（一七四一）、領内の大一揆などにより義知が姫路に移封となると、越後高田より松平定賢《さだたか》が一一万石で入封し、白河郡内四二か村、岩瀬郡内三四か村、石川郡内一二か村と信夫・伊達郡内の数か村を領有した。以来定邦・定信・定永と四代八〇年間在封した。文政六年（一八二三）定永が伊勢桑名に去った後、武州忍より阿部正権《まさのり》が入封し、白河・岩瀬・石川三郡、伊達・信夫二郡内の一部の村、出羽国内の飛地二万七〇〇〇石を合わせ八万三〇〇〇石を領有した。正権の後、正篤《まさあつ》・正瞭《まさあきら》・正備《まさかた》・正定・正耆《まさひろ》・正外《まさと》と七代続いたが、正外が老中の時、開港を主唱したため朝廷から官職を剥奪され、その後を正静が襲封したが間もなく棚倉に移封となり、白河郡その他の領地は二本松藩の預地となり幕末を迎えた。

岩瀬郡の全村は、白河藩主榊原忠次の代まで白河藩領であったが、慶安二年榊原忠義が白河藩主となった年に、岩瀬郡内三一か村が幕府領となり、「長沼領」あるいは「長沼三万石」と呼ばれた（「御蔵入」あるいは「長沼御公料」とも呼ばれた）。その三一か村は松塚・岩淵・泉田・稲・越久・袋田・大桑原・牛袋・山寺・仁井田・滑川・舘ヶ岡・木之崎・北横田・堀込・長沼・上江花・下江花・下村・滝・成田・上守屋・里守屋・上柱田・下柱田・今泉・矢沢・畑田・深渡戸・大久保で陣屋は長沼に新築された。

この長沼領に天和二年（一六八二）明石藩六万石から本多政利が入封し、北横田・深渡戸・畑田・矢沢・袋田・仁井田・滑川・山寺・越久・大桑原・大久保の一一か村一万石をもって大久保藩が成立するが、元禄六年（一六九三）本多氏が改易になると再び幕府領に復帰した。

元禄十一年にこの幕府領長沼三万石の村から、旗本溝口氏六〇〇〇石と旗本三枝氏六〇〇〇石の知行所が成立した。溝口氏の知行の村は、堀込・木之崎・泉田・松塚・舘ヶ岡・南横田・牛袋の七か村で南横田村に陣屋が置かれた。また三枝氏の知行の村は、堀込・里守屋・下柱田・上柱田・北袋・稲・越久の七か村で、今泉村に陣屋が置かれた。この二氏の知行所は幕末まで続いた。

幕府領長沼三一か村のうち前記旗本の知行所以外の村は、そのまま幕府領となっていたが、元禄十三年に水戸徳川頼房の五男松平頼隆が、岩渕・袋田・大桑原・牛袋・山寺・仁井田・滑川・長沼・上江花・下江花・下村・滝・成田・上守屋・矢沢・畑田・深渡戸・大久保の一八か村、石高一万五八八〇石を受封し長沼藩が成立し、幕末まで続いた。

このほか、岩瀬郡内の他藩の飛地では、寛政二年（一七九〇）から牛袋村と木之崎村北作の二村が土浦藩飛地となり石川郡蓬田村に陣屋が置かれていた。また、寛保元年（一七四一）に越後高田藩榊原氏が石高一八万石のうち白河・岩瀬・石川・田村の四郡内八万四〇〇〇石を受封した。岩瀬郡内の村は下宿・中宿・浜尾・和田・前田川・市野関・田中・小作田・日照田・下小山田・上小山田・狸森《むじなもり》・雨田・四辻新田・小倉・塩田・大栗の一七か村で、石川郡浅川村に陣屋が置かれ、幕末まで続いた。

明治維新後、明治政府は幕藩制に代わる地方行政組織の整備を急いだ。岩瀬地方はいくつもの藩・旗本領があったため、所属県も初めは、石岡県・白河県・須賀川県・二本松県といくつもに分かれており、福島県になったのは明治四年十一月であった（ちなみに全県域が福島県になるのは明治八年八月）。

地方行政も旧幕藩時代の村を単位として行われたが、明治五年に大・小区制が発足し、県をいくつかの大区に分け、数村を合わせて小区とし、大区には区長、小区には戸長を置いて戸籍事務などを進めた。しかし、地租などの義務的経費の徴収は依然として村の仕事とされたので、その費用負担に耐えられず、明治六年から九年にかけ合併する村もあった。

明治十一年には「郡区町村編制法」が施行され、大小区制を廃止し郡村制を復活し、戸長（村長）は任命制から選挙制に改まった。

明治二十二年には「市・町村制」が公布された。これはこれまでの村落共同体としての村を解体し、効率的な行政を行おうとするもので、このため大規模な合併が実施された。この結果、岩瀬郡は明治初年には八八村（うち五村は西白河郡、後に岩瀬郡に編入）あったものが、明治二十二年末には一町一六村に減少した。

太平洋戦争後の昭和二十八年には、行政の効率・適正化を図るため、「町村合併促進法」が施行され、岩瀬郡でも更に合併が進み、昭和三十年には一市二町二村となった。

そして平成十七年には長沼町、岩瀬村が須賀川市に合併し、現在（旧岩瀬郡）は一市一町一村となっている。

これを図化したのが次表だが、この本では史蹟の所在、発生の経過を明らかにするため、旧町村名を使用しているので参考にして頂きたい。

〈付記〉

本書では古代の時代区分は次のとおりです。

旧石器時代	縄文時代の前の時代	
縄文時代	草創期	一万二〇〇〇〜九〇〇〇年前
	早期	九〇〇〇〜六〇〇〇年前
	前期	六〇〇〇〜五〇〇〇年前
	中期	五〇〇〇〜四〇〇〇年前
	後期	四〇〇〇〜三〇〇〇年前

晩期　　三〇〇〇～二三〇〇年前
（西暦前三〇〇年）
弥生時代　西暦前三〇〇年～西暦三〇〇年
古墳時代　西暦　三〇〇年～〃六〇〇年

なお縄文時代の各期は、一〇〇〇年以上の年代差があるので、更に前葉・中葉・後葉と区分することもあります。

岩瀬郡市町村の歩み

文禄三年邑鑑による村名				
小倉村	明治８．11岩瀬郡から石川郡に編入	明二二・四合併 小塩江村	昭二九・三 須賀川市に合併	
塩田村	明治８．11岩瀬郡から石川郡に編入	明二二・四合併 小塩江村	昭二九・三 須賀川市に合併	
堤村	明治８．11岩瀬郡から石川郡に編入	明二二・四合併 小塩江村	昭二九・三 須賀川市に合併	
江持村	明治８．11岩瀬郡から石川郡に編入	明二二・四合併 小塩江村	昭二九・三 須賀川市に合併	
下小山田村	明治８．11岩瀬郡から石川郡に編入	明二二・四合併 川東村	昭三〇・一合併 大東村	昭四二・二 須賀川市に合併
上小山田村	明治８．11岩瀬郡から石川郡に編入	明二二・四合併 川東村	昭三〇・一合併 大東村	昭四二・二 須賀川市に合併
小作田村	明治８．11岩瀬郡から石川郡に編入	明二二・四合併 川東村	昭三〇・一合併 大東村	昭四二・二 須賀川市に合併
市野関村	明治８．11岩瀬郡から石川郡に編入	明二二・四合併 川東村	昭三〇・一合併 大東村	昭四二・二 須賀川市に合併
日照田村	明治８．11岩瀬郡から石川郡に編入	明二二・四合併 川東村	昭三〇・一合併 大東村	昭四二・二 須賀川市に合併
田中村	明治８．11岩瀬郡から石川郡に編入	明二二・四合併 川東村	昭三〇・一合併 大東村	昭四二・二 須賀川市に合併
雨田村	明治８．11岩瀬郡から石川郡に編入	明二二・四合併 大森田村	昭三〇・一合併 大東村	昭四二・二 須賀川市に合併
大栗村	明治８．11岩瀬郡から石川郡に編入	明二二・四合併 大森田村	昭三〇・一合併 大東村	昭四二・二 須賀川市に合併
狸森村	明治８．11岩瀬郡から石川郡に編入	明二二・四合併 大森田村	昭三〇・一合併 大東村	昭四二・二 須賀川市に合併
須賀川宿 本町村 中町村 北町村 道場町村	明九・六合併 須賀川村	明二二・四町制施行 須賀川町	昭二九・三市制施行 須賀川市	

中宿村	明九・六合併 森宿村	明二二・四分村合併 西袋村	昭二九・三 須賀川市に合併
下宿村		明二二・四合併	
越久村			
袋田村			
大桑原村			
牛袋村	明九・六合併 西川村		
山寺村			
仁井田村		明二二・四合併 仁井田村	昭三〇・三 須賀川市に合併
滑川村			
舘ヶ岡村			
浜尾村	明九・六合併 浜尾村	明二二・四合併 浜田村	昭二九・三 須賀川市に合併
分家浜尾村			
前田川村			
和田村			
上松塚村	明九・六合併 松塚村	明二二・四合併 稲田村	昭二九・三 須賀川市に合併
下松塚村			
岩淵村	明九・六合併 岩淵村		
小岩淵村			
稲村			
保土原村			
泉田村			

上木之崎村	明九・六合併 木ノ崎村	明二二・四合併 桙衝村		昭三〇・三 長沼町に合併	平成一七・四・一 須賀川市に合併
下木之崎村					
木之崎村					
堀込村					
横田村（白河藩領の時南横田村）					
桙衝村					
矢田野村					
上小中村	明九・六合併 小中村	明二二・四合併 長沼村	明三四・六町制施行 長沼町		
下小中村					
長沼村					
上江花村	明九・六合併 江花村				
下江花村					
勢至堂村					
志茂村					
滝村		明二二・六合併 白方村		昭三〇・三合併 岩瀬村	平成一七・四・一 須賀川市に合併
成田村	梅田村				
町守屋村	明九・六合併 守屋村				
里守屋村					
上柱田村	明九・六合併 柱田村				
下柱田村					

今泉村
今泉新田村
今泉村

北横田村
吉兵衛新田村
明九・六合併
北横田村

矢沢村
畑田村
大久保村
深渡戸村

明二二・四合併
白江村

鏡沼村
高久田村
仁井田村
明九・六合併
鏡田村

久来石村

笠石新田村
森宿村
細谷村
明六・六
合併
笠石村

行方野村
成田村

明 8.11 岩瀬郡
に編入

明二二・四合併
鏡石村

柿之内村
高林村
飯豊村
明二二・四合併

昭三〇・三
西白河郡矢吹町に編入

昭三〇・三合併

昭三七・八　町制施行
鏡石町

白子村		広戸村		天栄村
小川村				
羽鳥村		明二二・四合併 湯本村		
田良尾村				
湯本村				
板小屋村（羽鳥村端郷）				
湯小屋村（湯本村端郷）				
牧之内村	明九・六合併 牧之内村	明二二・四合併 牧本村		昭三〇・三 天栄村に合併
後藤新田村				
上松本村				
下松本村				
上大里村	明九・六合併 大里村	明二二・四 合併 大屋村	昭二四・四 分村 大里村	昭三〇・三 天栄村に合併
下大里村				
安養寺新田村				
上小屋村	明九・六合併 隈戸村		昭二六・四 西白河郡大信村に編入	
滑里川村				
下小屋村				

写真提供

須賀川市教育委員会

『須賀川市史　―自然原始古代頼朝の奥州征伐まで―』（昭和四十九年）

『須賀川市史　近世―江戸時代―』（昭和五十五年）

『須賀川市史　文化と生活―須賀川俳諧と亜欧堂田善など―』（昭和五十二年）

『郷土須賀川－原始古代より現代まで－』（昭和五十六年）

『目でみる 須賀川市の歴史と生活』（昭和四十六年）

岩瀬（現在須賀川市）

『岩瀬村史　第一巻　通史編』（平成十五年）

『岩瀬村史　第二巻　資料編』（平成十四年）

『岩瀬村史　第五巻　民俗編』（平成七年）

長沼（現在須賀川市）

『長沼町史　第一巻　通史編』（平成十二年）

『長沼町史　第二巻　資料編』（平成八年）
『長沼町史　第五巻　民俗編』（平成七年）

鏡石町
『鏡石町史　第一巻』（昭和六十年）
『鏡石町史　第二巻』（昭和五十七年）

天栄村
『天栄村史　第一巻　通史編』（平成二年）
『天栄村史　第二巻　資料編』（昭和六十一年）

福島県教育委員会
『福島県の中世城館跡』（一九八八年）

その他にも各寺院、神社、団体、保存会など多くの方々のご協力のもと、写真・図版を掲載させていただいております。ご提供ありがとうございました。

著者略歴

高橋　貞夫（たかはし　さだお）

昭和９年　茨城県稲敷郡美浦村に生まれる。
昭和33年　早稲田大学法学部卒業。福島県に勤務し、県立医科大学事務局長、出納局長を務める。
著　　書『阿武隈の歳時記』（歴史春秋社）
『ふくしま海の歳時記』（歴史春秋社）
『あいづ祭り歳時記』（歴史春秋社）本書により福島民報出版文化賞を受賞する。
『阿武隈川の風景』（歴史春秋社）
『福島の美しい風景』（歴史春秋社）
『信夫の史蹟めぐり』（歴史春秋社）
『福島の原風景を歩く』（歴史春秋社）
『伊達の史蹟めぐり』（歴史春秋社）
『安達の史蹟めぐり』（歴史春秋社）
『田村の史蹟めぐり』（歴史春秋社）
『安積の史蹟めぐり』（歴史春秋社）

住　　所　福島市渡利字扇田町71番地の１

岩瀬の史蹟めぐり

2021年12月28日初版第１刷発行

著　者　高橋貞夫

発行者　阿部隆一
発行所　歴史春秋出版株式会社
〒965-0842　福島県会津若松市門田町中野
電　話（0242）26-6567
ＦＡＸ（0242）27-8110
http://www.rekishun.jp/
e-mail　rekishun@knpgateway.co.jp

印　刷　北日本印刷株式会社